百度认证系列丛书

百度推广

——搜索营销新视角——

百度认证初级教程 百度一下

百度营销研究院 著

電子工業出版社
Publishing House of Electronics Industry
北京·BEIJING

内容简介

百度推广是国内最主流的搜索营销实现方式，具有功能强大、投放灵活、效果明显的特点，成千上万的企业从中获益。

本书由百度官方出品，由百度营销研究院资深专家团队完成。全书以实用为设计目标，包含了百度推广中最主流的操作方式和优化分析方法，对每一个知识点都进行了深入详细的讲解，以大量的实战案例，系统地介绍了百度推广体系及其在实践中的应用。全书的撰写以实践经验为基础，不脱离实际，紧跟企业最新需求，从整体策略到细节执行，帮助读者以最快的速度了解百度推广的核心内容。

全书共分9章，每一章都是独立知识点的总结，内容涵盖搜索营销基础、百度推广原理、百度搜索推广、百度网盟推广、百度商业产品分析、企业进行百度推广的方法、百度认证体系等。每一章都对知识点进行了通俗、详尽的讲解，便于读者的理解和学习。

无论是 SEM 初学者还是有一定经验的优化师，都可以在书中学到所需要的知识。同时，本书是百度认证初级教程，适合准备参加百度初级认证考试的读者阅读。

图书在版编目（CIP）数据

百度推广：搜索营销新视角 / 百度营销研究院著. —北京：电子工业出版社，2013.6
（百度认证系列丛书）
ISBN 978-7-121-20311-4

Ⅰ. ①百… Ⅱ. ①百… Ⅲ. ①互联网络－应用－市场营销学 Ⅳ. ①F713.50-39

中国版本图书馆 CIP 数据核字（2013）第 093610 号

策划编辑：李 冰
责任编辑：李 冰 高洪霞
印 刷：三河市双峰印刷装订有限公司
装 订：三河市双峰印刷装订有限公司
出版发行：电子工业出版社
北京市海淀区万寿路 173 信箱 邮编 100036
开 本：787×1092 1/16 印张：19.75 字数：439 千字
版 次：2013 年 6 月第 1 版
印 次：2021 年 8 月第 27 次印刷
定 价：79.00 元

凡所购买电子工业出版社图书有缺损问题，请向购买书店调换。若书店售缺，请与本社发行部联系，联系及邮购电话：（010）88254888，88258888。

质量投诉请发邮件至 zlts@phei.com.cn，盗版侵权举报请发邮件至 dbqq@phei.com.cn。

本书咨询联系方式：（010）51260888-819，faq@phei.com.cn。

百度认证系列丛书

编 委 会

1 推荐序

要为百度营销研究院出品的这本《百度推广——搜索营销新视角》写序，让我很是兴奋，在搜索营销这个大学堂里，第一部百度官方的搜索营销书籍，经过不断的积淀和酝酿，终于要和大家见面了。

这几年，搜索引擎营销的发展速度已经让全世界的营销者们都无法忽视，消费者信息获取方式及沟通方式的改变，带来了营销方式的根本性变革。

十年前，百度对于企业主而言，仅仅是一个简单的搜索框，如今，虽然仍是这样一个看似简单的搜索框，但其背后所蕴含的技术已然发生了巨大的改变：无论是何种终端，对于消费者，百度就像一把钥匙，帮助他们开启互联网的大门，从海量的内容中迅速找到所求，作为他们生活中的一部分，百度意味着精准到达和有求必应；而对于企业主而言，消费者的搜索行为和这背后体量巨大、充分反映消费者真实需求的数据，则意味着突破传统营销瓶颈的新契机和随之而来的巨大商机。

如何通过积极的变革，不断调整与消费者之间的营销沟通方式，更精准迅捷地完成与消费者的沟通，成为近年来企业主们迫切关注的问题，这也正是推动搜索营销行业进步的原动力，而消费者的需求和企业的需要对于百度而言，也意味着更大的责任。

百度创始人李彦宏曾讲过，“未来每个企业的市场部门都应该会设立负责搜索引擎营销的人员，因为搜索引擎营销对企业推广起着越来越重要的作用”，如今这句话正逐渐变成现实，越来越多的公司设立了搜索引擎营销的岗位，整个行业对互联网营销人才的需求正呈爆发性增长，与此同时，随着百度推广平台向着更加智能、更加完善的方向发展，更加强大的系统也更加需要专业化和职业化的账户管理和优化的人员，而相关人才供给持续紧缺，却成为行业发展的掣肘。

两年前，我们成立了百度营销研究院，集合各方面资深的专家团队，整合产业链内的上下游资源，专门从事搜索引擎营销方面的研究，探讨搜索营销的传播价值和营销创新，之后，我们还专门推出了针对搜索引擎营销人才培养的“百度认证人才养成计划”，即“百度认证”，力争为整个行业的发展做出更为切实与前瞻的贡献。

搜索引擎营销经过这么多年的发展，已经具备了成为一门完整学科的潜质，《百度推广——搜索营销新视角》这本书正是百度营销研究院对于行业经验和案例的总结提炼，撰写团队集合了搜索引擎营销领域顶尖人才，代表了行业的先进水平和前沿趋势，从账户机制到投放技巧，从前期规划到后期跟踪，对这些相对稳定的知识体系，集中进行了系统化的整合及梳理，对于任何一位搜索营销行业的从业人员来说，相信这本书都可以提供一个弥足珍贵的入门学习框架，即便是一位资深的从业者，也会从这个层次清晰的学习框架中受益。书名落脚在“新视角”，我希望这本书能够引导读者从全面、创新的角度理解搜索营销，更好地运用百度推广为企业营销服务。

百度现在已经超越搜索成为一个可以提供综合解决方案的营销平台，影响力渗透到消费者完成购买过程中的每一个关键时刻，提升百度推广的执行能力是进行消费者洞察、品牌对话并最终建立起长效、实时和一对一品牌关系的最佳途径，这些都是百度推广的价值所在，也是我们想传达给每一个从业者的核心理念。

在百度，我们以同学相称，亲切也贴切，对于搜索引擎营销行业，每一刻都意味着全新的挑战与机遇，未来，仍有巨大的成长空间和无限的发展可能。

恰同学少年，风华正茂，希望通过我们每一个个体的努力，共同促进整个行业的进步与繁荣！

王湛

百度公司副总裁

2 推荐序

我们正在进入一个全新的时代——数字时代。这是人类前所未有的新的发展时期。数字化是这个时代的主流。在这个时代，人们逐渐开始了在数字生活空间的新生活——数字化的生活。

百度是新型数字生活空间的生活服务媒体，类似于传统的百姓生活服务热线。作为最大的数字生活空间的媒体平台，百度汇集了全网的内容。当用户遇到问题主动进入百度搜索时，百度所提供的搜索服务内容能够满足各种需求。面对海量的信息和内容，唯有百度，才能为生活在数字生活空间的群体提供生活服务指南。所以，百度几乎囊括了所有的互联网用户。

对互联网的用户而言，百度的价值具有不可替代性。而对进行营销传播的客户来说，百度的价值在于全覆盖、大数据和精准性。

如何利用搜索引擎进行营销传播？这对很多习惯于利用大众媒体传统方式的客户、服务公司来说，是一个挑战。这其中有技术的屏障，更有观念和模式的差异。但是，当互联网成为企业竞争的主战场时，搜索营销又是必须要了解和运用的主要方式。百度认证的出现，可谓应运而生。

通过系统的学习、培训和考试，让更多有志于搜索营销的年轻一代，通过百度认证的方式了解搜索营销的奥秘，掌握搜索营销的技能，成为搜索营销的推动者，参与到搜索营销的蓬勃发展之中，百度认证正在创造一个价值不可估量的超级成长平台。

这种成长更多地是对年轻群体而言的。搜索营销是数字营销传播最主要的类型。从目前企业投入的规模来看，搜索营销基本上占据企业在互联网上所投入费用的半壁江山，其重要性不言而喻。但搜索营销是一个全新的领域，传统的很多经验在这里无用武之地，对年轻一代而言，在搜索营销领域，同前辈们是站在同一个起跑线上，由于没有传统观念的拖累，因而更具有机会和优势。

同传统营销不同的是，搜索营销和优化不仅需要第三方服务公司执行，还需要企业自身进行搜索引擎的管理。目前，有几十万企业客户在进行搜索营销，而客户的数量还会继续增长。相信搜索营销一定会成为未来优秀人才的巨大的蓄水池，空间无限。

百度认证推出后，百度营销研究院组织专家，结合百度的模式、产品和案例，精心编写了百度认证教材。这套教材，虽然主要是针对百度认证的参加者所编写的，实际上是搜索营销的工具书，对整个搜索营销领域，都具有指导意义和应用价值。

搜索营销是年轻一代可以尽情挥洒的舞台。百度认证是登上这个舞台的阶梯，而百度认证教材是进入门槛的指南。

欢迎参加百度认证，欢迎加入搜索营销这个超级成长的平台。

是为序。

陈刚

北京大学新闻与传播学院副院长、博士生导师

前言

随着互联网的发展和普及，互联网逐渐成为人们生活中不可缺少的部分，人们选择将更多的时间留在网络上，这让企业和品牌发现了机会，于是针对互联网环境的产物——新媒体营销应运而生。新媒体营销代表了全新的营销理念和实践方式，将继续对传统营销产生巨大冲击。这种冲击建立在整体营销环境改变的基础之上，主要体现在对市场细分的标准与方法、对消费者作用的新认识、创新的市场调研方法，以及新的营销策略的制定等方面。面对这一改变，更多的企业选择了顺应发展，积极迎接变革，因为几乎所有人都知道，这种变革是必须要经历的。

与此同时，在媒体、企业、代理商三方共同的作用力下，伴随从业人员专业性的提升及产品运用案例的丰富，整个行业正在逐步脱离落后粗糙的执行方式，无论是媒体、企业还是代理商，都在不断完善与消费者的营销沟通思路，目标是能够将新媒体营销传播的效率进一步提升，发挥其最大潜能。如果希望通过新媒体营销运作达到理想的传播效果，那么有三点是必须强调的：精准、互动、整合，而这三点在百度推广中都可以得到很好的体现。

百度作为全球最大的中文搜索引擎，对中国网民有着广泛的品牌影响力，是网民进入互联网的重要入口。凭借着先进的技术和对中文搜索的深刻理解，百度在中国的市场份额持续保持稳定，每日响应网民数亿次的搜索需求。凭借百度强大的网民搜索数据库，能清晰洞察网民消费意愿和消费形态，从而使其成为中国“最懂消费者”的ROI（Return On lnvestment，投资回报率）媒体平台——通过该平台可以做到为企业制定最佳的网络营销解决方案，使企业的营销诉求直达消费者内心，从而实现营销 ROI的最大化。网民通过百度进行关键词搜索，关键词可以精准地反映出网民的潜在需求。

如果网民通过百度推广进入企业主网站，则可以获取更多的产品信息，从而使企业有机会与消费者完成沟通和互动。

同时，百度不仅是一个单纯的互联网工具，它已经发展成为一个平台，首先是为用户的需求和问题提供解决方案的平台，其次是为企业提供营销解决方案的平台，这一平台基于百度搜索及其他用户产品，实现了网民的全方位覆盖，包括品牌专区、关联推广、精准推广、社区营销、搜索推广等渠道。百度不断丰富的商业产品线和不断扩大的消费者群体，已经足以影响到消费者从兴趣到决策的每一个过程，整合百度推广资源，可以有效覆盖企业营销的各个阶段，增进企业的消费者洞察，捕捉品牌会话机会。

百度推广的快速发展带动整个 SEM 行业热度的提升，但目前国内市场针对 SEM（Search Engine Marketing，搜索引擎营销）的专业书籍少之又少，通过对大量从业者的调研后我们发现，SEM 从业者的专业知识基本都来自于网络信息或工作实践，容易在学习中遇到知识点碎片化、思维片面化等问题，无法在学习过程中培养整合分析的思考逻辑，为后期的项目管理留下隐患。基于这一情况，作为国内最大的搜索引擎和最主要的搜索营销产品提供厂商，百度希望能够通过本书，帮助读者全面整体地去把控搜索营销，更好地运用 SEM。

本书特色

本书不是一本单纯的工具书，由百度营销研究院中具有多年账户实战经验的资深专家团队完成，从营销基础、推广操作、百度营销产品线、案例分析、百度认证、企业营销思路等多个角度对 SEM 进行全面讲解。

作者希望通过对各行业实践经验的总结，引领读者由浅入深地理解 SEM。相信无论是初入 SEM 的新手还是资深优化专家，都能够在书中获得需要的内容。同时，由于 SEM 行业越来越受到关注，因此目前无论是网络中还是社会上对于 SEM 都有很多种声音，但其中有部分信息是不准确的或者有争议的。本书是百度官方出品，内容权威，可以帮助读者及时地了解更准确的信息，避免错误信息混淆视听，培养正确的搜索营销运营理念，更好地认知 SEM、了解百度推广。

本书主要内容

全书共分 9 章，每一章都是独立知识点的总结，内容涵盖搜索营销基础、百度推广原理、百度搜索推广、百度网盟推广、百度商业产品分析、企业进行百度推广的方法、百度认证体系等。每一章都对知识点进行了通俗、详尽的讲解，便于读者的理解和学习。

章　名	主 要 内 容
第 1 章　认识搜索营销	营销学基础理论和搜索营销基本概念，从宏观角度介绍了搜索引擎的发展历程、现在的发展状况和在互联网中扮演的角色
第 2 章　初识搜索营销原理	百度推广的基本规则，阐述了搜索引擎营销的原理和逻辑，使读者能够从根本上认识搜索引擎及其营销价值，为搜索引擎营销工作的开展奠定基础
第 3 章　百度搜索推广	针对百度搜索推广的特点，结合实际案例，对方案制作到账户优化进行流程化梳理，引导读者建立正确的推广账户搭架思路和优化分析逻辑
第 4 章　百度网盟推广	介绍百度网盟不同产品线的适用环境及功能，归纳总结网盟推广中的常见策略并对投放中的操作方法、方案制定、数据监控优化进一步解读
第 5 章　案例集锦	大量经典案例，覆盖汽车、电商、金融和教育等行业，具体介绍了这些行业在运用百度推广时的策略制定逻辑和策略背后的决策支撑，总结了各案例的成功经验及方法，为企业进行推广带来启示
第 6 章　超越搜索的百度营销平台	对百度的主要商业产品进行分析和介绍，内容涵盖产品特征描述、使用办法、案例分析等，适用于企业主在产品选择阶段的产品特性熟悉和产品运用过程中的优化方向指导
第 7 章　百度推广工具汇集	介绍百度为提升推广效率所开发的实用工具集，讲解工具的功能及操作，便于读者明确工具的针对性和使用环境
第 8 章　企业实施搜索营销概述	阐述企业在搜索营销实施过程中的要素及步骤，帮助企业建立正确的营销策略，使得搜索营销能够健康、有效地开展，充分挖掘搜索营销给企业带来的价值
第 9 章　关于百度认证	介绍百度认证团队及相关考试、培训项目。百度认证体系是百度推出的一套包含培训计划和认证计划的体系，主要面向企业主和代理公司的搜索营销专业人才，帮助他们迅速提高营销理念，提升具体搜索引擎营销技能，旨在梳理整个行业规范、储备潜在人才、构建积极健康的搜索营销生态圈，在 SEM 行业内具有极高含金量和实用性，是个人职业竞争力的有效证明手段
附录	常用术语、练习题

读者对象

本书适合百度推广初学者和希望进一步提升 SEM 优化能力的读者阅读。无论是 SEM 初学者还是有一定经验的优化师，都可以在书中学到所需要的知识，同时，本书是百度认证初级教程，适合准备参加百度初级认证考试的读者学习阅读。

致谢

本书所涵盖知识点较多且专业性很强，在撰写过程中离不开各相关部门及公司同事的倾力相助，其中提供百度推广及网站分析内容原始素材支持的有林晓楠、朱亮、张茵、夏海、周慧、杨燕利、栾一闻、李化东、祝新玲；提供案例分析支持的有冉丽娜、于佳颖；提供百度商桥及推广客户端产品材料支持的有王妍、温莹；提供评审支持的有专家戎文晋。感谢张涛、梁殊疑对相关参考资料的支持。

本书的顺利出版离不开每一位作者和专家的积极响应和无私贡献。

同时，感谢电子工业出版社编辑李冰、黄爱萍、高洪霞，你们的专业和敬业让我们非常感动。

在此向以上全体作者及所有编委表示由衷的感谢！

本书所述的思路和方法都是基于笔者多年实践经验的思考和沉淀，并按照循序渐进的撰写逻辑进行梳理和总结，希望能够对业内及从事相关工作的读者有所启发。百度愿意与广大用户一起努力，共同促进行业发展。

百度营销研究院

2013 年 5 月

目 录

第 1 章

认识搜索引擎营销

1.1 营销基础知识

现在是一个概念过度传播的时代，营销从业人员作为概念的创造者和传播者，已使营销学本身变得看似复杂。如果留心营销类的畅销书，你会发现，新名词层出不穷。诸如，病毒营销、神经营销、口碑营销、社区营销、通路营销、绿色营销、社会营销等，看得人们眼花缭乱。这些现象让我们反思，到底是营销这门学问在近些年产生了大量的变化，新增了很多新的知识，还是仅仅是概念炒作。

面对这样的局面，我们需要认识到：一方面，技术的革新带来消费者生活方式的改变，我们的营销手段甚至是营销理念理应与时俱进，我们需要汲取其中的知识精华；另一方面，我们需要在复杂的知识体系背后找到一条思考的最佳路径，化繁为简。

本章以搜索营销为例，和读者们一起探讨营销的基本问题，以及营销学多年来沉淀下来的一些基本的解决方案。

1.1.1 大数据环境下的消费者洞察——SIVA

任何营销活动的起点是企业的商业问题，营销手段是为了解决商业问题而存在的。

其实，从某种角度上来讲，人类活动的起点也是人的问题。因为人有了问题，才获得了行为的动力；因为人有了问题，企业才得以存在——企业是人们问题解决方案的提供商。

当我们认可了营销活动的逻辑起点是商业问题后，我们该反思什么是商业问题。企业的商业问题可以从两个角度来看——企业视角和消费者视角。

从企业视角来看，企业的商业问题就是获取长期利润。利润是交换的产物，企业需要为顾客提供价值以便获得收入。为此，企业需要定义价值、生产价值、传递价值、沟通价值。对应到我们熟知的**营销组合 4P**，关系是这样的：生产价值即企业的产品策略（Product）；传递价值即渠道策略（Place）；沟通价值即促销策略（Promotion）；在这个过程中，企业还需要给产品定价（Price）。本部分将聚焦沟通价值这个领域。

从消费者视角来看，企业的商业问题即“如何帮助消费者解决问题”。

企业需要介入消费者解决问题的逻辑及步骤，给予消费者及时的帮助。那么，消费者是如何解决问题的呢？美国西北大学，整合营销理论的提出者唐·舒尔茨教授就此问题提出了 **SIVA 理论**。

SIVA 理论认为：消费者有了问题之后，需要找到一个解决方案（solution），对解决方案的专业信息（information）进行追问，并在多个方案之间进行权衡（value），最终找到最佳的交换渠道（access）。在这个过程中，企业的营销活动应进行实时的响应。企业需要去思考，针对消费者的问题，我们需要提供什么样的解决方案？如何沟通关于解决方案的专业信息？如何阐明解决方案的价值帮助消费者作出权衡？如何提供渠道帮助消费者获取解决方案？所以，从某种角度上讲，SIVA 既是消费者解决问题的方法论，也是企业营销活动的方法论。从 SIVA 的视角看，企业的营销问题归结为 S、I、V、A 4 个子问题。

1.1.2 常见的营销概念辨析

【概念辨析：需要 需求 欲望 问题 产品 价值】

- **需要**：需要是基本的，长期存在的。心理学家马斯洛，将人类的需要归结为 5 个层次：生理的需要、安全的需要、爱与归属的需要、自尊的需要、自我实现的需要。我们要清楚，我们对水有需要，但并不意味着我们每时每刻都在喝水。需要和行为之间存在一个中间概念——欲望。
- **欲望**：欲望是需要的唤醒，其指向行为。一旦条件成熟，行为便在欲望的牵引下产生。那么，从欲望到行为需要什么样的条件呢？是不是所有的欲望都是有市场价值的呢？

这个条件便是能力，有动机、有能力，才会有行为。

- **需求**：在经济学上，我们把有购买力（一种经济学测量能力的方式）的欲望叫做需求。有需求的群体才是我们营销的对象。
- **问题**：欲望就是问题。欲望是一种冲突，是现实与理想的冲突，而现实与理想之间的落差就是我们的问题。人们解决问题的方式有两种：一是"扼杀"理想，满足现实，正如佛家所讲的无欲无求；二是，市场经济的方案，购买产品，满足欲望，解决问题。
- **产品**：就是问题的解决方案。
- **价值**：在解决问题的过程中，人们所体验的正是价值。

1.1.3　定义营销沟通问题

解决一个问题的同时必将创造更多的问题。当企业在用 4P、4C 或 SIVA 解决商业问题时，又将创造出新的问题。不管是 4P、4C、SIVA 都包含一个共同的元素——营销沟通。

营销沟通是解决企业商业问题的重要手段。特别是在产品越发同质化的时代，营销沟通显得尤为重要。

为了更好地理解营销沟通，我们可以将营销沟通与人际沟通做一个对比。

在人际沟通中，为了解决某个问题，人们会采用 E-mail、电话、会议、IM、面谈等方式。同理，营销沟通为了解决商业问题，也会采用这些媒介。只不过，营销沟通往往会更加规模化。正所谓品牌如"人"，品牌与消费者的沟通就是"人"与人的沟通。

而在策划营销沟通时，我们首先要做的便是明确我们的目标，明确我们需要解决的问题。

我们可以列举出的问题，如品牌知晓、品牌美誉度/忠诚度塑造、品牌参与度提升、获取销售线索等。

为了系统化地梳理出营销沟通所要解决的问题，我们可以换个角度，看营销沟通能解决什么问题。对此，营销学领域提出了营销沟通的效果层次模型。关于效果层次模型，不同的学者提出过多种理论，如大家熟知的刘易斯的 AIDMA 模型、电通提出的 AISAS 模型等。

我们以众多模型中的一种举例说明——**APLP 模型**。该模型认为营销沟通产生的效果可以分成 4 个层次，品牌认知（awareness）、品牌偏好（preference）、销售线索（leads）

和购买（purchase）。考虑到商品的多次购买，我们还可以加上“再次购买”（repurchase）。

反观，企业的营销沟通问题都可以归为这个 5 个中的一个或多个，但从品牌认知到完成购买，每个层级都面临着受众的流失，甚至在品牌传播的初期就会由于营销定位的偏差导致整个营销沟通的失败。之所以有这些问题，一方面是营销人员在市场定位、细分时出现了失误，另一方面就是由于传统媒体渠道本身的属性使然，正如零售商巨头 Wanamaker 所说：“我知道花在营销上的钱，有一半被浪费掉了，但我不知道是哪一半”。

受众对于传统线下媒体，如电视、报纸、广播等渠道中所传达的品牌信息，都是以被动接受为主，企业主无法完全明确用户的需求，即使通过大面积的品牌营销覆盖及重复印象冲击激发了用户的购买欲望，同样会面临即时购买不流畅的问题，也就是在品牌偏好形成到完成购买这一过程中间的营销沟通成本偏高。而在传统线上媒体，比如一些门户、垂直网站上进行营销活动，虽然可以利用网络环境加强购买沟通的连贯性，但并没有从根本上解决受众是被动接受品牌信息这一主要问题。

搜索引擎营销无疑为整个营销沟通策略提供了一个更好的解决方案。

首先，搜索引擎的推广结果是建立在用户进行搜索的基础之上，也就是说，是用户的需求触发了营销沟通的开展。

其次，营销沟通的整体过程具有连贯性和即时性，用户通过搜索引擎的推广结果进入网站，完成品牌认知到品牌偏好的过程，并在网站中进一步咨询了解，留下销售线索，最后完成下单，整个过程连贯高效，而高效完成整个沟通流程，正是避免用户在不同层级流失的最佳方式。

所以，搜索引擎营销与传统的线上线下营销渠道相比，具有受众更精准，沟通更流畅，效果更明显的特点。目前来看，精准营销是大势所趋，搜索引擎营销作为精准营销体系中的重要一环，是企业进行营销沟通不可缺少的一部分。

【行业常识：品牌类企业　效果类企业】

在搜索营销行业，因为搜索营销兼具品牌传播与销售引导两大功能，所以根据企业的不同营销目的，通常把企业分为品牌类企业和效果类企业。

- 品牌类企业：该类企业一般希望通过营销沟通活动达成品牌认知和品牌宣传的目的。如食品饮料类的企业蒙牛、伊利、雀巢等知名品牌企业。
- 效果类企业：该类企业一般希望通过营销沟通活动达成销售线索、产生购买行为，促进销售的目的。如车险、电商、教育、医疗类企业。

这两种类型并非完全对立，只是在营销活动的侧重点上会有所区分。

1.1.4 营销沟通要素

当我们明晰了营销沟通的流程及目标之后，我们的问题便转化为如何策划和执行一个营销沟通活动。1942 年，传播学家拉斯维尔提出的 **5W1H 模型**是一个非常好的思路。

5W1H：是指"对谁说"（to whom）、"说什么"（say what）、"谁来说"（who）、"怎么说"（how）、"在哪说"（in which channel）、"效果如何"（with what effect）。

对谁说（to whom）

对谁说，这个问题的回答涉及品牌目标顾客的定义问题。作为营销人员，需要非常清晰地知道自己的目标顾客（target）是谁，具有什么样的属性（消费者的画像如何）。

通常来说，目标顾客的信息是品牌产生之初就有的。它对应着企业的市场细分（segmentation）及目标市场选择（targeting）策略。而消费者画像主要是从人口统计学变量（包括年龄、性别、职业、教育、地域等）、兴趣爱好、生活方式等维度对消费者进行的刻画。

此外，消费者的角色是分层次的，有使用者、决策者、购买者、影响者、提议者之分。营销沟通活动的对象不一定总是使用者，其他角色也是可选的"攻击"对象。

【消费者角色理解】

消费者角色主要有上文列的 5 种。在 B2B 市场上，这 5 个角色一般是由不同人来承担，而在 B2C 市场上一般是一人担当多角色。

对消费者角色的理解意义重大。如在搜索营销中，当我们的使用者是儿童时，我们会苦恼：儿童使用搜索引擎的频率远小于平均值，我们很难去直接影响"使用者"，这时可以转换思路，去影响"决策者"或"购买者"，家长往往充当了这样的角色。因此，我们可以针对家长的搜索词来做沟通活动。

说什么（say what）

"说什么"即营销沟通的内容，是由品牌的定位/卖点和语境共同决定的。

品牌提供给消费者的利益点往往是多个，而在当下的沟通中，宣传哪个点取决于语境中消费者表达的需求。

搜索是一种比较特别的媒介，在搜索中消费者表达的就是当下的需求。因此，在搜索营销中，企业网站的内容建设、搜索结果页中的创意都需要与消费者的搜索进行匹配。从某种角度上讲，搜索营销的操作流程是先“听”后“说”。

谁来说（who）

“谁来说”的回答，涉及发言人的选择。营销沟通中，可用做发言的角色有：明星、消费者、专家、企业自身。不同的场景中，需要使用的发言人不同。如危机公关时，企业自身说以及专家的证言是比较通用的方式，而此刻让企业的代言明星来说，可能就不太合适。

再者，明星虽然有光环形象，可以带来额外的品牌曝光和注意，但与此同时，我们需要清楚明星自身也是一个品牌，也存在形象和个性。如果我们的品牌形象和明星的形象不匹配，甚至存在冲突，那么消费者感知到的将是品牌的错乱和企业的不专业。

在搜索营销实战中，对于谁来说的抉择较少。但对于我们的形象代言人，我们可以采取“借光”策略。由于明星的搜索量往往很大，并且我们品牌的目标人群和明星的目标人群一般是一致的，因此，关于明星的搜索，是品牌与目标消费者沟通的优质时刻。

怎么说（how）

“怎么说”是内容表达样式的问题。在电视广告中，映射的是创意的问题。一个好的创意可以极大地提高营销沟通的效果。但营销者不可本末倒置，一味地追求创意形式，而忘了自己品牌本该表达的内容。

品牌沟通如同谈恋爱，十四行诗句一般会比简单的三个字效果更佳，但前提是诗句中充分地表达了三个字的含义，让你的受众可以感知到。说对话是沟通的第一要素；其次，才是说话的形式。

【行业常识　搜索已不再单调】

以往我们对于搜索结果的印象，就是一行行的文字链。现在，搜索与时俱进，早已脱离单调的形式，变得更加生动丰富。这其实就是对“怎么说”的进阶回答。

当我们搜索一个品牌名称（如京东）时，我们会发现结果页如同京东的小官网；当我们搜索北京天气时，出现的是图文结合的方式；当我们搜索计算器时，我们已经可以直接在结果页实现数学运算。

这些都是搜索引擎技术的革新，它带来的是沟通样式的改变。

在哪说（in which channel）

“在哪说”对应着企业的媒体组合（media mix）决策。

什么是媒体？广义的媒体可以理解为一切能够传递信息的载体。不仅包括我们熟知的传统媒体，如电视、广播、杂志、户外等，还包括一些分众媒体，如电梯间、卫生间、井盖上、车上、甚至瓶盖上。媒体在不断地扩展，有些人把这些沟通的介质称为接触点。

如果列举这些接触点，可以建立一个很长的表单。为了加深对这些接触点的理解，我们需要对它们进行分类。一个简单的分法是：消费者主动获取信息和被动获取信息。搜索是唯一消费者主动表达需求，主动获取信息的通道。

企业如何选择媒体，如何进行媒体组合？品牌利用媒体的目的是为了与消费者进行沟通，因此营销人员需要研究目标消费者的媒体接触习惯。在目标消费者经常“出没”的地方，捕获他们，与他们建立对话。

案例分享：百事可乐也是媒体

小小的可乐瓶蕴含着巨大的媒体价值。如果用互联网的术语 UV/PV 来评估可乐瓶的“流量”，我们可以想象百事可乐的可乐瓶一天的曝光量绝对相当于一个大网站。如此，不禁引发我们思考，该如何将这些流量变现呢？

最笨的办法可能是：把家乐福大白菜的推广内容贴到可乐瓶上。但这会影响百事可乐的品牌形象。那么，应该如何“体面”地变现呢？

为此，百事可乐推出了一个活动叫玩转百事淘宝。流程大致是：购买百事淘宝的消费者可以通过瓶盖上的一组数字到百事淘宝店获取购买商品的一定优惠。百事淘宝店内销售的商品并不仅限于饮料，还有联想电脑、服装、鞋等产品。当用户下单后，百事不会直接发货，而是由供应商来发货。这样，百事就成了品牌商的订单来源，成了一个效果营销平台。而这个平台的流量输入是百事可乐瓶巨大的“PV”。

效果如何（with what effect）

当我们按以上思路策划并执行营销活动之后，将进入效果评估的环节。这需要回到我们的目标上，回到我们起初想解决的商业问题上。实质是现实效果与目标的一个比对。

对于品牌建设导向的营销活动，主要评估品牌知名度、美誉度、忠诚度是否提升；而效果类营销沟通主要评估购买意向是否提升、销售线索的数量、订单数量等。

营销沟通的效果是分层次的，在第 1.1.3 节中提及的 AIDMA、AISAS、APLP 模型都对此有所论述。作为营销人员应该明晰，营销沟通必须有助于销售，但不一定在短期内直接带来销售。我们需要为了长期的盈利性，进行品牌建设的活动。

【行业常识　评估指标：参与（engagement）】

在互联网营销的效果测量中，参与是一个被广泛采用的概念。由于并不是所有的广告都指向购买，而展现和点击不能深度地刻画受众的卷入程度。为此，业界提出参与这个概念，那么参与如何测量呢？一般，我们用访问深度、平均停留时间、跳出率来测量。但这三个指标并不是唯一的度量衡。如对社交媒体广告的参与度度量中，会引入评论和转发来建立一个复合指标。

1.1.5　营销沟通手段

20 世纪 90 年代，营销学界诞生了一个概念——整合营销沟通。整合营销沟通首先是对营销沟通手段的整合。营销沟通手段包括广告、公关、事件营销、直邮、口碑营销、促销等。

广告是为实现营销目的而进行的，需要付费的信息传递活动。互联网平台变现的最通常的方案也是广告。但需要注意的是，搜索推广在法律层面并不属于广告范畴，属于网络推广。

口碑营销是一个古老的手段，在社交媒体迅速发展的今天，又被重新演绎。口碑营销实质就是讲品牌故事。如何让你的品牌故事融入到消费者的网络生活中，是口碑营销思考的重点。当然一个好的故事会有一些共有的属性。《Make To Stick》这本书指出：一个好的故事，易于传播、被人记忆的故事应该包括以下 6 个元素：简单（Simple）、出人意料（Unexpected）、具体（Concrete）、可信（Credit）、情感（Emotional）和故事（Stories）。

【行业视角　口碑营销 vs 植入式营销】

口碑营销与植入式营销看似是风牛马不相及的两个营销手段，实则有着本质上的联系。

植入式营销目标是在戏中自然地植入商业信息，让消费者不觉得突兀，同时表明自己的卖点。而口碑营销其实也是在戏中植入广告，只不过植入的戏是人生这部大戏。人生如戏，消费者在社交媒体上分享信息，查阅朋友信息也可被看做一部戏，口碑营销的重点在于开发品牌故事使其自然融入其中。

其实，我们可以将“戏”这个比喻引申得更远。消费者的生活如戏，那么企业卖的是什么？道具。谁决定了戏中用什么道具？编剧。因此，最一流的企业实质上卖的是剧本。当消费者认可了你的剧本，自然就会采用你的产品作为人生演绎的道具，如同哈雷摩托车。

营销的逻辑首先是从商业问题出发。营销沟通的手段是为解决商业问题而生。在与消费者进行营销沟通的过程中，营销人员需要借用媒体。本书着重阐述的搜索营销，利用的便是搜索引擎这一媒体。

以上我们探讨了营销的基本逻辑，下面的内容我们将聚焦搜索引擎这种媒体的特性。

1.2　认知搜索引擎

搜索引擎是我们几乎每天都会使用的工具。那么它的工作原理是什么？它在互联网世界中扮演什么样的角色？用户每天都搜索些什么内容？

带着这些问题，我们来对搜索引擎做一次重新理解。理解一个事物如同盲人摸象，每一个维度的观察都存在片面性。因此，我们需要多角度看待搜索引擎。下面我们通过比喻的方式，提取搜索引擎的核心特性。

1.2.1　字典

将搜索引擎比喻为字典，易于理解。像字典一样，搜索引擎提供给用户查找的功能。那么，用户在字典里会查找哪些内容呢？他们查找的动机是什么？他们在什么时间查找？

人们在字典里找什么？

为了对搜索行为有更深刻的理解，首先应该对搜索词进行研究。国内外有不少学者对搜索词进行过分类研究，主流的研究将搜索词大致分为三类：导航型搜索、信息检索型搜索和交易型搜索。三者在量上的占比，不同搜索引擎，不同时间段存在一定的差异。主流的研究表明，三者的占比结构大致为：导航型搜索占 10%、信息检索型搜索占 80%、交易型搜索占 10%。

导航型搜索，即用户清楚地知道自己想去的站点，在搜索引擎中直接输入网站名称的行为。一般发生在用户记不住域名或知道域名“懒”得输入域名的情境下。

信息检索型搜索在量的占比上最大，如“北京天气”“怎么学习英语”“玉兰油适合什么年龄”都属于该种类型的搜索。

交易型搜索是指用户搜索的动机指向达成某种交易，如“团购”、“京东”都属于该种类型的搜索。

A．人们的查找动机是什么？

在探究一个行为时，我们首先需要对其进行描述，其次便是要追问行为背后的动因。那么对于搜索来说，什么构成了它的动机呢？总的来说，有两种因素“推动”了搜索行为。

其一是内在的需要。大部分行为是有动机的，是需要唤醒的产物。在搜索的痕迹中，不管是健康的还是阴暗的都是人们需要的体现。

其二是环境的刺激。环境对人们的行为会产生很大的影响。搜索痕迹中对此也会有所折射。如当有重大事件发生时，搜索量都会有一个显著的上升。

B．人们什么时候查找？

查找的目的是为了获取信息来辅助决策。那么，用户在进行哪些生活决策时会依赖搜索引擎呢？营销学者认为，介入度和品牌差异程度决定了消费者购买决策中对信息的需求程度。在通常情况下，对信息的渴求程度越高，对搜索的依赖度也越高。

当人们在购买汽车、房产、奢侈品等价格相对昂贵且不够熟悉的商品时，需要收集大量相关信息来辅助进行购买决策；当人们购买牛奶、饮料等生活中常规且熟悉的商品时，完全可以根据习惯或凭借固有的印象来进行购买，很少需要搜索引擎的辅助，除非某些商品在一定时期进行了促销活动。

C．搜索引擎这部大字典如何工作？

搜索，我们可以理解为人机交互的过程。前面的内容从用户的角度来探讨了搜索行为。下面从机器的角度来思考，“这部字典”如何响应用户的请求。

图 1-1 展示了整个搜索过程，以及后台运作的基本流程。

从用户的角度来说，用户输入一个关键词（如 Query），随即便可以看到文字链的结果。这些搜索结果来自于互联网，为了优质地满足用户的需求，搜索引擎非常“勤奋”，在用户没有搜索请求时，搜索引擎已经开始利用蜘蛛抓取互联网的信息到网页库中。

随后，通过一定的算法，将网页库中庞大的信息整理成倒排索引的方式。倒排索引可以通俗地理解为字典的目录表，通过倒排索引，搜索引擎拥有了一张庞大的数据表。

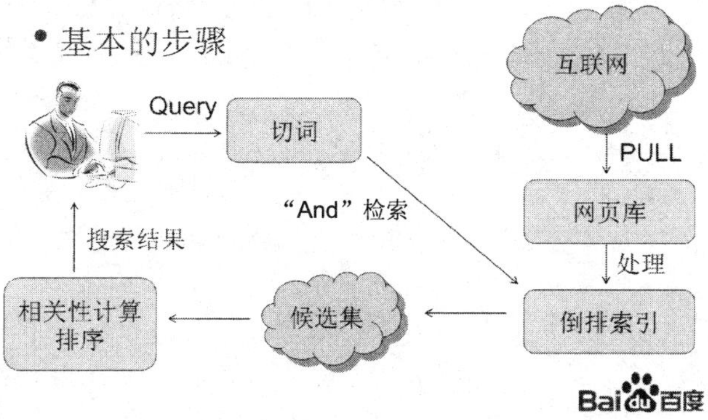

图 1-1 搜索引擎工作流程

举例说明：当用户搜索一个词，如“北京小吃”，搜索引擎首先对这个词进行切词处理，切为“北京”，“小吃”两个语素。

接下来，搜索引擎在索引库中进行查找，发现“北京”对应了一些 URL，“小吃”对应了一些 URL，搜索引擎将对两者取交集，交集中必然既包含了北京的信息也包含了小吃的信息，是有可能满足用户请求的记录，然后将这些信息放在候选集中。最后，将这些信息进行排序。

通过“相关性算法”，搜索引擎按照满足用户需求的可能性，将这些信息按一定顺序排列在搜索结果页中。

以上是对整个搜索引擎工作流程的简单描述，在实际的技术环境中，会比描述的更为复杂。

1.2.2 布满脚印的雪地

如果把搜索引擎比做布满脚印的雪地，那么脚印就是数据。营销人员可以通过数据来洞察消费者的心理。

2009 年 *Nature* 上的一篇文章，利用搜索数据做了一个预测模型，以关键词的搜索量为自变量，预测流行病的发病趋势。在国内，百度营销研究院与企业主、学术界建立了联合实验室，对搜索数据的利用也进行了探索。

图 1-2 是利用对应分析的方式，将搜索的共线数据予以图示化。它的市场意义是消费者感知的品牌定位，从中我们可以看到各品牌的卖点在消费者大脑中的成像；在每个

实线的闭环中，都会有口腔疾病症状及若干品牌名称。他们之间的联系是当用户对口腔症状产生感知时，会首先联想出闭环内的相关品牌。同时，从图中也能发现可能的蓝海，牙痛和牙齿发黄两个市场，在这两个虚线闭环中，用户对症状感知时没有产生明显的品牌联想，经过进一步的市场调研，就可以确定该市场是否具有品牌植入的空间。

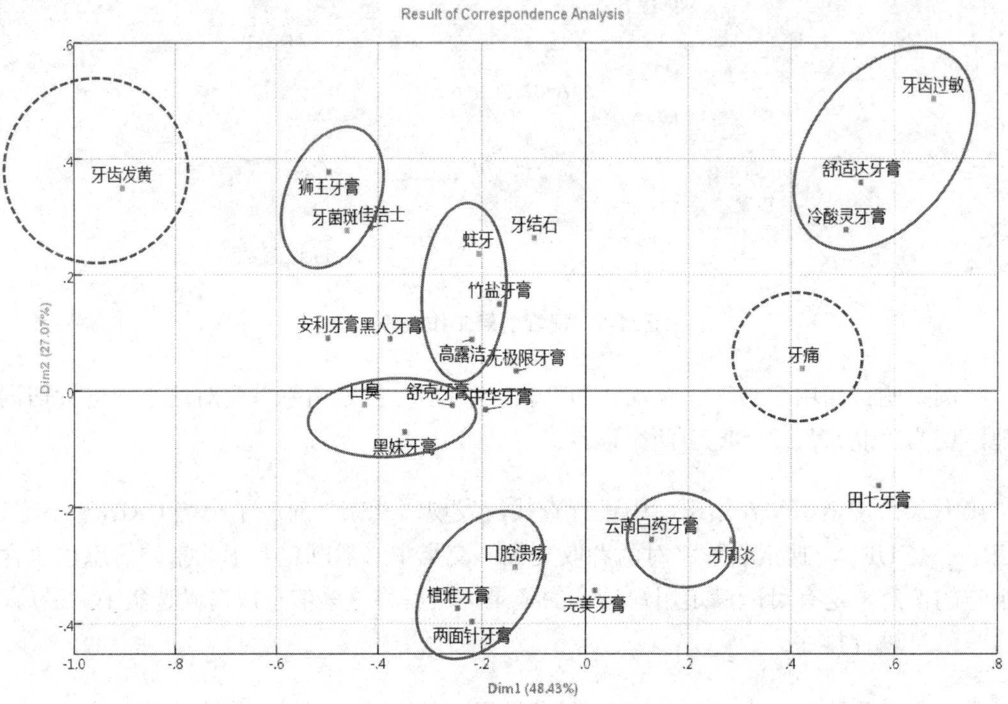

图 1-2　搜索共线数据图示化

1.2.3　钥匙

如图 1-3 所示，通过转动搜索引擎这把钥匙，网民可以得到海量信息，获取所需；营销人员则可以打开与网民之间的沟通之门，最大程度地获取消费者数据。正是因为搜索引擎开启了互联网入口，所以只有把握搜索引擎，才能够在互联网入口的争夺战中占据主动。在搜索引擎出现之前，门户、网址导航曾经充当这一角色，随着互联网的发展，用户向移动端转移，现在各大互联网平台都在移动互联网世界里积极布局，抢夺入口。

1.2.4　桥梁

搜索引擎就像一座桥梁，连接了“带着问题”的用户和“装着解决方案”的企业主。对两者同时创造着价值。

在搜索引擎上，用户可以找到问题的解决方案，企业主可以将自己的产品或服务推送到有需要的用户面前。

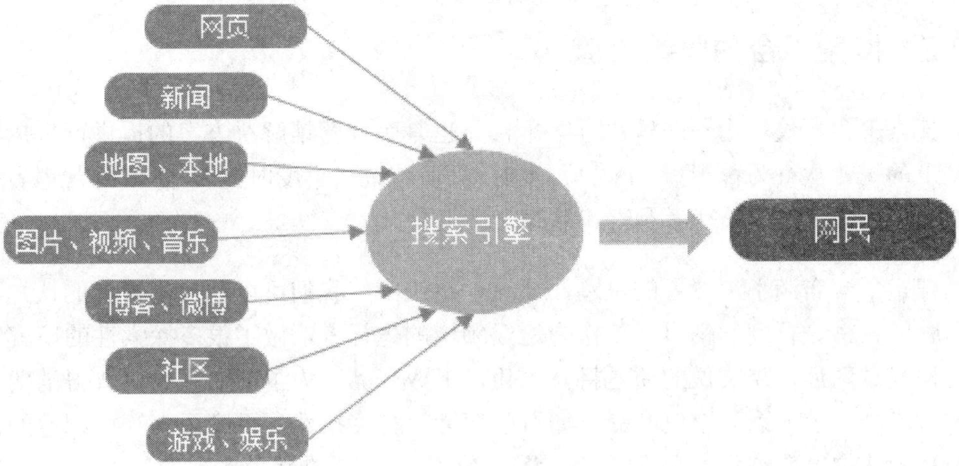

图 1-3　搜索引擎开启互联网之门

1.3　从搜索引擎到搜索平台

搜索引擎已不再是一款单纯的互联网工具，早已发展成为一个为网民生活多方面服务的搜索平台。点开百度首页的“更多”，我们可以发现搜索平台提供的众多服务，有我们熟悉的社区服务，如百度知道、百度百科、百度经验；移动服务：百度网盘、百度云、百度手机地图，导航服务、游戏服务等。从流量占比来看，百度知道、百度百科等小频道的流量大于网页搜索的流量。

消费者在哪，营销者就要跟到哪。因此，我们的营销视角不应局限于网页搜索端。

我们应该如何更好地理解搜索引擎这个平台？搜索平台与其他媒体又有哪些不同？

1.3.1　搜索平台的本质

搜索引擎，是一个为用户需求和问题提供解决方案的平台。搜索引擎是用户主动表达需求的地方，用户来到搜索引擎的目的就是获得问题的解决方案。

如今的搜索平台依靠自身流量入口的优势，在内容及服务解决方案的建设上迅速发展。百度针对用户基于地理信息的需求，开发了百度地图；针对用户知识类信息需求，开发了百度知道、百度百科、百度经验；针对用户音乐需求，开发了百度音乐；

针对用户新鲜资讯的需求，开发了百度新闻；针对社交需求，开发了百度贴吧；针对移动类的需求，开发了百度手机助手等多款移动应用产品来积极响应用户的需求。

1.3.2 搜索平台的营销价值

搜索平台不仅是用户的解决方案平台，也是企业营销解决方案的提供商。用户在百度上的每一次行为都形成一个“百度时刻”，透过“百度时刻”，百度为营销者提供两方面潜在的价值：消费者洞察和品牌会话机会。

搜索平台布满了消费者的足迹，从这些足迹中，我们可以透视消费者的认知，了解品牌的秘密。百度营销研究院作为这个领域的先行者，做了很多探索性的研究。当研究模式成熟后，需要做的便是将其固化，形成产品。为了帮助企业主取得消费者洞察，百度开发了一系列增值产品，如百度探针、百度指数、百度司南等。洞察的课题覆盖品牌认知份额监测、竞争研究、消费者画像、消费决策路径研究等。

每一个“百度时刻”都是用户寻求解决方案的时刻，这恰恰也是企业主告诉消费者“我有解决方案”的时刻。因此，“百度时刻”构成了企业与消费者沟通的最小“粒子”。

为了帮助企业与消费者进行有效沟通，建立品牌关系，很多百度商业产品应运而生。百度搜索推广、知道问答平台、百度网盟等商业产品将“百度时刻”变为企业可操控的品牌会话机会。

对于营销者来说，与消费者沟通的目的是建立长效、实时、一对一的品牌关系。而这依赖于深刻的消费者洞察和优质的品牌会话机会。

1.4 搜索引擎商业化历程

新技术的发展趋势总是以螺旋式形态上升，技术和商业的碰撞、融合迸发出很多火花。我们津津乐道的“体验经济”、“短信经济”、“注意力经济”等都只是某种经济形态的延伸，本身没有颠覆性的技术力量。而“搜索力”能成为一种“经济形态”的关键，就在于它改变了传统生产力和生产关系的构成，改变了经济的模式，让互联网技术和商业的价值开始融合。

为了保证搜索引擎的正常运营，也为了让用户得到更高效、更精准的服务，搜索引擎迫切需要寻找一种适合自身的商业模式，并且随着消费者的行为和需求、企业对营销的要求的变化而发展。

1.4.1　早期的艰难探索

在关键词推广出现之前，互联网广告与线下传统广告的形式没有实质性的不同，只不过更换了展现广告的媒体平台。最典型的莫过于旗帜广告（Banner Ad），这种广告一般按每千次展示收取广告费（Cost Per Mille，简称 CPM），不论网民是否点击甚至是否关注过这个广告。

早期的搜索引擎基本都采用了旗帜广告，但这种形式不适宜作为搜索引擎长久的推广形式。企业主通常需要通过与网站谈判来确定营销费用，门槛较高，一般中小企业主难以承受，而互联网媒体特有的互动性、个性化和长尾效应的优势却没有发挥出来。

此外，网民在进行搜索时往往在搜索结果页面上停留的时间很短，而且注意力集中于搜索结果上，很少会关注这种营销形式。与此同时，学者们也发现，随着网民上网经验的增多，网民会越来越少地去点击这种营销形式，这样的模式对企业主来说意味着高额的投入和收效甚微的营销效果。

然而，互联网精英们从没放弃过创新与尝试。1996 年，Open Text[①]推出名为 Preferred Listings 的推广产品，将推广创意插入到相应关键词的搜索结果页面上，将搜索引擎的收益与网民检索关键词的行为联系起来。同一年，Yahoo 公司引入了按点击付费（Cost Per Click，简称 CPC）的方式。这在推广费的度量方式上充分利用了互联网的互动性和可计量特性，大大丰富了互联网营销原有按固定费用支付和 CPM 支付的付费方式。然而，这还是没有解决支付多少的问题，推广放置在什么地方，支付多少推广费仍需要采用传统谈判的方式解决。

1.4.2　Overture 独辟蹊径

最早解决关键词推广支付金额这个问题，并成为现在关键词推广鼻祖的是搜索引擎 GoTo。

1998 年，GoTo 提出了现在关键词竞价拍卖的雏形：企业主提交一个关键词和相应的推广创意，GoTo 的编辑对其相关性等进行人工审核。如果审核通过，则推广创意就会展示在相应搜索结果的上方。同一个搜索结果上的多个推广创意按照企业主的报价从高到底排序。当网民点击某推广创意时，按照企业主的报价收费。为了平息外界对于搜索公正性的置疑，GoTo 还在最早的版本中列出了这些企业主的报价。

---

① Open Text 是全球知名的企业内容管理公司，服务于企业数据的管理。它于 1991 年成功部署了世界上第一个网络搜索引擎技术。参见公司主页 www.opentext.com。

2001年，当互联网泡沫出现，纳斯达克指数狂跌，整个互联网营销市场陷入低谷时，Overture（前身为 Goto）逆风而上，在搜索引擎页面上推出收费的网络推广服务 Pay-Per-Click（PPC，即最初的竞价排名），获得了巨大的成功。Overture 的 Pay-Per-Click 价格通过竞标方式确定，并与特定的关键词挂钩。用户针对某一关键词给出的竞标金额越高，当访问者以该关键词搜索时，该用户网站排名越靠前。事实证明，这个带有创新意义的举动不仅使自己声名鹊起，也为搜索引擎行业开辟了一条全新的盈利之路，并孕育出 Google、百度这样的互联网巨擘。

1.4.3 百度、Google 推陈出新

2000 年至今，可以说是搜索引擎营销逐渐发展并成熟的时期，而百度和 Google 扮演的就是领头羊的角色。

2000年，Google 在网站上展现了侧边栏和自然结果前的关键词推广，然而单一的固定定价模式未能受到企业的认同。2002年，Google 采用了 Overture 的竞价排名专利，用了竞价和推广效果相结合的排名方式，着手构建全球历史上最复杂的营销系统。

2001年9月，百度竞价排名上线，百度从门户搜索提供商的幕后角色走到了台前。

2002年，百度搜索引擎营销开始在国内布局。2003年，中国网民数量迈入约7000万，随着竞价排名关键词推广门槛低，效果好的优势日益明显，各大企业主加大了对互联网广告的投入，并且尝到了搜索引擎营销的甜头。

2006年，百度摒弃最初1毛钱的起价方式，采用“智能起价”系统，全面考虑了关键字的各种相关因素。一般情况下，网民搜索关键词“汽车”的价值要大于搜索“鲜花”的价值，因为出售汽车的收益要比出售鲜花多很多。所以，一个合理的推广投放系统对不同关键词推广制定的价格，应该能体现出以上两点市场价值的差距。

同年，百度推出“智能排名”功能，不再以竞价价格高低作为判断关键词排名的唯一依据，而是综合考虑关键词质量及竞价价格的影响，以“综合排名指数”作为排名的标准。

综合排名指数为质量度与竞价价格的乘积，质量度依据历史数据计算，主要反映其关键词标题、描述及网民对该关键词的认可程度。高质量度的关键词综合排名指数也较高，从而能以相对较低的竞价价格获得较高的排名，继而获得更好的推广效果，同时也能使网民获得更好的搜索体验。

2009年，Google 整合 Double Click，Ad sense，Analytics，推出 Ad Exchange，为搜索推广提供了从管理、展示、分析到关键词推广位售卖的完整生态链，并积极探索

新的网络推广形式，如 Youtube 上的视频广告。Youtube 的“分享”视频的概念取代“发布”视频的传统概念，迎合了 Web 2.0 时代多对多的交流模式，为网民的进一步参与提供了广阔的发展空间，同时也为企业主提供了一种巨大的营销商机，如在播放视频前让人们先欣赏一段广告等。

在 Google“审时度势”地做出改变的同时，百度也在根据网民行为、心理特征，以及企业主的营销需求来完善自己的商业模式。在“价高者得”的竞价排名时代，搜索推广信息和搜索结果往往混为一谈，影响了广大用户的使用体验。虚假宣传和违法网站则借着系统弊端，出高价获取更明显的关键词推广位，直接损害用户利益。在 2008 年金融危机下，中国的众多企业度日艰难，企业每花一分钱都要看到效果。这时，低投资、高回报的营销方式是企业最需要的营销方式。

2009 年，百度摒弃了使用多年的竞价排名系统，全面切换到凤巢系统。凤巢有效地将普通搜索信息与商业信息加以区分，使得自然搜索和商业搜索更完美地结合，让用户获取更好的搜索体验。对于企业来说，凤巢系统不仅为企业更精准地覆盖到目标受众人群，更是专业的“营销顾问”，帮助企业按照营销推广的流程精心设计营销方案，是一个策划、执行、反馈的完整循环系统，能够满足企业差异化推广的需求。

此外，百度主题推广升级为百度网盟、进军品牌营销领域、推出 Baidu TV 等，上线百度统计，为用户衡量营销效果提供了更有力的工具。百度搜索营销体系从最初强调投放的精准性、效果可统计，上升到强调推广的可管理、可优化，实现了从“精准”推广到“精细”推广的华丽蜕变。

第2章

初识搜索营销原理

2.1 百度搜索推广概述

2.1.1 百度搜索推广的发展历程

百度作为全球最大的中文搜索引擎，对中国网民有着广泛的品牌影响力，是其进入互联网的主要入口，也为广大用户提供了海量信息。凭借先进的技术和对中文搜索的深刻理解，百度在中国的搜索份额逐年攀升，是国内网民最常用的搜索引擎，每天都会产生数以亿计的搜索查询，其中就包含了大量用户主动传达的商业需求。随着搜索营销的价值越来越受到重视和认可，百度搜索推广应运而生，企业主可以通过购买关键词来决定推广推送的受众。相对于传统媒体的推广形式，搜索营销有着精准、针对性更强的特点，能够帮助企业实现最大化的经济效益。2011 年 Q3 中国各搜索引擎网页搜索请求量规模如图 2-1 所示。

百度推广后台历经多个版本的测试及优化，现在被普遍使用的百度搜索推广专业版即“凤巢系统”，已经能够较好地满足商户需求：通过科学、智能的系统环境，“凤巢”帮助企业主极大地提升了搜索营销的执行力。与此同时，随着近期移动互联网的迅速发展，百度也推出了“百度推广”APP，从而实现了百度推广在多设备间的无缝衔接，使企业主可以更灵活和便捷地获取推广信息。

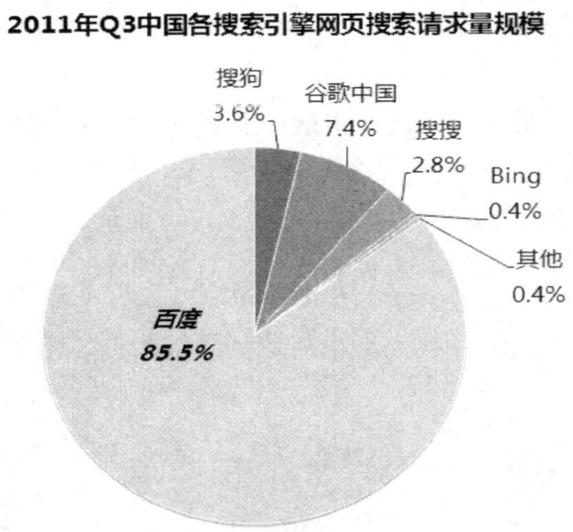

图 2-1　2011 年 Q3 中国各搜索引擎网页搜索请求量规模

在优化推广平台的同时，百度逐步建立、完善了自己的搜索营销顾问团队，为大量企业主提供定制化的投放建议。通过专业的咨询服务，百度帮助不同行业、不同需求的商户有效提升了推广效果，也从另一方面积极推动了整个搜索营销行业的发展和进步，促进了从业者对搜索营销的理解和运用。

2.1.2　搜索推广基本模式

搜索推广的基本模式是利用网民使用搜索引擎的习惯，将企业营销信息被动地传递给网民，帮助网民满足需求，同时帮助企业实现营销目标。目前，搜索推广主要有两种模式：自然推广模式（SEO）和营销推广模式（SEM）。本章我们主要给大家介绍的是营销推广模式，也就是我们常说的搜索推广。

什么是“被动传递”？从前面的介绍，我们得知搜索推广骨子里流淌的是搜索的 DNA。这种基因决定了搜索推广与众不同的特性——被动营销，即消费者产生某种需求时，通过搜索引擎主动寻求和需求相关的某类信息。企业的营销信息都是被动传递给受众的。这一点和传统广告、互联网广告模式正好相反。

如一天之内，有 20 万人次在百度搜索关键词“手机”，那么购买“手机”关键词的企业主就有机会在 20 万次对“手机”的搜索查询中展示自己的推广；若此时某手机销售网站的搜索推广结果在搜索结果页上排名第 5，那么它一天大约可以获得 1 万次点击；若其中最终有 0.3%的人在网站购买了手机，假设顾客的平均销售额为 500 元，那么就可以实现 15 000 的销售额，即平均每一次点击能够带来 1.5 元的销售额；再综合推广的平均点击价格，就可以分析得出此次投放所带来的经济效益。

2.1.3 网民搜索路径

通过图 2-2，我们不难发现网民使用搜索引擎时的访问路径：（1）网民产生需求→（2）网民搜索需求相关的信息或产品名称（搜索词），搜索引擎根据搜索词提供结果→（3）网民点击吸引他/她的搜索结果链接→（4）访问某企业的网站→（5）咨询了解产品或服务→（6）网民和企业达成购买或体验。

当然，很多时候网民为了寻找到真正满足自己需求的信息，会不断地重复(2)、(3)、（4）的路径。

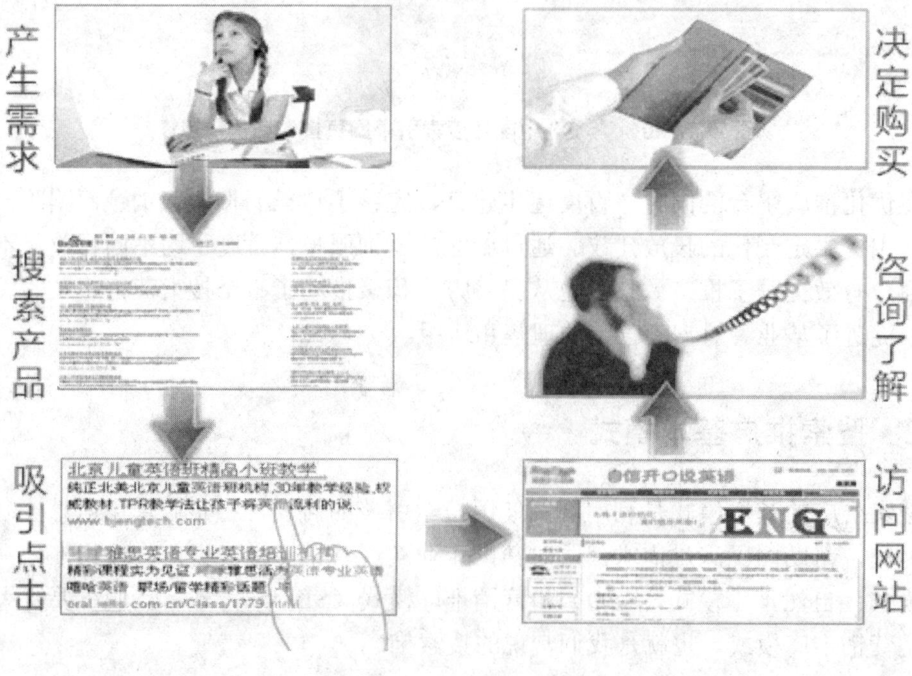

图 2-2 用户搜索路径

在这不断重复的路径背后，我们仿佛可以看到这样三个人物，以及他们每个人的期望。

- 网民：期望能尽快满足自己的需求，或者找到某个问题的答案。
- 企业：期望让更多的人知道自己，购买自己的产品或服务，赢得利润。
- 百度：帮助网民方便快捷地找到所求，帮助企业提供推广服务，获得收益。

在“搜索推广”这台戏中，百度既是搭台的，也是唱戏的。要想把这台戏唱起来，就得从下面两个方面入手。

首先，做好搜索产品，用良好的用户体验吸引更多网民使用。

百度要搞好搜索产品的用户体验，把网民服务好。网民搜索体验好了，才会“万事不决，百度一下你就知道”。但众所周知，百度并不生产具体的产品或服务，而网民的需求很多时候是需要具体产品或服务才能得以满足的。如有人手机丢了，需要尽快买一部新手机，但不知道该买什么牌子的。这时候他就来问百度了。百度并不需要卖给他一部手机，而只需要帮他快捷高效地找到他希望找到的信息就可以了。

即使全球的网民都使用百度，并获取到有价值的帮助，百度也不能从中获得收益，因为百度对网民是免费的。

另外，搭好搜索推广平台，帮助企业成长的同时成就自己。

百度上聚集着大量网民，虽然不能为百度带来收益，但是却能给企业带来销售线索。这些网民在企业的眼里就是财富，所以企业迫切希望通过百度寻找到自己企业的用户。世界上商业模式无外乎两种：要么向用户（网民）收费；要么向企业收费。百度使用的是后者，通过搭建搜索推广的商业平台，帮助企业成长，获得收益后再将部分利润投入到用户产品研发中去，更好地为网民服务。

在搜索推广的这个商业游戏中，要想让游戏长久进行下去，需要不停地在网民和企业主之间做好平衡，既要不断提高网民的搜索体验，又要保证绝大多数企业都能在百度的平台上成长起来。

2.2　搜索推广展现规则及形式

2.2.1　搜索结果页面付费与非付费链接布局

基于网民输入的搜索词，百度会在搜索结果页上返回 3 大类相关信息，如图 2-3 所示。

（1）百度检索库中相关的信息，这是百度蜘蛛程序从互联网上收集来的，称为自然搜索结果，以“百度快照”作为标示。

（2）付费的推广信息，网民每点一次推广信息，推广者就要支付百度一定的费用，以“推广”或加底色的“推广链接”标示。

（3）阿拉丁平台作为百度开放平台的一部分，站长可以通过提交结构化优质数据，获得百度搜索结果页“即搜即得”的搜索展现，检索结果会以更加友好的方式进行展示。

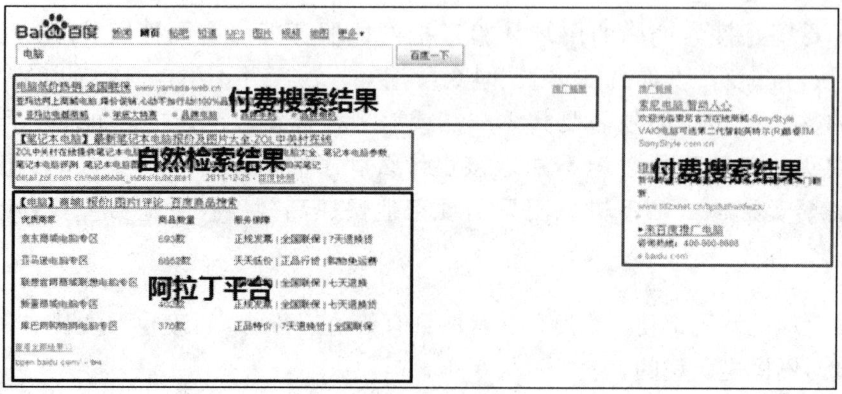

图 2-3　搜索结果布局

2.2.2　搜索推广展现规则

相关性及竞争力强的推广结果，将优先展示在首页左侧，余下的结果将依次展现在首页及所有结果页的右侧，如图 2-4 所示。

需要强调的是，前两种搜索推广样式只在搜索结果的第一页存在；翻页后，所有搜索推广结果都以第三种搜索推广样式存在，即在右侧展现。

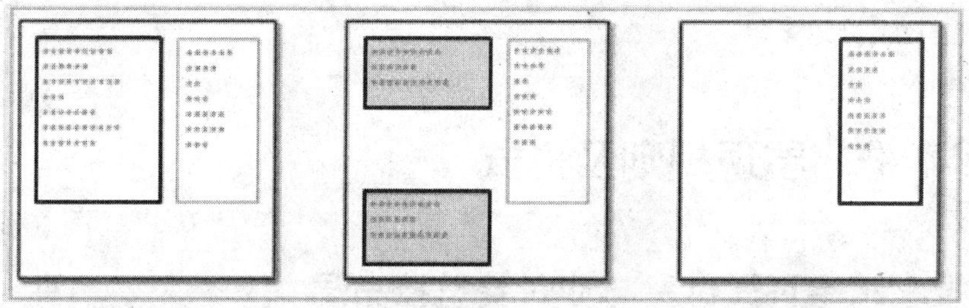

- 搜索结果首页左侧无底色的“推广”位置，此处最多展现10条不同的推广结果
- 搜索结果首页左侧带有底色的“推广链接”位置，此处最多展现4条不同的推广结果，上下两处展现的结果一致
- 搜索结果首页及翻页后的页面右侧，每页最多展现8条不同的推广结果

图 2-4　推广结果展现位置

百度搜索推广结果在投放中有以下三种形式。

- **推广位**

搜索结果首页左侧无底色的“推广”位置，此处最多展现 10 条不同的推广结果；当有些推广信息与网民搜索目的高度吻合时，系统会将其以“推广”形式展现在自然结果之上，如图 2-5 所示。

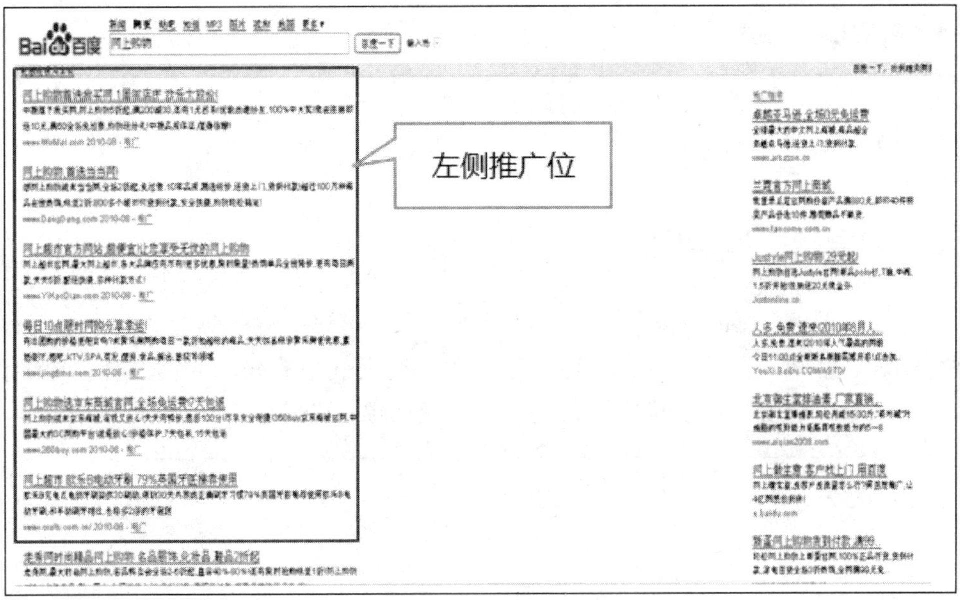

图 2-5　左侧推广位

- 左侧推广链接

搜索结果首页左侧带有底色的“推广链接”位置，一般情况下此处最多展现 3 条不同的推广结果，上下两处展现的结果一致；在百度联盟站则可以展现 4 条付费结果，比如百度和某浏览器有合作关系，在该浏览器上点击主页进入百度进行搜索，搜索结果称做百度联盟，百度联盟比百度主站搜索多一条的付费搜索结果，如图 2-6 所示。

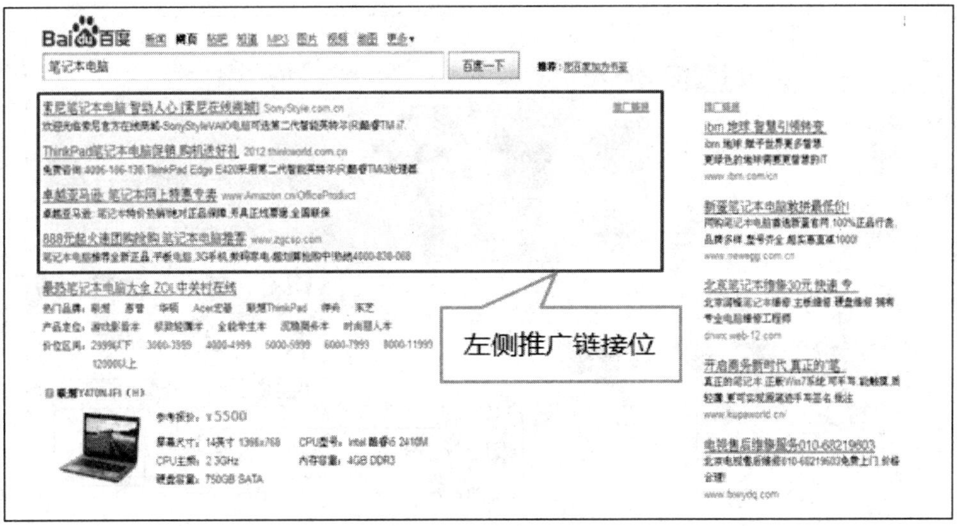

图 2-6　左侧推广链接位

- **右侧推广链接**

搜索结果首页及翻页后的页面右侧的“推广链接”位置，每页最多展现 8 条不同的推广结果，如图 2-7 所示。

2.2.3 搜索推广展示频道

如图 2-8 所示，目前百度搜索推广在百度平台中可以展现的频道共有 7 个：百科、新闻、知道、法律、图片、视频、经验。从现在的发展趋势来看，百度会在更多具有商业属性的频道展现企业的推广，帮助企业主获取更多的流量。

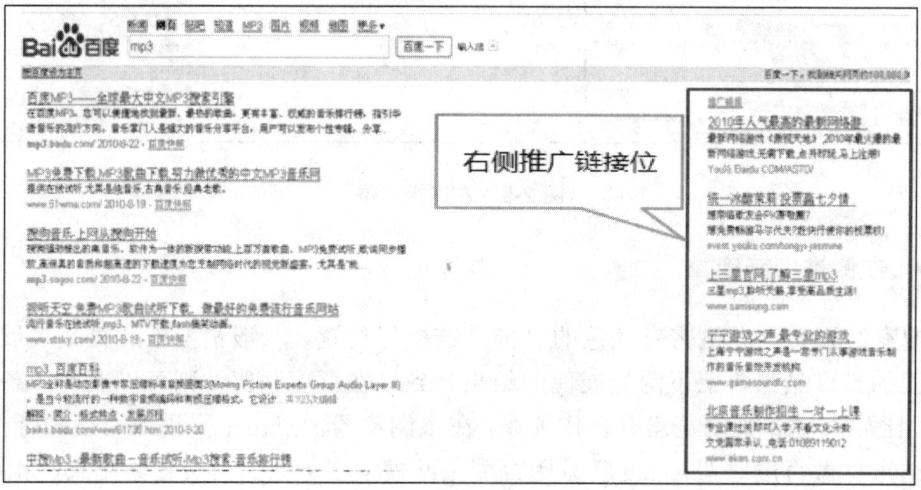

图 2-7　右侧推广链接位

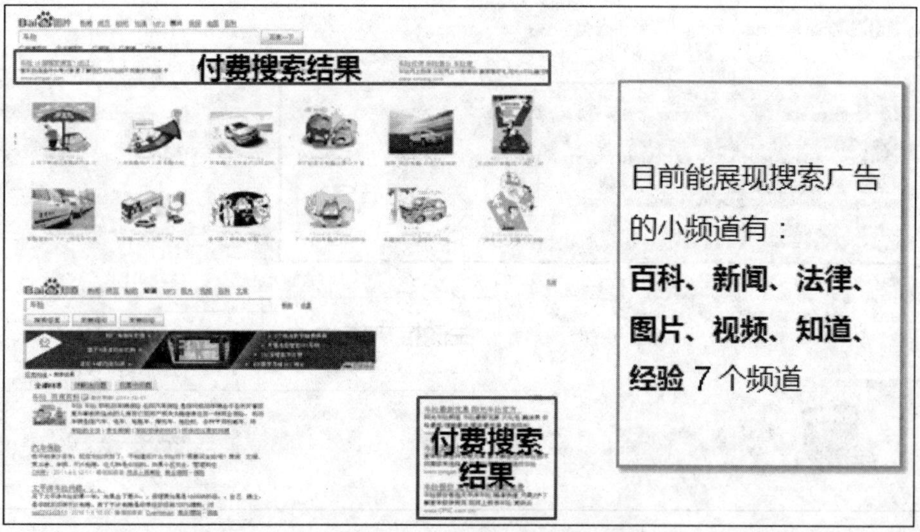

图 2-8　搜索推广展示频道

2.2.4　多种多样的展示形式

搜索结果页面上的推广展示形式是多种多样的，如品牌专区，品牌专区是百度的特色产品，根据大量品牌企业的反馈，品牌专区在百度推广产品中效果最好，如图 2-9 所示。品牌专区与传统搜索推广在付费方式上有所不同：品牌专区按月付费，传统搜索推广按点击付费，后面我们会用单独的章节详细介绍。

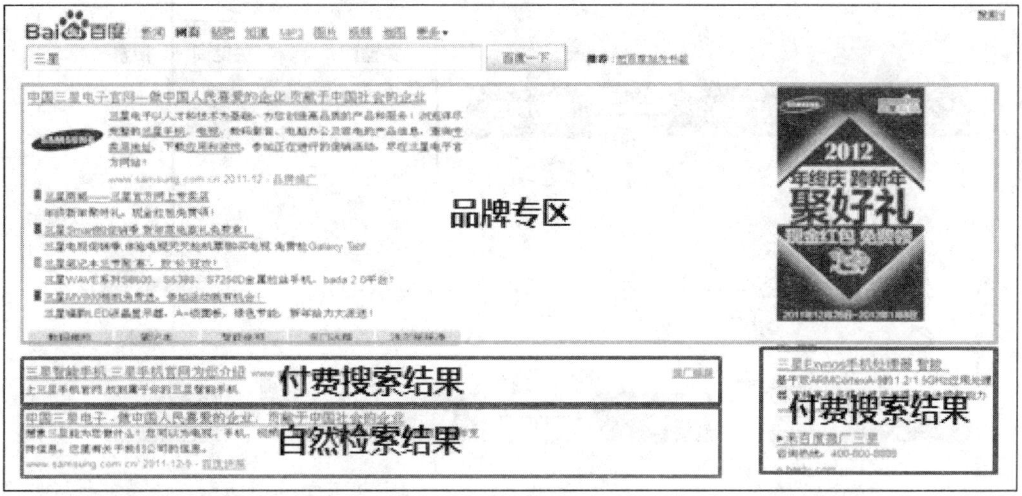

图 2-9　品牌专区展示结果

2.3　搜索推广整体流程

明确百度搜索推广模式与用户搜索行为特征之后，就需要对执行推广的具体流程进行进一步了解。

通常来说，从企业申请开通推广账户到目标受众完成最终转化，期间会经历 8 个主要步骤，图 2-10 为某企业主通过百度搜索推广成功获得订单的全过程。

企业主完成网站建立后，首先需要向百度提交开户申请；通过审核后，就可以对账户进行一系列，诸如架构设置、购买与产品/服务有关的关键词、关键词设定出价、编辑推广信息等前期准备工作；账户建立完善后，就可以发布推广信息，使推广正式上线。

网民会通过不同的关键词来检索他想找的信息。当网民的检索与企业主购买的关键词相匹配时，搜索结果页中会触发相关的推广信息；在推广排名及推广创意的影响下，网民会选择最具吸引力的推广结果进行点击，从而被企业主带入设置的目标页面，此时这些网民就成功转化为商户的潜在受众了。

若企业主的网站体验和产品服务能够满足潜在受众的需求，这些受众就会希望通过进一步的沟通，获知完整产品信息；而企业主网站中的联系电话或在线沟通工具等联系方式，就是受众与企业主之间不可缺少的沟通桥梁。最后，通过推广商户的说明及引导，潜在受众很可能会直接产生注册或是购买行为。

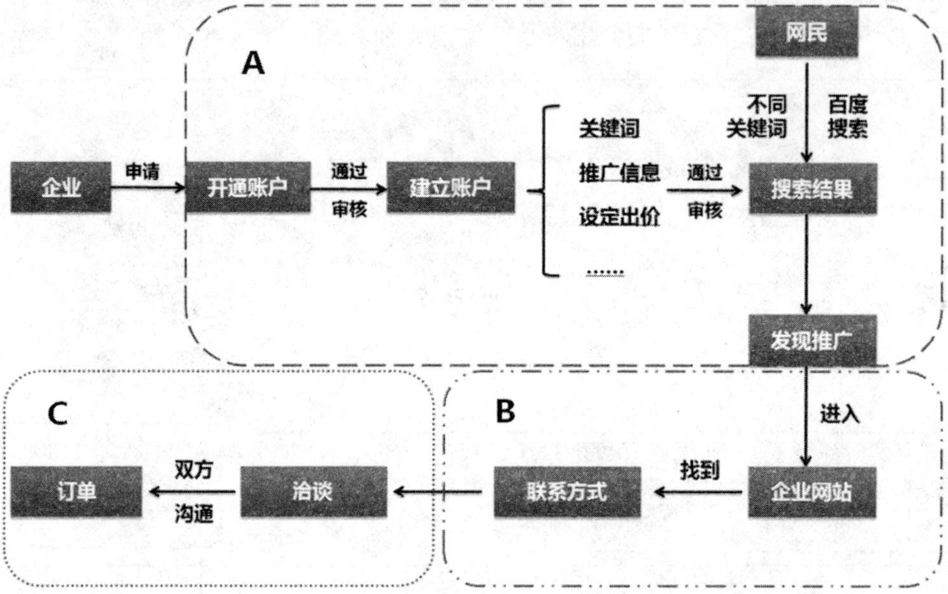

图 2-10　企业主通过百度搜索推广成功获得订单的流程图

以上这个过程，可以简单概括为三大可控的环节，正如图 2-10 中 A、B、C 三种不同虚线框中所示：吸引关注、获取咨询、形成转化。具体内容如下。

（1）吸引关注——设计推广信息

对于推广商户即企业主来说，推广结果能够在百度的搜索引擎中出现并不是他的最终目的。搜索结果排名是一种稀缺资源，当潜在用户通过某个关键词进行检索时，结果页中会反馈大量信息，如果企业主的推广信息位置靠后，被潜在用户发现的机会就会大大降低，推广效果就更无法保证。因此，推广商户还需要让这些推广信息在有限的搜索结果位置中获得靠前的排名，以便展现其推广信息。

同时也需要注意，网民在进行搜索时，并非每条推广信息都会引起他的兴趣，他就会从中判断、筛选出与其想获取的内容相关性强的推广结果进行点击，然后进入网页获取更详细的信息。因此，靠前的排名只是为商户增加更多被发现的机会，要想引起潜在受众的兴趣从而发生点击行为，还需要企业主时刻把握潜在受众的搜索特征和需求，用准确的关键词和独特的创意使推广脱颖而出。

（2）获取咨询——优化网站结构或内容

作为企业推广的利器，百度搜索推广为企业网站带来了可观的访问量，这是搜索营销的第一次转化，即推广商户的推广信息已经成功带来了很多关注。搜索营销还需要完成第二次转化：将访问量转化为潜在受众的进一步行动——咨询。每一次搜索点击都代表着一位有意向的潜在受众，他们希望通过到达的网站获取感兴趣的产品或服务的信息，并在比较、评估后做出下一步行动的决策。因此，在设置推广信息的同时，企业主也需要在其网站建设上下一番功夫。一个独具吸引力、清晰简洁地呈现产品或服务优势、并有明显联系方式的网站，会让潜在受众产生进一步咨询以获得更多信息的动机。这时，企业主也就成功地将访问量变为了咨询量，获得了宝贵的销售线索。对于以打品牌为主的企业，更需要关注该环节。

（3）形成转化——跟进达成目标

通过前面两步转化，企业主已经获得了很多潜在受众的访问，并利用其网站说服他们进一步了解产品和服务。这时，企业主离营销目标的实现仅差最后一步：及时把握该销售线索，与潜在用户建立密切的关系，促成他们的注册或购买行为，完成最终营销目标的转化。这一环节对于在线注册或直接销售产品的企业主来说尤其重要。此时，企业主需要做的就是：充分调动线下资源，提升网站体验，把握潜在受众的每一次咨询（如保证及时接听咨询电话、提高销售说服技巧、注意回复礼仪等），增强他们对产品或服务的信心，促成他们的购买行为并带来收益。

图 2-11 可以帮企业主更清楚地理解搜索营销的 3 大部分。

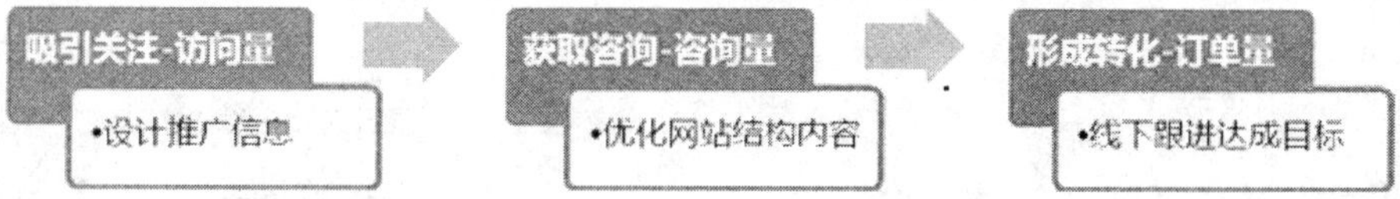

图 2-11　搜索营销流程图

2.4　搜索推广排名原理

2.4.1　搜索推广价格排名原理

对百度搜索推广来说，综合排名指数（CRI）即出价与质量度的乘积，是排名真正的衡量标准。通过计算公式可知，如果关键词具有较高的质量度就能够以较低的成本获得更好的排名，如图 2-12 所示。

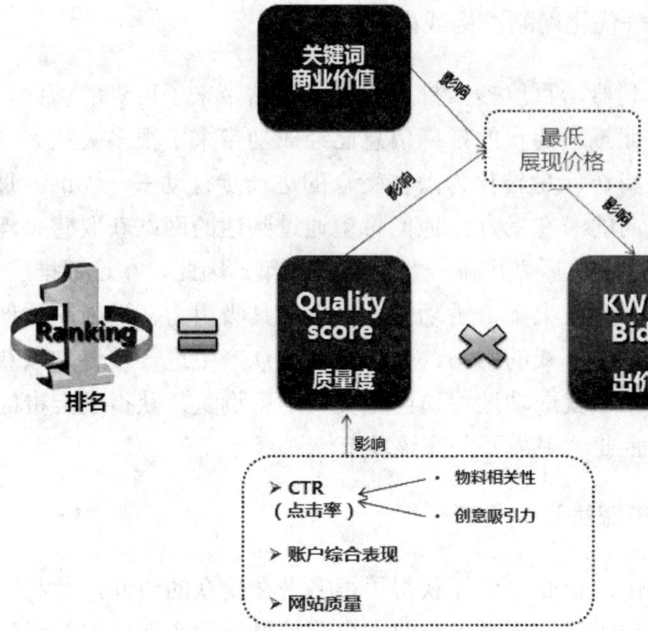

图 2-12　搜索推广价格排名原理

继续对影响展现位置的两大指标进行细分，可以分解出对排名更直接的影响因素，如图 2-13 所示。

每个影响因素都有不同的核心关注点。当推广中遇到相关问题时，需要我们能够以不断细分的逻辑思路对问题进行诊断，最终提出具有针对性的优化策略，达到最终的优化目标。

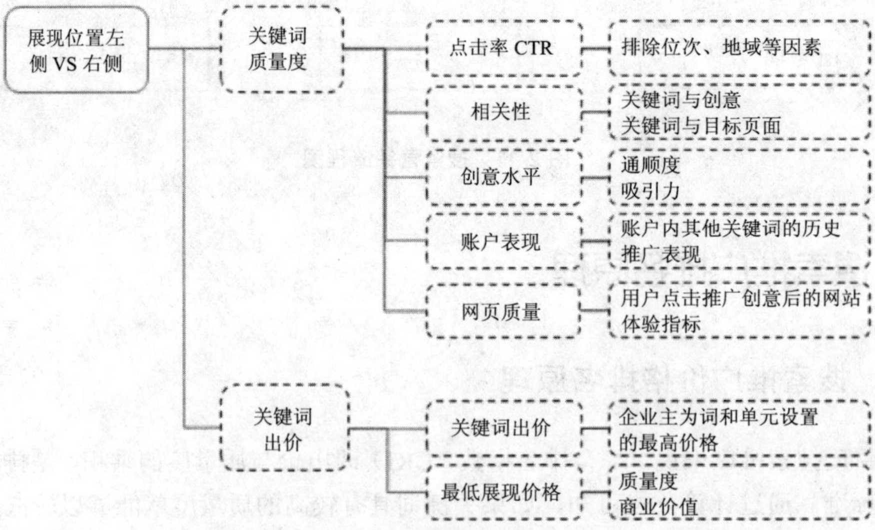

图 2-13　排名影响因素分析图

2.4.2　关于质量度

1．账户质量度定义

质量度是搜索推广中衡量关键词质量的综合性指标，通俗的解释就是百度给企业主搜索推广创意的打分。分值越高代表质量度越高，意味着搜索推广的质量越优秀，同等条件下赢得潜在网民关注与认可的可能性越高。通过质量度，可以反映网民对参与百度推广的关键词，以及关键词创意的认可程度。

2．账户质量度体系发展

2007 年，百度就已经在进行搜索引擎的竞价排名。当时的排名及出价是透明的：在竞争排名时，可以明确知道该排名所需的出价。这样单纯以出价作为排名衡量，会在用户体验方面产生一些负面问题，如相关性低但出价高的推广创意可以获得较高的排位。

2007 年之后，百度引入了质量度的概念，其数值反映了推广信息被搜索者的接受程度：搜索者越感兴趣，越多人点击，点击率越高，访问者体验越好，质量度越高。质量度算法基于海量的推广数据，可以直观地反映网民对于推广的认可程度，以及网站质量情况。

3．账户质量度的影响因素

质量度的算法模型的核心是机器学习的模块组、累计的数据模型及数据量已经超出了人所可以学习的极限。但根据实践经验，也可以总结出一些行之有效的质量度优化方法，可以在推广过程中出现的质量度问题时进行诊断，并完成影响因素分解。具体影响因素有以下几点。

（1）点击率：是搜索推广结果的点击量占展现量的比率。较高的点击率表示潜在企业对信息的关注和认可。点击率是直接影响关键词质量度的重要因素，而相关性和创意撰写水平，通过影响点击率来影响关键词质量度。

（2）创意内容与关键词的匹配度：指关键词套入创意是否通顺。

（3）创意内容与关键词的相关性：由于语言的复杂性，百度并不能完美地判断关键词与创意的相关性。若创意标题和描述飘红，创意通顺，并且关键词单元划分合理，即把结构相同、意义相近的词划分在一起，基本就可以达到系统对于创意内容与相关性的要求。

（4）关键词、创意与网站内容的相关性：百度推广的着陆页 URL 链接页面内容与推广关键词及创意内容的相关度，也会对质量度产生影响。网站打开速度、空间服务器的稳定性、跳出率、网站用户体验、包括网站的 UE 设计等方面均会进入质量度评分范围。

（5）创意撰写水平：创意围绕关键词撰写得越通顺、越有“创意”，就越能吸引潜在企业的关注。“通顺度”是百度引进的一个专门判断创意撰写水平的概念，系统会对创意的通顺度进行智能评定。需要强调的是：

- 通配符的合理使用很重要，会对通顺度的判定产生重要影响。当关键词替换到通配符中时，要保持创意的语意不变，语句通顺。
- 创意通顺度遵循木桶法则，必须保证每个都符合通顺度标准。
- 账户结构合理是基础，结构相同、意义相近很重要，整体架构清晰，同时单元中的每个关键词语意一致、词性一致。

（6）推广账户历史表现：账户表现包括账户的生效时间、账户内关键词的点击率等，其中点击率是影响质量度的最重要因素，点击率=点击量/展现量，衡量的是网民对推广创意的认可度。账户综合表现需要通过点滴的积累和持续的优化掌控。

4．质量度在推广账户中的作用

质量度会对搜索推广结果产生重要影响，主要体现在以下 3 个方面。

（1）影响关键词的排名。排名是由质量度和出价共同决定的。一般情况下，出价相同时，质量度高的关键词的排名靠前。

（2）影响点击价格。在排名一定的情况下，作为对高质量关键词的奖励，质量度越高，企业需要为搜索推广结果支付的单次点击价格就越低。

（3）影响最低展现价格。同样作为对高质量关键词的奖励，质量度越高，该关键词获得展现所需的最低展现价格就越低。

因此，建议持续关注和优化质量度。通过提升质量度，可以在同等情况下获得更佳的展现位置、更优的排名、支付更低的推广费用，从而降低成本，提高投资回报率。

5．质量度星级说明

在账户中质量度以星级的形式进行直观展示，不同星级代表不同的意义，具体如下。

3 星词：左侧展现资格稳定，在出价有竞争力的情况下，有很大可能到左侧展现。

2 星词：左侧展现资格不稳定，建议持续优化质量度。

1 星词：基本没有左侧资格，即使提高出价也不能在左侧展现，建议优化质量度。

对不同的质量度等级的关键词，建议使用有针对性的优化方法，使得推广能够在左侧展示。

系统在星级划分的同时也对星级颜色进行进一步细分，分别是灰、黄、绿。灰色代表星级中下游，黄色是普通，绿色代表良好。

需要注意的是，星级并不完全代表质量度。同等星级之间的平均点击价格仍然有所区别。在百度的后台，完整的质量评分体系有一个很大的分数范围，星级的判定以分数范围的比例为主，同等星级之间的关键词在质量评分分数细节上具有差异性。

星级	质量度水平	如何优化质量度	如何优化到左侧
3 星	优秀	优化创意撰写，参见如何优化创意	（1）调整出价 （2）持续优化质量度
2 星	一般	优化创意撰写，参见如何优化创意	（1）持续优化质量度 （2）可尝试提高出价，观察线上变化
1 星	较差	优化相关性和创意撰写	（1）优化质量度 （2）新提关键词，建议 1 天以后再优化

2.4.3　关于出价

1. 账户出价的定义

出价是指企业愿意为所购买的关键词给出的最高点击价格。请注意，这个概念中有两点需要特别提醒大家：第一，这个出价是企业愿意出的价格，不是百度实际收取的；第二，这个出价是最高点击价格。

2. 最低展现价格

理论上出价是按照企业的意愿来的，从 0 元到 999.99 元，企业愿意出多少就出多少，但出价不是企业做搜索推广的目的。企业做搜索推广的目的是期望将企业的营销信息传递给受众。企业要实现这个目的，就得先让网民能够看到自己的搜索推广结果。

百度的搜索推广平台为每个关键词给出一个“最低展现价格”，也就是起价。所谓最低展现价格是指企业的搜索推广结果展现在搜索结果页中时的最低出价，这个价格由系统给出。企业给某个关键词出价时，所出的价格只有大于等于系统给出的最低展现价格，企业的推广创意才会出现在搜索结果中。

3. 最低展现价格的决定因素

关于最低展现价格，有两个非常有趣的现象：第一，不同关键词的“最低展现价格”是不同的；第二，同一个关键词，不同企业在购买时得到的最低展现价格也是不同的。

这是因为最低展现价格由关键词的质量度和商业价值共同决定。企业看到的最低展现价格较高，可能意味着该关键词的商业价值较高，也可能是因为该关键词的质量度较低引起的。你可以在关键词列表中查看关键词的质量度等级，通过优化关键词的质量度，来降低最低展现价格。

4. 关键词商业价值的作用

关键词商业价值在百度搜索推广体系中能够起到平衡行业利益，维护用户体验的作用。为什么这么说呢？

我们先介绍一下商业价值的评判标准。关键词本身是没有价值属性的，只有不同的企业购买时，才会发挥其价值。百度认为越能准确捕捉有意向的、高价值的潜在客户的关键词，其商业价值就越大。在百度眼里，关键词商业价值的评判标准不是单一维度的，而是双维度的，既能给企业捕捉到客户，同时也能给网民带来方便快捷的信息。这个判断标准深入到百度的所有商业产品的模式中。

例如鲜花这个关键词，每到重大节日的时候检索量都非常大，很多网民都在通过搜索引擎满足自己购买鲜花的需求，很多花店老板也聚集到搜索引擎上推广自己的产品。因为鲜花行业受到地域、时间等限制，主要以中小企业为主。所以鲜花这个关键词的最低展现价格并不高。某知名品牌为了获得更多品牌曝光也想购买这个关键词，但它无法满足网民的需求，因为根本就不售卖鲜花产品。品牌大企业参与鲜花的竞价，对鲜花企业主和网民体验都是严重的打击。为了尽可能防止这种问题的出现，百度会通过最低展现价格杠杆给品牌大企业一个非常高的价格，提高其参与这类关键词竞价的成本，维持竞争环境的稳定性。

2.4.4 推广点击价格算法

推广的点击价格与排名和质量度相关，如图 2-14 所示。点击价格的计算是以下一名的出价乘以它的质量分，即下一名的综合排名指数，除以自身质量分，再加上 0.01 元。计算公式为：（下一名出价×下一名质量度）/关键词质量度+0.01。

在实际投放中，自身点击价格在很大程度上取决于竞争对手的关键词价格及质量。优化时需要尽量多关注排名、点击价格和效果之间的关系，若以 ROI 或 CPA 为投放目标，就要更理性地去选择排名的位次。另外，关键词的热度会受到选词方向的影响，竞争热度会在很大程度上影响点击价格。

$$\text{点击价格(CPC)} = \frac{\text{下一名的（出价} \times \text{质量度）}}{\text{自己的质量度}} + 0.01 \leqslant \text{出价}$$

图 2-14　点击价格计算公式

在整个点击价格体系中，我们可以把控的只有质量度，所以需要更多地去优化自己的质量度，以达到降低投放成本的效果。如果你的关键词排在所有推广结果的最后一名或是唯一一个可展现的推广结果，那么点击价格为该关键词的最低展现价格。请注意，**质量度越高，该关键词的最低展现价格越低**。

第 3 章

百度搜索推广

3.1 概述

3.1.1 百度搜索推广流程

百度搜索推广包含一系列完整的账户管理流程，如图 3-1 所示，包含以下步骤。

① 需要进行推广物料的准备，包括前期对于企业主推广目标的设定、推广关键词的选择、关键词的相关设置、创意的撰写编辑，以及账户中推广时间、预算、地域等设置。

② 将准备好的物料上传，等待系统审核；审核通过后对物料状态和推广位置进行检查。

③ 进入到大概一到两周的观察期，在这两周之内要结合数据对账户进行整体优化，直到账户效果相对平稳，进入稳定期。

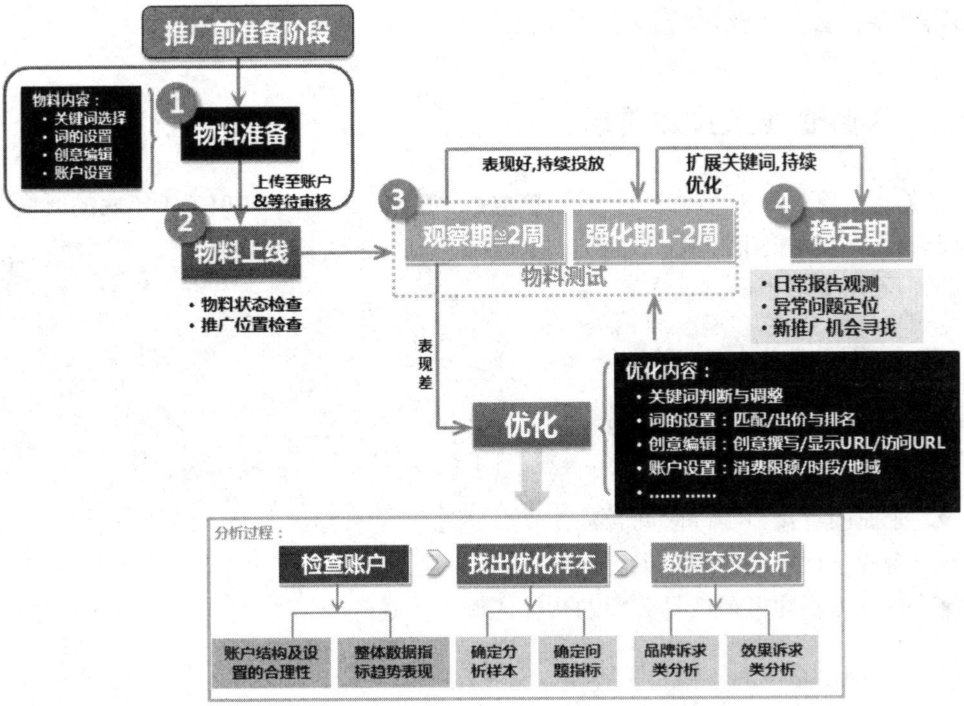

图 3-1　搜索推广账户管理流程图

3.1.2　百度搜索推广方案

制作一份完整的百度搜索推广方案包含以下几个方面：

- 投放目标分析
- 账户结构搭建及优化
- 关键词选择及优化
- 创意撰写及优化
- 账户设置
- 账户数据监控及优化

3.2　投放目标分析

对投放目标的分析，是一切营销活动的前提。只有定准目标，了解受众以及洞察市场情况，才能制定出有针对性的投放方案。

投放目标分析指的是在做推广之前，先了解企业主的投放目的。也就是在实际执行 SEM 账户操作之前，一定要与企业主进行深入沟通并了解整个营销活动，以及产品的核心点是什么，在此基础上确认核心目标，并展开整个方案的策划。

3.2.1 了解企业主投放需求

例如，一家在欧洲北美具有较高知名度的 IT 企业主，在 2012 年年底的时候进入了亚洲市场。在进行正式推广之前，需要去了解该企业主的投放需求，具体涉及的问题包括但不限于以下四方面内容。

第一方面，企业本身：

- 企业的产品定位以及产品卖点是什么。
- 企业投放的预算是多少；投放地域是哪里；投放时间是否有限制。
- 企业的宣传节奏，时间长短是什么。
- 企业预计投放的营销渠道包含哪些。
- 企业为不同渠道产品分配的预算比例大概是多少。

第二方面，企业的营销目标：

- 进行投放后，企业期望达到怎样的营销目标，理想的期望值是什么。
- 企业以往 SEM 的投放效果及 KPI 指标，包括该企业对这些 KPI 的要求。

第三方面，行业及目标受众：

- 企业所在行业的大概情况，是否存在淡旺季。
- 企业的目标消费群体是哪些，包括消费群体的年龄、性别、地域和教育水平等。

第四方面，企业的竞争对手：

- 企业的主要竞争对手是谁？竞争对手的情况如何？

在确定推广投放时需要注意的是，投放目标分析并不仅仅是前期行为，在后期根据整个投放方案和目标进行完整的推广投放优化的过程中，都要对核心目标相关指标保持关注。

3.2.2 投放目标考虑因素

如果将上述问题进行综合分类，可以将投放目标的分析因素锁定在三个方面，如图 3-2 所示。

图 3-2　投放目标考虑因素

1．确立营销目标

首先通过产品定位，确立企业的营销目标，明确企业主是想要树立企业品牌形象，还是追求后期的转化效果。企业主所重点推广的活动以及产品线，都可以在后期作为关键词拓展的参考。对于 SEM 从业人员来说，确立了营销目标也就是确立了后续工作的 KPI 指标。

营销目标细分及对应通用 KPI 如图 3-3 所示。

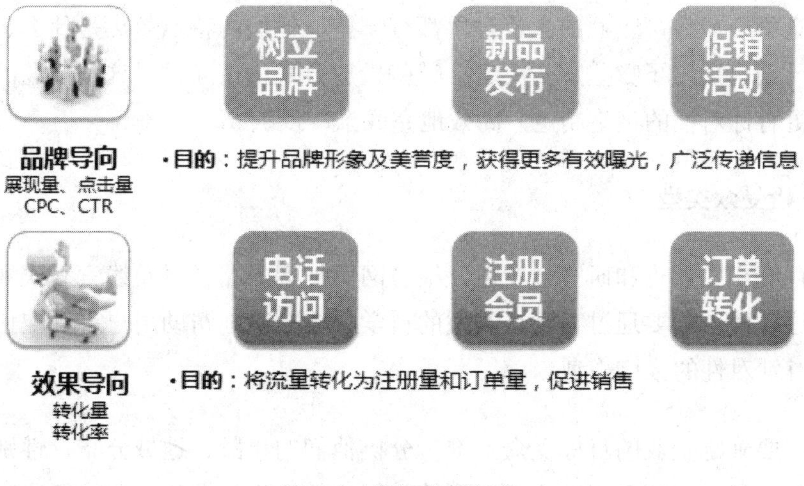

图 3-3　营销目标细分

如果对整个 KPI 进行总结，可以将所有的企业主分为两大类型。

- 第一种企业主称为品牌导向企业主。日常生活中，像推销行业、保险行业，或者腾讯、搜狐这种大的平台，一般都是追求品牌导向的公司，投放目的主要是提升自己的品牌形象以及品牌的曝光度，从而获得更广泛的用户满意度和宣传性，对以品牌导向考核为主的企业主来说考核的标准一般都在于展示量、点击量、CPC、CTR，更多是关于搜索前端表现的数据。

- 第二类企业主是效果类企业主。这类企业主做搜索引擎的目的更多地是为了追求流量转化，常用考核指标是转化量和转化率。需要注意的是，核心考核指标的形成会有其规律性。如果将搜索引擎上的电商行业作为研究对象，可以发现在电商运营的初期阶段，网站流量比较低，企业主通常以考核点击量和 CTR 为目标，一旦网站流量到了较为稳定的阶段时，再去考核转化率和转化量。如果这个企业已经发展成了像卓越、京东这种非常大型的电商企业，网站已经不用去考虑每天的自有流量的时候，企业主则会把 ROI 作为考核标准。如果前期就仅以控制 ROI 为目标，就很难在项目整体投放中保持持续提升，所以目标的考核是一个循序渐进的过程。

2. 研究市场环境

市场环境分析，包括行业情况、热点信息事件和竞争对手三大方面。行业情况通常可以借助百度数据中心等报告机构出具的分析报告进行参考，热点信息动态及竞争对手情况通常可以参考新闻媒体、百度指数等第三方数据。

研究市场环境其实就是去了解企业在其所在行业处于一个怎样的位置，目前整个市场激烈竞争度如何，企业的竞争对手都有哪些、他们的特点卖点是什么、跟其他企业有什么区别、采用了哪些宣传渠道、哪些投放方式……通过对这些问题的研究帮助企业进行更有针对性的策略制定，高效地完成推广投放。

3. 分析受众类型

通过百度相关调查和研究会发现，很多网民搜索的路径以及线索其实和想象有很大区别，这时候就需要通过对受众类型的科学分析准确地帮助用户进行定位，帮助企业主制定有针对性的推广规划。

我们需要确定企业的目标受众是谁，分析他们的年龄、地域分布、性别、受教育程度、收入水平、兴趣爱好及搜索行为等。用户的检索习惯与行业特征决定了推广投放的方向。在制作推广方案时，只有准确把握用户的搜索习惯及行业特征，才能给企业主提供最合理的建议，使企业主把握投放的最佳时机。

受众典型检索行为如图 3-4 所示。

对网民的检索行为进行梳理，根据市场营销原理，可以把网民的购买过程分为五个阶段：

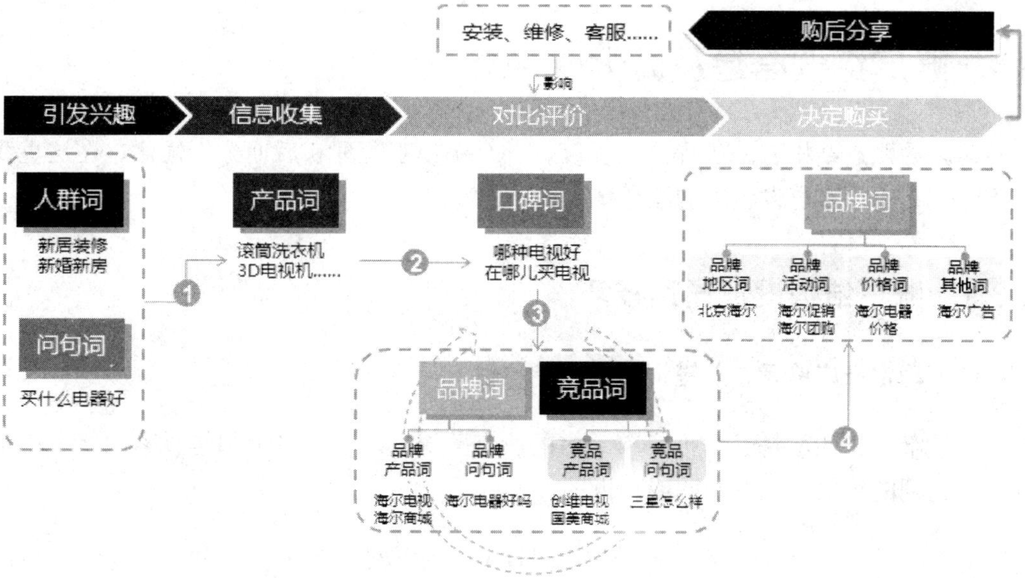

图 3-4　受众典型搜索行为

第一阶段是引发兴趣；第二阶段是信息收集；第三阶段是对比评价；第四阶段是决定购买；第五阶段是分享。

对不同阶段的人群需要定位不同的词然后进行匹配。在引发兴趣阶段，在网站前期并没有很高品牌价值和自有流量的时候，为了更多地捕捉潜在人群，会投放人群词，包括常见的疑问句，如"送什么礼物比较好呢"等。当用户确定要买什么产品时，进入信息收集的阶段，用户会去搜索较为宽泛的产品类别，但此时用户对于产品的具体信息仍比较模糊，所以会首先对通用词进行搜索。当用户确定了产品的具体信息，就到了对比评价的阶段，用户会进行对比搜索，搜索内容会涉及一些具体的品牌词，如海尔电视、海尔电器等，包括与海尔竞争的品牌。最后在决定购买阶段，用户主要搜索的是品牌词，如北京海尔，然后用户会通过搜索查询价格词和促销词找到进行海尔产品促销的网站，购买阶段的用户往往对价格、促销、信誉信息最为敏感。最后，就是购物体验的分享，分享的口碑信息往往会影响其他用户在对比阶段对产品的印象。

同时，部分行业可能会涉及产品后期行为的延续，用户会搜索安装、维修、客服等相关关键词，账户优化人员需要根据每个行业的不同阶段来设计检索的路径，并且在重要的路径节点进行关键词覆盖，结合直观感受及数据分析的方式进行搜索路径模拟，检索流程设计。

3.3 账户结构搭建及优化

清晰的账户结构有助于提升质量度，并且更便于管理和后期分析优化，在这里我们列一下在进行账户设置时的注意事项。

3.3.1 账户结构设置通用技巧

（1）确定推广单元与关键词的主题唯一性

主题唯一指的就是一个推广单元内的所有关键词，在词义上都是紧紧围绕一个主题的，在词的结构上都是相同或相近的。

这样做的好处主要有两点：一是逻辑性非常强，便于后期账户的管理操作，可以很快地找到相关关键词在账户中的位置，得到相关的数据；二是能够针对一个主题去撰写具有针对性的创意。

（2）每个推广单元最好保持 15～30 以内的关键词数量

这个建议不是绝对的，针对一些小型账户建议，一些比较大型复杂的账户未必适合。

关键词越少越便于管理和优化，这里的优化主要指的是针对创意的撰写，保持相对合理的关键词数量，更加便于创意的针对性撰写。

（3）将高流量、高消费、高转化关键词单独划分

这是很关键的一点，要把账户内高流量、高消费、高转化的词单独划分，单独考核，把这些词再精细化管理，让它们有更加好的表现。这样做的好处是，在后期优化的过程中可以有的放矢，把精力放在重点的关键词上；同时，还便于对这些重点关键词在推广预算及推广时间上的更好把控。

未进行细分之前的推广单元内包含英语培训、英语班、留学英语、出国英语 4 个关键词，搜索“英语培训”的企业不一定只是为了出国留学。因此，对于上面这条创意，显然不会引起所有目标客户的关注；而下面细分单元后触发的创意，吸引力就强了很多。

因此，细分单元有利于编辑针对性强的创意，更有利于吸引目标受众，从而获得更多有效点击，提升转化。

下面看一个例子，如图 3-5 所示。

搜索词		关键词	创意	
英语培训	单元	英语培训 英语班 留学英语 出国英语	出国留学不是梦。 学好**英语**，沟通无障碍， 一对一辅导，顺利拿签证。 www.baidu.com	未触发
	单元 1	英语培训 英语班	**英语培训**　一学就会。 轻松易学，外教辅导，价格优惠 现在报名，做英语听说读写达人。 www.baidu.com	触发
	单元 2	留学英语 旅游英语	出国留学不是梦。 学好**英语**，沟通无障碍。 一对一辅导，顺利拿签证。 www.baidu.com	

图 3-5　单元划分示例

3.3.2　不同类型账户的结构划分

不同类型账户适用的账户结构是不同的，这是我们在设置账户结构的时候首先要考虑的维度。

（1）对于普通多业务账户的推广计划设置方法

- 可根据产品/服务、推广预算、推广地域等维度划分多个计划。
- 对特殊事件，如促销、活动等可以单独建立一个计划。

对于多种业务的企业主，可以根据其产品推广预算或地域，划分多个计划，对于特殊的事件可以单独建立一个计划，比如某企业在销售产品的同时对招商加盟的业务也十分关注，就可以选择在账户中单独列出一个招商加盟的计划，并进行相应的预算分配及效果评估。

（2）对于单一业务账户的推广计划设置方法

- 可以在一个计划下管理。

- 也可按照**关键词类型**划分为多个不同的计划。

（3）对于大型多业务账户的推广计划设置方法

- 推广的产品/业务的种类。
- 推广地域。
- 推广预算。

例如，可以将效果好、转化率高的关键词划分到一个推广计划中，分配较高的预算重点推广。或者当用户想尝试一批流量较大的关键词，又担心这批词会拉高总体消费，就可以为其建立单独的推广计划，并分配一定的预算。

- 网站结构、转化目标等。

如果有多重推广目标，如获得更多的注册量、获得更多的电话和订单、吸引更多人参与在线活动等，那么可以将计划划分为注册类、销售类、在线活动类等不同计划。

3.3.3 优化小结

无论采取哪种账户搭建方式，我们都要遵循切记的原则就是：

划分逻辑要清晰，精细化分组，将意义相近、结构相同的关键词放在一起。

便于针对关键词所在推广单元撰写针对性的创意；保证一个单元下的所有关键词嵌入到创意里语句通顺，语义清晰。

便于统计投放数据，为日后的账户管理优化工作打下良好的基础。

3.3.4 账户结构范例

例如一个鲜花网站，可将整个账户划分为品牌词和产品词两个推广计划；品牌词计划中划分为品牌名称及网址名称两个推广单元；产品词计划中，根据不同鲜花种类划分推广单元，如图 3-6 所示。

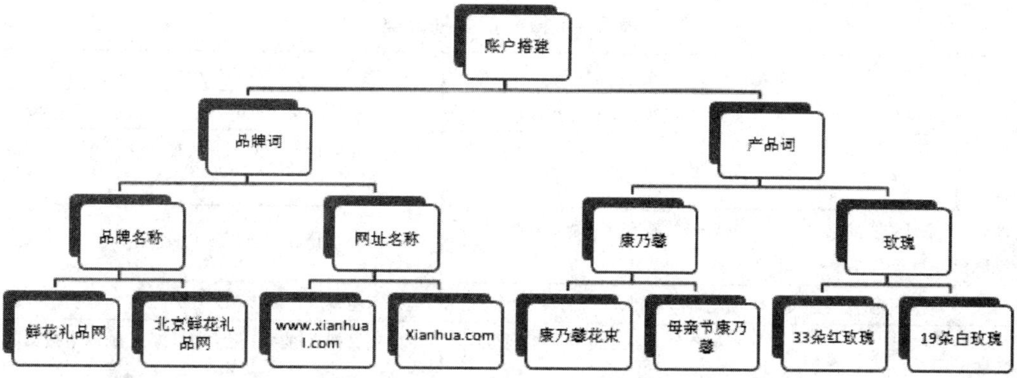

图 3-6　账户结构示例

3.4　关键词优化策略

3.4.1　制作关键词方案的步骤

制作出一份完整的关键词方案大致分为如下 4 个步骤，如图 3-7 所示。

① 要寻找核心的关键词。

② 拓展核心关键词。

③ 对关键词进行筛选。

④ 将关键词合理分类。

图 3-7　关键词制作方案 4 步骤

1．寻找核心词

寻找核心词是指找到跟业务相关的一些概括通用性关键词，这些关键词能够覆盖所有相关的业务内容，主要有以下 3 种方法。

方法一：根据企业需求获取核心词（如表 3-1 所示）。

表 3-1　核心词类别分类

核心词来源类别		注　释	核心词示例
营销目标	品牌推广	公司名称相关、品牌相关的词	如京东官网、360buy、京东、京东网上商城
	市场公关	事件名称、事件特点等词	如三鹿奶粉事件如三鹿奶粉、婴幼儿结石、三鹿毒奶
	主营业务宣传（产品/服务）	主营的产品/型号/商业模式/地域/购买等	手机、诺基亚 N97、网上商城
	活动/促销营销	活动/活动的名称、内容、价格等	京东电视节、创维 3D 电视、32 寸电视 5 折起
受众定位		根据营销目标确定的目标人群，依据他们的兴趣点扩词	如果目标人群为年轻女性人群，她们常搜索的词是：治痘痘、美容、宫、美人天下…
市场环境		竞争品牌的公司名称、主营业务名称等	京东的竞争公司，如：卓越、当当、新蛋

前面提到在分析投放目标时，需要考虑的三大因素：营销目标、受众定位和市场环境。在获取核心关键词的时候同样可以从这三个方面去提取。

首先，从营销目标的角度：如果企业的营销目标是品牌推广，那么可以寻找跟公司名称或品牌相关的核心词，如京东、京东官网等，当然这适用于一些已经具有一定知名度的企业；如果企业的营销目标是市场公关，那么可以寻找一些事件名称、事件特点等关键词，如三鹿奶粉等，不过这种事件类关键词需根据账户实际推广情况谨慎使用，因为这类词虽然能够带来更多的展现曝光，但同时也可能产生大量的预算浪费；如果企业的营销目标是主营产品或服务的宣传促销，那么可以寻找主营产品/型号/商业模式/地域/购买等核心词，如手机，三星 S4，手机网上商城等；如果企业的营销目标是活动促销，那么可以寻找活动的名称、内容、价格等核心词，如乐蜂网桃花节，京东电视节，32 寸电视 5 折等核心词。

再从受众定位的角度去看：受众定位就是根据营销目标人群，依据他们的兴趣点去进行核心词的拓展。如知名化妆品电商网站乐蜂网，该网站的主要目标受众人群为 20～40 岁的年轻时尚女性，她们平时的爱好可能是逛街、美容、美食、美剧、韩剧、明星等，那么她们可能使用的搜索词为美白、治痘痘、美容、SPA、吸血鬼日记、屋塔房王世子、新版笑傲江湖等。

从市场环境的角度去看：这里我们主要可以去关注一些竞争品牌的公司名称，主营业务名称等，如京东的竞争公司卓越和当当；乐蜂网的竞争公司聚美优品；中粮我买网的竞争公司 1 号店等。我们可以酌情使用一些竞争对手的品牌词，也就是我们 SEM 业内常说的竞品词。这类词的应用目前非常广泛，但是在实际的使用过程中要注意一些问题，不能写一些有损竞争对手形象的推广创意。

从以上几个角度可以拓展出很多核心关键词。

方法二：从企业网站中获取核心词。

如图 3-8 是京东网首页截图，从企业的网站中可以寻找到核心关键词。在企业的网站进行信息的采集和分析，并进行核心词的选择。

在品牌方面可以通过企业本身的品牌，以及网站的相应特征创建相应的核心品牌词；其次，可以根据市场公关设计新闻事件关键词；可以通过企业网站上整个产品分类明确产品线，每条产品线下面的关键词都可以作为核心产品词进行添加；网站首页的焦点图可以看到企业近期推广的主要活动，可以根据活动信息分配活动类核心关键词和整个推广创意的重点，突出推广亮点。

图 3-8　企业首页示例

方法三：人群词工具中获取核心词。

图 3-9 所示的是百度的一个营销工具“百度司南”的截图，这里有两个功能点可以帮助我们去获取核心词：兴趣点和网页检索词。这两个功能点可以帮助我们找到网民的兴趣和关注所在，兴趣点可以显示我们的样本人群对哪类信息更加感兴趣；网页检索词可以显示出人群搜索过的关键词，并能看出他们对哪些关键词更加关注。

百度司南是基于百度积累的海量网民行为数据和强大的行为分析技术，将看不见的用户需求量化，以数字形式准确展现用户行为，为我们提供精准的营销决策依据，帮助我们在网络上轻松寻找到更多更合适的潜在用户。目前，百度司南仅面向部分大型企业主，代理商及百度内部人员，暂时未全线开放。

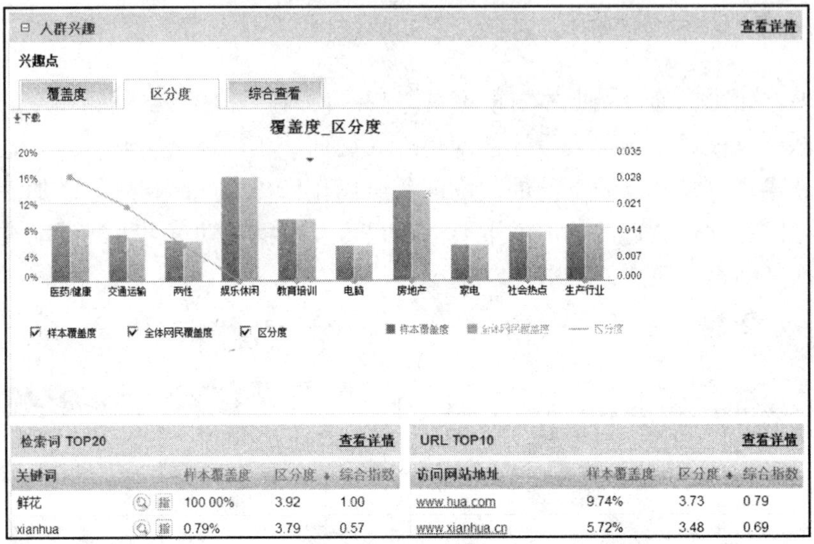

图 3-9 百度司南示例

2. 拓展关键词

在获取核心词之后，可以发现核心词的数量相对于账户总体关键词数其实是非常有限的，对于一些企业主来说，为了捕捉到更多的潜在用户，账户中通常需要有大量的关键词来满足投放需求，所以在确立核心词之后仍然要对关键词进行进一步拓展，核心词的进一步拓展主要有以下几种方法。

方法一：使用账户内的“关键词工具”拓展关键词。

这种方法我们形象地称为“借镜观行”，也就是使用百度账户内的关键词工具来拓展关键词，如图 3-10 所示。这个工具就像一面镜子，通过这面镜子，我们可以更加简洁直观地看到我们心里想像的关键词，在网民的心中是怎样的形态，网民倾向于用什么词去搜索。

在工具中可以通过输入核心关键词或者 url 网址来进行关键词拓展。如果输入的是 url 网址，系统会自动扫描这个网址页面，列出一系列和网页内容相关的关键词，除了关键词，工具还会提供这些关键词在选定地域中的日均检索量，竞争激烈程度等信息。

方法二：“八爪鱼”自由组合式拓展关键词。

八爪鱼图的方式可以帮助我们明确核心词的拓展思路。在确定关键词主要延伸方向之后，利用思维图有效覆盖核心词周边发散的长尾词流量，充分捕捉核心产品的流量，如图 3-11 所示。

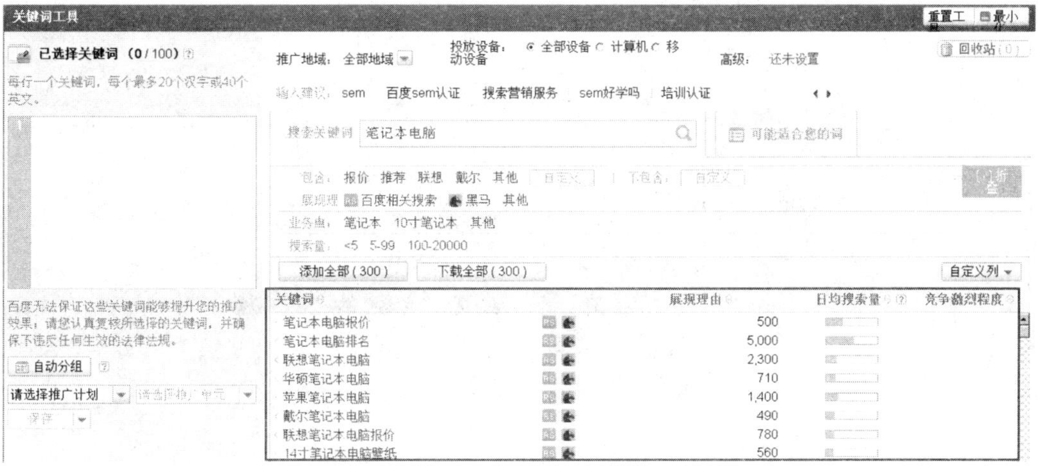

图 3-10　关键词工具示例

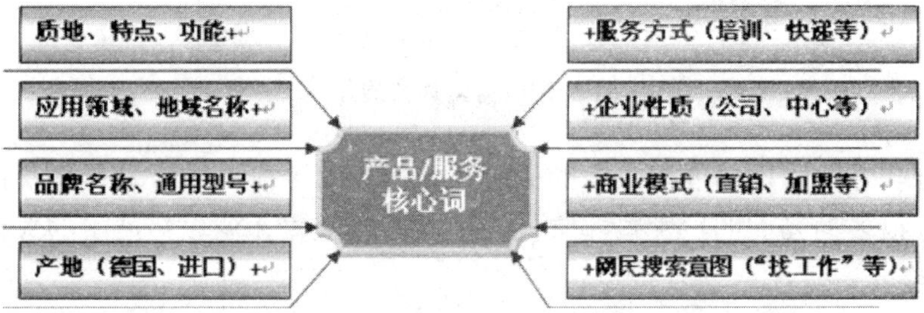

图 3-11　八爪鱼图示例

方法三：搜索词报告/百度统计搜索词拓展关键词。

对于已经上线的账户，“搜索词报告”可以作为关键词拓展的参考依据之一，通过它来分析目前的点击是由哪些搜索词带来，可以将相关度较高的搜索词作为账户中的关键词使用，或安装了“百度统计”的账户，也可以根据其中的检索词寻找相关性强的关键词，如图 3-12 所示。

除了上述几个关键词拓展方法之外，我们还可以根据核心词的别称、俗称、简称、别字、缩写等来拓展关键词。例如，

别称：自行车=单车=脚踏车

简称：卧式螺旋卸料离心机=卧螺离心机

别字：超级本=超极本 瑜伽=瑜珈

英文缩写：企业资源管理系统=ERP

地方俗称：搬家=搬场（上海）

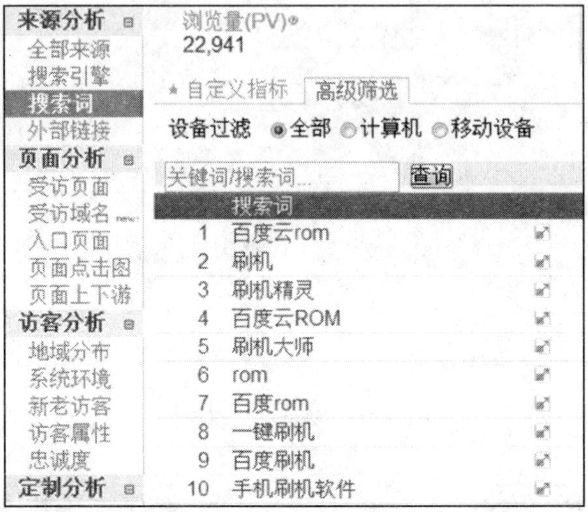

图 3-12　搜索词拓展示例

通过这些方法可以拓展出大量的关键词，但是有一个弊端：这样拓展出的很多关键词可能有很多词当前的检索量非常低或者没有检索量，所以拓展出的关键词需要进行筛选。

3．关键词筛选

关键词筛选可以有以下几种方式。

方法一：根据投放目标和预算，筛选关键词。

图 3-13 中纵轴指企业主追求的效果或目标，分别是追求利润、短期销售量、市场占领、市场拓展，可以总结为从效果取向到品牌取向的提升；横轴是对目标受众的特征概括，最左边是核心受众，其次是有需求的用户，有欲望的用户到及潜在用户。

不同的关键词可以达到的营销目的与它可以覆盖的受众范围都是不同的，我们可以根据推广需求来进行筛选。

通常情况下、品牌词、产品词、通用词、人群词在受众范围上是逐渐扩大的，它们所能实现的营销目标也是逐渐提升的。

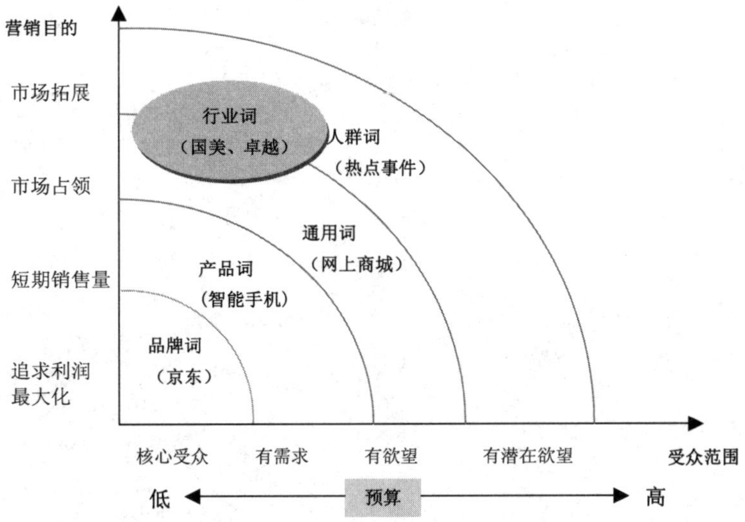

图 3-13　选词分析

品牌词覆盖最核心的受众，因为只有认知某品牌的网民，才会使用品牌词进行搜索，这种情况促成转化的概率也是最高的，品牌词对于效果型企业，也就是追求利润为终极营销目标的企业来说，是必不可少的关键词类型。

产品词和通用词，一般账户中都会使用。

人群词与推广产品服务的相关性相对最低，但是它却能够大范围地覆盖更多的受众，所以，当企业主的营销目标为市场拓展，同时又有相对充足的预算时，可以考虑将此类词适当地加入到关键词方案中。如果预算充足的话，除了人群词还可以加入竞品词、活动词等。

活动词所覆盖的受众范围较大，各种类型的受众都可能使用活动词搜索，这类词可以达到的营销目的也是多重的，所以并没有在图中列出，我们要根据具体情况考虑是否使用。

方法二：根据 KPI，筛选关键词。

在匹配和排名相同的情况下，词类不同，各指标项表现也会有所差异，具体表现如图 3-14 所示，我们可以根据推广的具体 KPI，优先选择该指标突出的关键词类型。

不同的关键词在定位上会有所区别：品牌词的转化率比较高，点击率高，如果从效果指标进行比较，品牌词通常具有很大优势。在产品词方面，产品词的点击率、点击量是比较高的，但转化率中等。而通用词，从流量角度来看，在整个关键词结构中是比较有优势的。

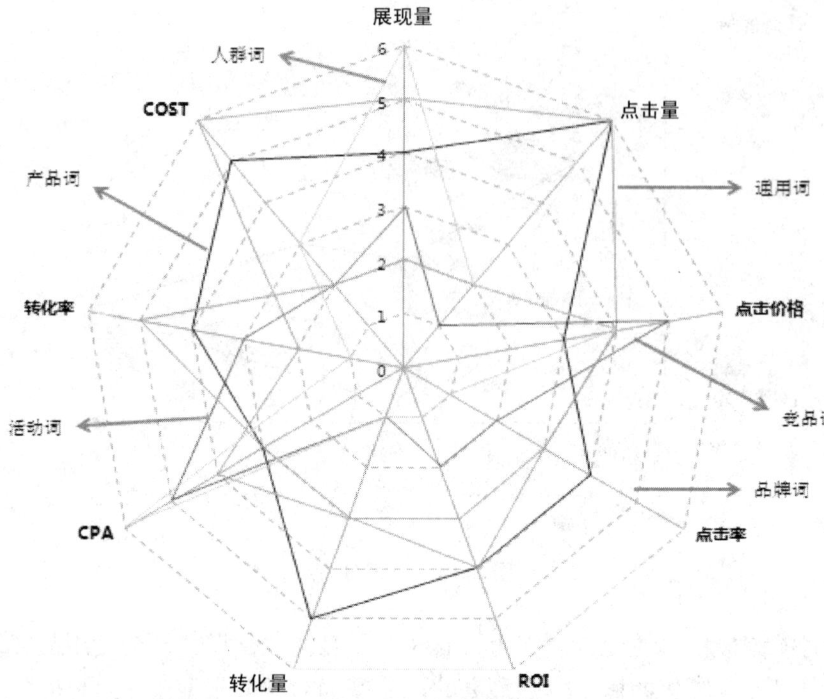

图 3-14　关键词类型雷达图

对每类关键词的特性进行分解之后，就可以通过企业主的预算，以及追求的指标来进行关键词的筛选。

4．关键词分组

在经过了拓展关键词和筛选关键词这两个过程之后，到了最后一步，对关键词进行分组。这是一项非常重要的工作，因为分组的情况直接关系到账户的表现和后期管理优化的便捷程度。

下面我们来介绍一下最为常见的分组方式：按照关键词的不同类型划分，如果一个关键词同时包含几个分类，我们可以根据词性词根句式等，把一级分类再划分为更为细致的二级分类。

图 3-15 中列举了根据关键词词性进行的分组，如品牌词可以进一步划分为品牌主词、品牌功能词，以及品牌活动词或品牌网址词等。对于产品词，可以进一步细分为对应产品价格词、产品功能词等。通用词包括咨询词，如“手机的排行榜”、“什么牌子的手机好”等。竞品词，如京东的竞品词就是当当、卓越等。其次是活动词，活动词需要根据企业主的活动排期决定，最终效果也会受到活动力度及页面、创意等多方面的因素影响。

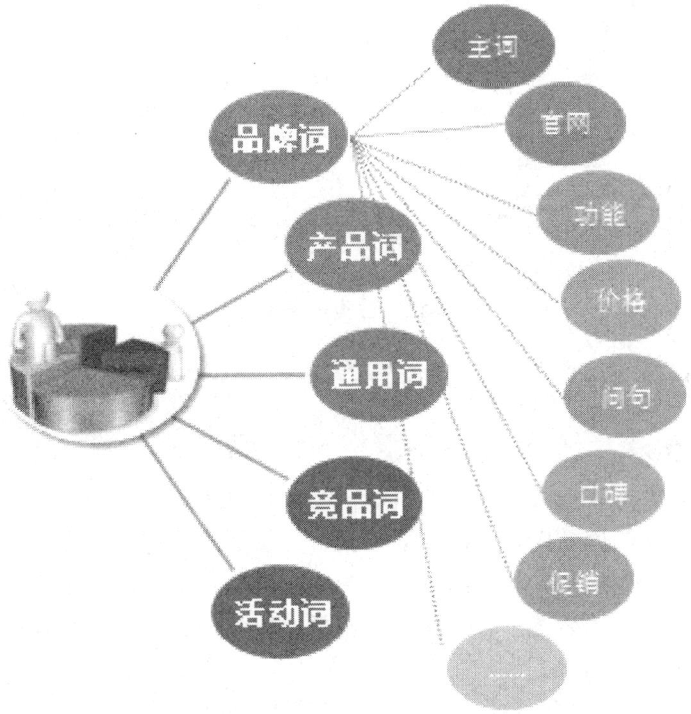

图 3-15　关键词分组示例

所以，一般的账户中占比较大的是产品通用词，在 60%以上，品牌词占 10%～15%。竞品词相对来说前端效果并不十分明显，衡量重点在于后续的转化效果是否稳定，词量一般约占账户关键词的 8%。以上比例数据为整体行业均值数据，具体企业主的关键词比例仍需根据实际情况进行分配。

- **范例 1**

如图 3-16 所示，范例 1 是一个信息分类网站账户的结构，整个计划分为品牌词、竞品词、通用词，由于这个分类网站的特殊性，还单列了几个计划作为补充，如房产类或求职类均单列计划进行投放。品牌词计划之下，细分为核心品牌词、地方加品牌、品牌加平台等多种组合作为不同推广单元。竞品词计划之下细分为核心竞品词、地方加竞品，地方加行业，同样，竞品词也可以按具体的网站名称为划分，比如赶集网、搜房网等。在通用词中，会涉及类别关键词以及通用词加平台的形式。

以上只是展示关键词基础的结构分类方式，在实际操作中，要根据不同企业主的需求及侧重点，对计划及单元进行针对性设置。

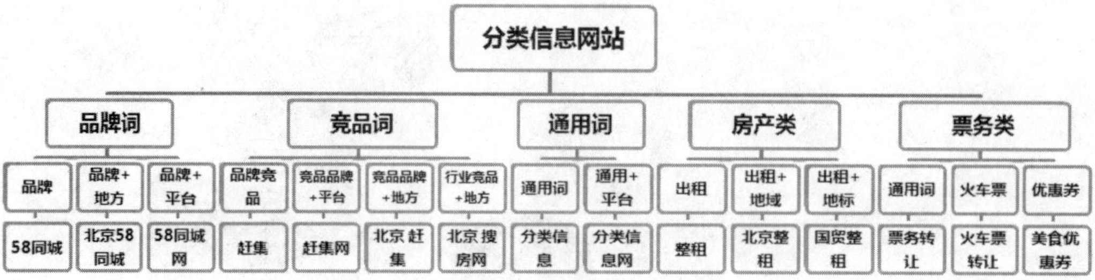

图 3-16　分类信息网站结构

- **范例 2**

如图 3-17 所示，范例 2 为游戏类账户，同样设置了品牌词、竞品词、通用词计划。特殊之处是加入了游戏的类型词。整个账户结构划分主要遵循两点：第一，在前期目标设定的时候，不同的词效果和转化程度不同，为了更好地完成最终的设定目标，账户设计需要考虑不同计划的效果评估；第二，考虑到后期的批量操作以及账户的调整，为了提升整体的批量操作的效率，建议在进行账户设计的时候，尽量使账户结构更利于后期操作以及数据统计。

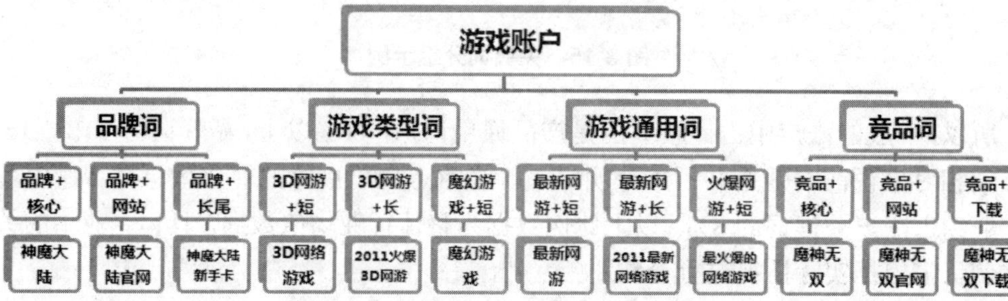

图 3-17　游戏账户结构

前期在做账户设计的时候一定要对以上两点重点关注，如果前期的账户设计不好，在账户中后期的优化过程中就会产生很多后续问题。

5. 设置合理的关键词出价

出价就是企业愿意为单元或者某个关键词支付的最高价格。出价不等于这个关键词最终实际的点击价格，出价只是给出的一个封顶价格。实际的点击价格由系统根据当时真实的推广情况计算出来。

那么在没有经验的情况下怎样来进行出价呢？

这里就要用到百度系统内的一个工具——估算工具，如图 3-18 所示。

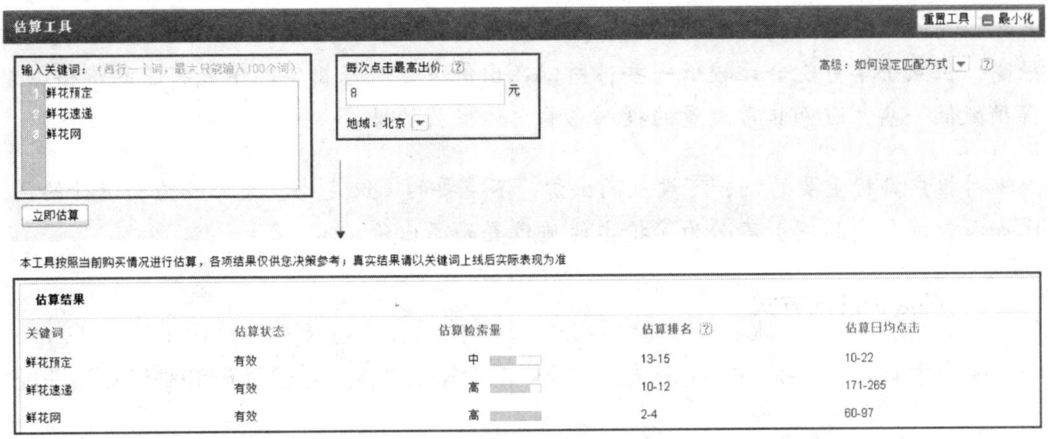

图 3-18　百度估算工具示例

使用的方法是：在工具内输入一个关键词，为这个关键词设置一个封顶出价。那么，系统就会给出一个大致的排名范围。

这里要说明的几点是：

- 估算工具预估的是排名的一个平均情况，每一次展现的实际排名可能有很大不同。
- 如果在使用估算工具时选择了多个地域，估算工具会根据关键词在多个地域排名的综合表现来进行估算，所以真实的情况是，如果账户操作人员仅在某一地域进行实际的搜索测试，那么结果就可能与估算结果不同。
- 在搜索结果页面右侧，还有其他推广形式，推广结果在实际中的展现位置也会受这些因素的影响。

所以说，估算工具只是帮助我们确定一个大概的出价范围。在实际工作中，往往需要经过不断的尝试摸索，通过经验的积累逐渐找到出价的感觉。

【出价的小技巧】

一般在账户上线初期，可以设置较高的出价。观察上线后的推广位，尽量靠前排位，让好的排位保持几天。

随后，逐步尝试降低出价，对出价按照 5%左右进行下调，并在降价后密切关注排位的变化。若位置不受影响，过两天可以再尝试降价，最终综合分析出最具性价比的排位。

一般情况下，账户中人群词的 CPC 大于竞品词大于通用词大于品牌词，点击成本最低的是品牌词。竞争程度的不同对于推广目标影响很大，可以在账户里对品牌词设置比较高的出价。人群词、竞品词，因为本身就是为了扩大潜在用户的，搜索量可能很高，但点击率可能会比较低一些，所以在出价设置时根据实际情况将它的价格调整得稍微低一些，避免非常大量的投入影响总体投放效果。

对推广目标重要的词，可设置高出价，不重要的（仅是为扩大影响力而选择的词，比如人群词和竞品词）不必为了抢占优质位置而高出价。

6．关键词匹配方式

账户中有 4 种关键词匹配形式：广泛匹配、短语匹配、精确匹配和高级短语匹配。

关键词＝广泛匹配

“关键词”＝短语匹配

[关键词]＝ 精确匹配

通过在关键词设置页面中修改短语匹配控制符为“[]”，显示为 “[关键词]”，则仅匹配完全精确包含关键词的词组，进行此设置可能失去一部分有价值的搜索流量。

- 广泛匹配：当网民搜索词与设置的关键词高度相关时，即使没有提交这些词作为关键词，推广结果也可能获得展现机会。
- 短语匹配：匹配条件是搜索词完全包含推广关键词，包含关键词的同义词、关键词插入其他词组或者颠倒形态的时候会触发。短语匹配的限制是，网民搜索那些在字面上与关键词高度相关的搜索词时才能展现对应的推广信息。
- 精确匹配：当网民搜索词与设置的关键词完全一致时，推广结果才可以展现。

这里要特别说明一点，**精确匹配扩展（地域词扩展）**：当企业购买的关键词是精确匹配，且仅包含一个国内地名词时，IP 地址位于该地域的网民搜索除去地域词以外的部分，也可能展现企业的推广结果，如购买关键词“北京英语培训”，使用精确匹配形式，那么 IP 为北京的网民搜索英语培训时，推广结果也有可能展现。

- 高级短语匹配：当搜索词完全包含推广关键词时，推广结果才可以展现。

各匹配形式的优劣势如下。

- 广泛匹配

优势：可以覆盖到更多的潜在用户，获得更多的展现曝光机会。

劣势：点击访问的针对性不是特别强，转化率和点击率一般情况下没有精确匹配和短语匹配高，可能会带来大量的点击和消费。

- 精确匹配

优势：匹配的精准度很高，投放的针对性很强，一般来说转化率和点击率都会比较高。

劣势：会降低推广结果展现的次数。如果企业的投放目标是追求品牌曝光和获得更多的潜在用户的话，精确匹配方式就不太适用了。

- 短语匹配

短语匹配是介于广泛和精确匹配之间较为折中的匹配方式。它没有广泛匹配那么广泛，也不像精确匹配针对性那么强。转化情况也介于两者之间。

那相对于这三种匹配模式，我们还有一种介于他们相结合的匹配方式：否定匹配。

企业可以通过设置否定词，在获得更多潜在访问的同时，过滤掉不能为企业带来效果的不必要的展现，避免不必要的资金浪费，降低转化成本，提高投资回报率。一般在使用广泛匹配和短语匹配的同时，我们需要配合添加否定关键词。

【匹配应用的其他注意事项】

建议对于数字英文和长尾词（如疑问句式xxxx怎么办？）这两类应谨慎使用广泛匹配（避免匹配到部分相关度较低的词），可以使用短语匹配。

3.4.2　关键词的后期优化

对于关键词的后期优化，主要有以下 4 点建议。

1. 找出表现不好的关键词，调整它们

表现不好的关键词具有以下特点：

(1) 关键词始终没有展现或者展现量非常低（不包括因出价过低而造成的无展现）。

对策核心点：增加展现。

- 扩充匹配模式：广泛匹配、短语匹配和精确匹配，不同的匹配模式会带来不同的效果，广泛匹配的展现量远远大于短语匹配，短语匹配大于精确匹配的。通过扩充匹配模式之后，观察是否有展现的提升。

（2）消费非常多但没有转化；点击价格很高但没有转化。

对策核心点：

- 关注监测：如果账户安装了监测软件，筛选面就会更加广泛，从监测系统中可以看到，有一些消费高但是没有什么转化的词，或者是点击价格很高但是没有转化的词，对于这些词，最好将它们放在一个新的推广单元中，进行统一优化，给这类词一个合适的出价，再持续观察关键词表现。
- 对关键词拓展长尾词：长尾词比较精准，精准的长尾词有时候效果比较好，但可能搜索量会比较小，对这样的词在账户初期，要对他们进行一定的筛选使用。

2．找出表现好的词，给他们多一些表现机会

表现好的关键词通常具有哪些特点：

（1）平均点击价格较为合理。

（2）合理的平均转化费用、转化量及点击量稳定。

保持这类关键词的优势，让优秀的词表现更好，可以执行以下措施：

- 在更加细分的推广单元中，并拥有更好的创意。
- 保持它们的排名靠前。
- 不要限制它们的预算。

3．扩展好的关键词

表现好的关键词，要从数量上对其进行进一步的扩充。一般会从核心关键词或高效关键词开始，某类关键词在账户中表现很好，那么就通过拓词的手段去增加相应的周边词及长尾词，将拓展后的关键词投放上线，再根据反馈的效果进行关键词最终的筛选与优化。

具体的拓展办法参考前面讲过的方法。

4．添加其他相关的关键词

在方案制作的初期，我们会选择一大批关键词进行上线，随着推广的不断进行，在优化的过程中我们会发现，还有很多关键词并未覆盖到，这就需要在后续的工作中不断发现，不断添加。

3.5　推广创意优化策略

3.5.1　创意的基本要求

一条优质的推广创意，能够呈现企业主提供的信息并迅速满足搜索者对信息的需求，以达到推广目的。

在整个优化过程中，创意直接影响的是点击率，点击率会影响质量度，质量度会影响出价等，所以说有一条好的创意对推广来说非常重要。

对于创意我们大致对它提出了 4 个要求，这 4 个要求又分为了 2 个层面，如图 3-19 所示。

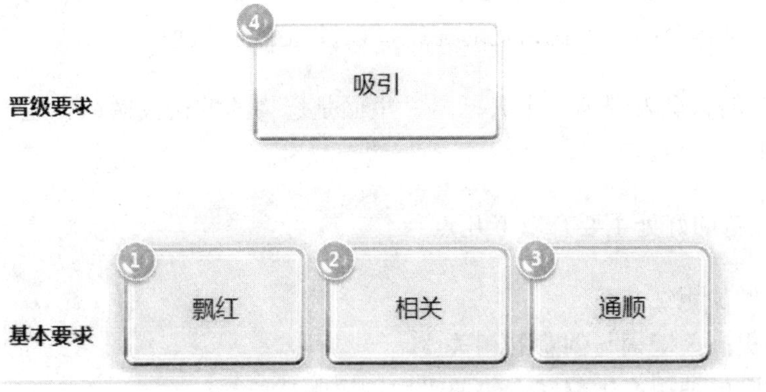

图 3-19　创意撰写关注点

第一个层面是最基本的要求：飘红、相关和通顺。

进阶的要求是能够让推广有吸引力，有针对性，有卖点，吸引眼球。

总而言之，推广创意以便于获得网民更多的关注和点击为出发点进行撰写，下面我们来对这 4 点分别进行说明。

1．飘红

什么是飘红？飘红就是当我们的创意中包含和网民搜索词一致或者语义相近的部分时，创意中的相关元素就会飘红。

飘红的部分更加具有视觉冲击力，更加吸引眼球，网民会更关注有飘红和飘红多的创意，因为飘红多的话，网民会觉得这条创意和他要寻找的东西更加相关，会带来更多的点击。

我们来看图 3-20 中的这条创意，当网民搜索英语培训时，这条创意中和英语培训完全一致以及语义相关的部分都会飘红，包括英语培训、英语、英文和培训。

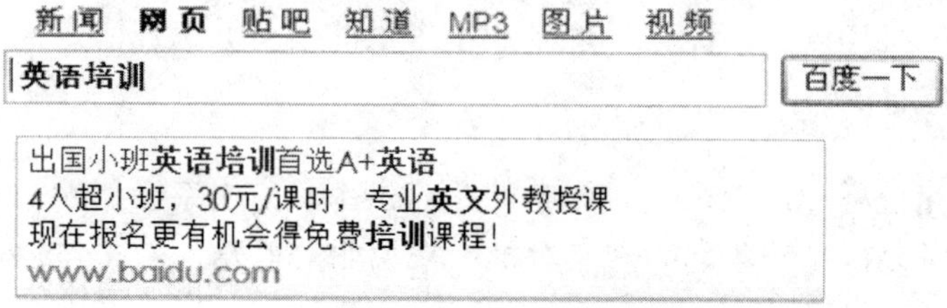

图 3-20　推广创意飘红示例

如果想要在整个创意能够出现更多的飘红，建议在推广创意撰写时合理地使用通配符。下面来具体介绍一下什么是通配符，以及通配符的使用方法。

通配符在创意里表现为一个大括号，里面是选择的默认关键词。通配符的符号在创意中不占用字符数。

使用通配符的好处主要有以下几点：

- 能够增加飘红几率。
- 能够提高关键词与创意的相关度。
- 通过它的使用产生飘红，快速吸引网民眼球。

从而得到高点击率，进而影响关键词的质量度，出价以及整个账户的表现。

2．相关性

什么是相关？相关就是当网民搜索某个关键词时，他看到的推广创意是在描述他要找的东西，推广创意和用户搜索词要具有很高的相关性。

如图 3-21 所示，当网民搜索“订机票”时出现的两条创意：第一条标题是“订机票找某某某公司网站”，描述为“网上订机票，优惠送不停，在线立即下单，登机前提醒，某某公司往返特价机票，订机票让您更优惠安心”。第二条标题“某某旅行网，最专业的旅游网站”，描述的是对这个旅游网站的一个具体介绍。当用户搜索订机票时，大部分人会选择第一个创意。所以说，在撰写每一个单元里的创意时，都需要考虑与用户搜索词的匹配。

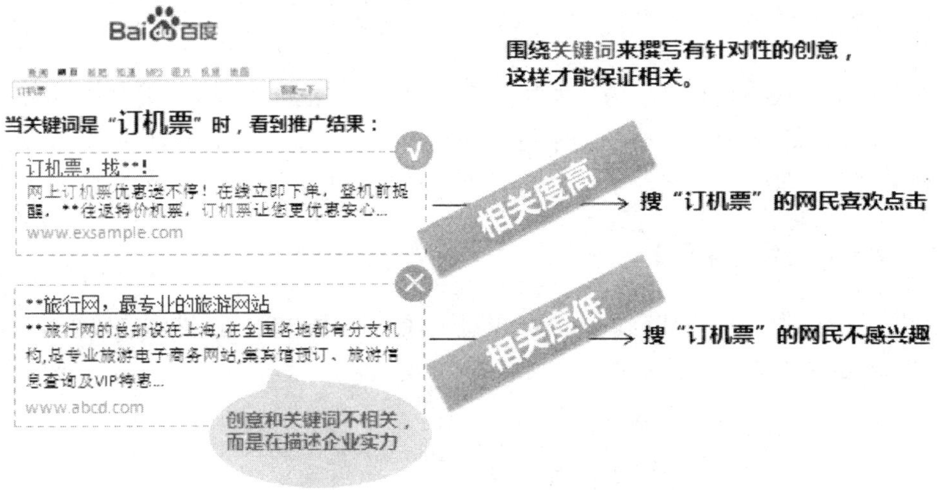

图 3-21　关键词与推广相关性对比

所以说在撰写推广创意时，一定要紧紧围绕整个推广单元中的关键词来进行针对性撰写，这样才能保证关键词和创意的高度相关性。

3．通顺

什么样的创意是通顺的？就是当推广单元中所有的关键词都嵌入创意的通配符后，整条创意读起来都是语义通顺，没有重复，不产生歧义的。

如图 3-22 所示，当用户搜索"英语培训哪家好"时会产生多个可能触发的关键词。如果是关键词"英语培训"与之相匹配的话，嵌套在创意中，那么整个这句话就会变成"出国英语培训培训哪家好，培训首选 A+英语"，两个"培训"重复展示造成了创意的不通顺。

图 3-22　通配符使用不合理造成的创意不通顺

为了避免创意逻辑不清，造成网民阅读困难，在撰写创意时请确保创意语句通顺、符合逻辑。

4．吸引力

创意对于受众要具有吸引力。搜索引擎的创意跟在报纸报刊上登广告有相似之处，首先要确定标题和内容，在有限的字符数和展示位置内能够达到最好的效果，在多条搜索结果进行竞争时，用户对于结果的最初印象往往来自于推广创意。

【创意形式的优化建议】

可以在形式上做一些创意，比如标题短一些，描述一略长，描述二较短，推广创意的整体形状类似于箭头式的图标，如图 3-23 所示。

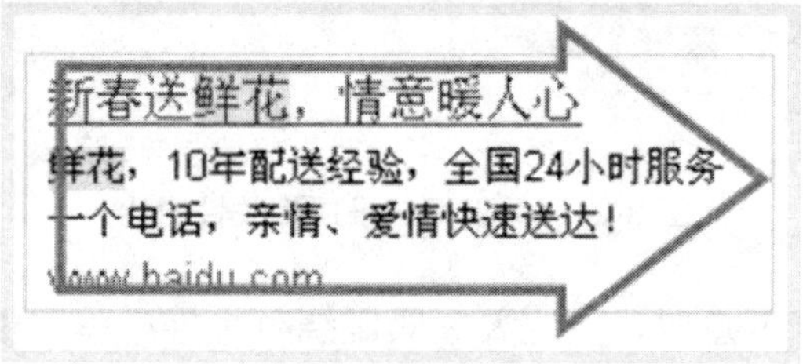

图 3-23　箭头式推广创意

【创意内容的优化建议】

- 突出产品或服务的特点卖点、公司的优势，突出检索词和实际业务之间的关系，也就是相关度一定要足够高。
- 创意中包含的信息尽量明确具体，不要说一些空洞的没有实际意义的形容词。
- 尽量使用比较精炼的短句和短语，不要写过长的语句，尤其不要把公司全称或网站之类的内容整个写到创意里，会占用很多字符，除非这个公司品牌非常知名，本身就是卖点，那一定要体现。
- 创意中尽可能多地出现优惠和折扣方面的信息，有数字信息的地方一定用数字，网民对优惠打折信息比较没有抵抗力。
- 在创意中多使用一些号召性的字眼，如立即购买、马上行动、快快拨打免费热线等。
- 如果过往有一些成功的品牌案例，可以在创意中体现。
- 一定要针对关键词进行创意撰写，保证相关性，使用通配符。
- 每个推广单元至少包含 2～3 套创意，长短创意搭配。

不管是形式还是内容都不绝对，创意的撰写需要在优化工作中不断地摸索尝试。

3.5.2　URL 链接设置及优化

1．显示 URL 的设置技巧

原则：在编辑显示 URL 时，一定要保证与访问 URL 的主域一致。

（1）可以将显示 URL 编辑为主页（首页）形式。同样，一些被网民熟知的、简单易记的、有一定影响力的品牌企业也可以以品牌名称为主，如百度的显示 URL 可写成 www.baidu.com。

（2）添加引导性后缀：体现较高的页面相关度、公司专业度。比如关键词是具体的产品可写成 www.abc.com/product；维修可写成 www.abc.com/service 或 service.abc.com；关键词是“联系方式”类的词，则可以将显示 URL 设置成后缀有/contact 的形式。

不同的显示 URL 获得的点击率可能不同。因此，可以尝试不同的设置，观测 1～2 周后，留下表现好的显示 URL。

2．访问 URL 的设置技巧

访问 URL 也就是着陆页面，这个页面的选择非常重要，着陆页面一定是和网民要找的东西密切相关，要让网民进到这个页面很快就能看到或找到他想要的东西。如果在这个页面中根本没有他要找的东西，或者要经过比较复杂的步骤才能找到，这种体验都是非常不好的，会大大增加页面的跳出率，会严重地影响到后续的转化。

在进行一段时间的推广之后，如果发现转化比较差，整个方案的投资回报比较差，那么很可能就是着陆页面的选择出了问题。这时我们可以考虑去尝试改变一下我们的访问 URL。

如果某些关键词在选择访问 URL 时，觉得有不只一个页面适合，那么我们也可以做一下 A/B 测试，看看到底哪个着陆页面的转化效果更好。

下面来看一个例子。

如搜索关键词酒店和酒店预订时，如果将这个着落页面直接设置为推荐 10 个酒店，那肯定是不满足用户需求的，相反会增加用户的搜索步骤，让用户的搜索变得更多，当用户的需求比较模糊时，需要将用户引导到可选择的页面，让用户在网站上完成精准选择。

如果用户搜索“王府井希尔顿酒店”，但推荐的是其他酒店，那么这样的访问页面显然是不正确的，当用户搜索王府井希尔顿酒店时，进入的着陆页面应该就是王府井希尔顿酒店的介绍，并且可以直接在这个页面上进行预订，这样才能直接满足用户的需求，用户在进行具体搜索查询时已经透露出其本身的需求，这时需要尽快将准确的页面提供给用户。访问 URL 同样可以在一到两周之内做一个 A/B 测试，然后留下表现好的访问 URL，如图 3-24 所示。

通用关键词：酒店、酒店预订等

通用关键词：王府井希尔顿饭店

图 3-24　关键词着陆页面设置对比

3.5.3　创意展示方式和数量

1．创意的展现方式

创意的展示方式有优选和轮替两种，系统默认选择的展现方式是**优选**。这种方式就是由系统来帮你判定出哪条创意会让目标受众更感兴趣，也是我们建议企业去使用的方式。

2．创意的数量

为了保证创意的丰富性，同时也让系统有更多更优的选择，每个推广单元下至少要包含 2～3 套风格卖点不同，长短搭配的创意。

创意在整个优化过程中占据很重要的位置，从账户优化人员的角度来讲，质量度的可操控性非常小，优化手段基本都围绕关键词、创意、出价展开。价格很敏感，制约因素较多，所以关键词和创意是优化的重点。创意在使用一段时间之后，一定要进行优化，定期地优化创意对整个账户推广效果的提升非常有帮助。

3.5.4　推广创意优化

好的创意满足飘红、相关、通顺和吸引人 4 点要求，如果创意表现不理想，我们就需要从这几个方面对创意进行优化。好的创意可以提高质量度，让关键词以更低的出价获得更好的排名。

1．优化不飘红的创意

不飘红的创意，需要正确运用通配符，对于关键词的超长嵌入，就是说在使用通配符时，当用户搜索的搜索词过长，如果加入到创意当中，会超过字符总数，所以它就不再匹配搜索词，之后展现出来的创意是不飘红的，点击率会相对较低。

为了避免这种情况的产生，在撰写创意时，需要把关键词所在推广单元里字数最长的那个词套入到创意中进行撰写，可以较好地避免这一问题。

现象	实际原因（飘红为原因）	解决方法
不飘红	未嵌入通配符	撰写新创意并嵌入通配符
	关键词超长未嵌入	转移关键词至新单元并撰写新创意
		默认通配符为单元内字长最长的关键词

案例分享

关键词	优化前	优化后
英语培训	****官方网站，详情请登录咨询。外语培训学校 2011 招生简章，****怎么样？****学费多少？	****{英语培训}官网，在线咨询。{英语培训}学校，****2011 招生简章，{英语培训}怎么样？{英语培训}学费多少

2．优化不通顺的创意

对于不通顺的创意，需要将推广单元中的关键词根据结构相同、意义相近的原则重新划分，然后重新撰写通顺的创意，使创意能够完全应用在推广单元中的每一个关键词。

现象	实际原因	解决方法
不通顺	通配符简单重复	原单元新增通顺的创意
	单元划分不合理	将关键词按词的“结构相同，意义相近”的原则重新划分单元，撰写通顺的创意

案例分享

现象	单元关键词	展现创意
搭配不当	英语四级 英语六级 英语培训 培训英语	{英语培训}培训，十年专业，为您铸就。****{英语培训}，成绩提高的秘密武器。选择****{英语培训}培训}，成绩提高看得见

单元名	单元关键词	优化后创意
英语等级	英语四级 英语六级	{英语四级}培训}，十年专业，为您铸就。****{英语四级}培训，成绩提高的秘密武器。选择****{英语四级}培训，成绩提高看得见
英语+后缀	英语培训	{英语培训}，十年专业，为您铸就。****{英语培训}，成绩提高的秘密武器。选择****{英语培训}，成绩提高看得见
前缀+英语	培训英语	{培训英语}，十年专业，为您铸就。****{培训英语}，成绩提高的秘密武器。选择****{培训英语}，成绩提高看得见

3．优化不相关的创意

遇到关键词与创意不相关的情况，需要将关键词按照词性及关键词属性重新进行单元的划分，同时在单元中配以相关的创意。

现象	实际原因（飘红为原因）	解决方法
不相关	创意撰写人员未意识到	转移关键词至新单元并撰写新创意
	单元划分不合理	将关键词按词的“结构相同，意义相近”的原则重新划分单元
		撰写围绕单元关键词的创意

案例分享

单元	关键词	创意	问题
英语班	英语外教班 口语班 口语培训班	{英语外教班}帮你成就流利口语。北京{英语外教班}，快来***英语培训机构，独创 10 大英语学习模式，帮助上万学员成就流利口语梦想	单元内某一关键词是“外教”类，创意围绕其他词“口语”类。虽然通顺，但相关性不强

单元	关键词	创意	点评
口语班	口语班 口语培训班	{口语班}帮你成就流利口语 北京{口语班}，快来***英语培训机构， 独创 10 大英语学习模式，帮助上万学员成就流利口语梦想	原创意与关键词相关
外教班	英语外教班	{英语外教班}100%纯正英语环境。北京{英语外教班}，快选***外教英语，资深外籍教师，纯正英语，教学经验丰富，一周免费试听外教课	创意围绕“外教”来强调培训优势和效果。相关度高

4．优化吸引力不够的创意

如果创意吸引力低，就需要在创意撰写的过程中尽量通过产品特性，活动促销的信息，如免费、打折等有号召力的内容来吸引用户，在主旨不变的情况下，通过差异化的内容描述对吸引用户点击。

关键词出现在不同地方，有不同的效果。

吸引力排名如下：标题＋描述 > 标题 > 描述 > 不出现关键词。

关键词在创意中出现的频率同样会对创意的效果有所影响，创意出现在标题加描述的吸引力>关键词仅出现在标题的吸引力>关键词仅出现在描述中的吸引力，所以关键词飘红需要在创意的各部分进行配合使用，效果才最好。

3.5.5　A/B 测试与创意优化

A/B 测试是优化创意的一种常见方法，思路如图 3-25 所示。

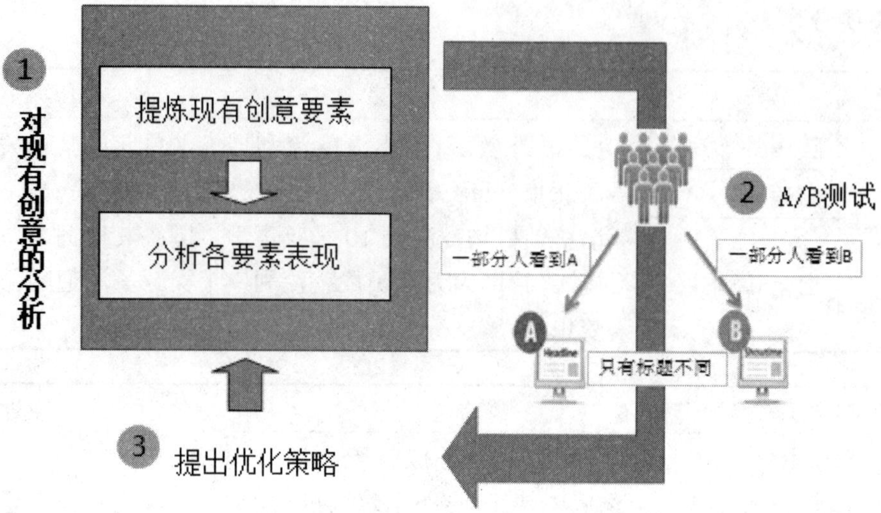

图 3-25　创意分析流程

1．对现有创意进行分析

提炼出现有的创意要素，并分析各要素的表现。

案例一步骤 1：创意要素提取

图 3-26 所示的是一系列关于航班旅游方面的推广创意，提炼出的创意要素包含：低价，即时可查询，一站式。

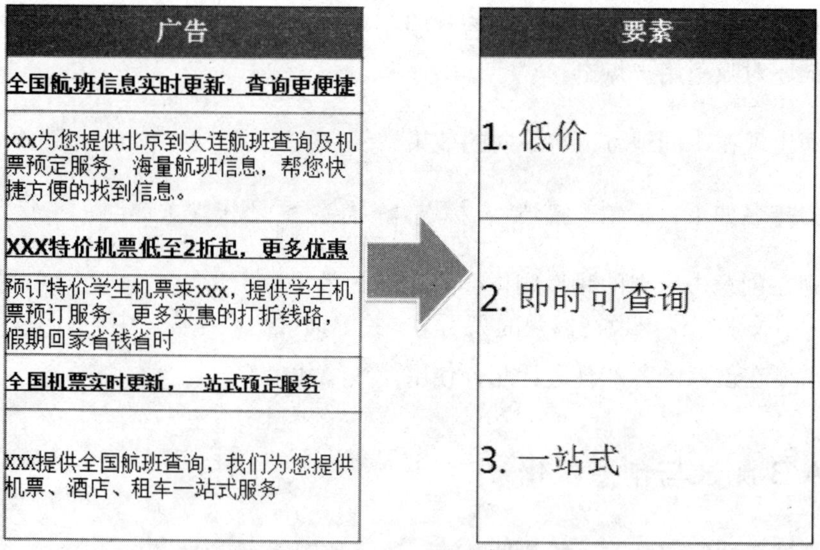

图 3-26　创意要素提取

案例—步骤 2：创意要素测试方案

要素 1	要素 2	要素 3	推广创意
低价	即时可查询		全国航班信息实时更新，查询更便捷 xxx 为您提供航班查询及机票预定服务，海量航班信息，超低折扣，帮您快捷方便的找到信息。
低价		一站式	XXX 特价机票低至 2 折起，更多优惠 预订特价机票来 xxx。提供机票、酒店一站式预订服务
	即时可查询	一站式	全国机票实时更新，一站式预定服务 XXX 提供全国航班查询。我们为您提供机票、酒店、租车一站式服务

将提炼出的要素进行不同方式的组合，撰写创意。

案例—步骤 3：创意测试并提取数据

推广创意	总展现	总点击	总 CTR
全国航班信息实时更新，查询更便捷 xxx 为您提供航班查询及机票预定服务，海量航班信息，超低折扣，帮您快捷方便的找到信息	6 255	173	2.77%
XXX 特价机票低至 2 折起，更多优惠 预订特价机票来 xxx. 提供机票、酒店一站式预订服务	6 660	294	4.41%
全国机票实时更新，一站式预定服务 XXX 提供全国航班查询.我们为您提供机票、酒店、租车一站式服务	6 718	207	3.08%

观察各元素组合创意的相关数据指标。

案例—步骤 4：创意要素数据透视分析

推广创意	要素 1	要素 2	要素 3	总展现	总点击	总 CTR
全国航班信息实时更新，查询更便捷 xxx 为您提供航班查询及机票预定服务，海量航班信息，超低折扣，帮您快捷方便的找到信息。	低价	即时可查询		6 255	173	2.77%

续表

推广创意	要素 1	要素 2	要素 3	总展现	总点击	总 CTR
XXX 特价机票低至 2 折起，更多优惠 预订特价机票来 xxx. 提供机票、酒店一站式预订服务	低价		一站式	6 660	294	4.41%
全国机票实时更新，一站式预定服务 XXX 提供全国航班查询.我们为您提供机票、酒店、租车一站式服务		即时可查询	一站式	6 718	207	3.08%

包含要素	展现	点击	CTR
低价	12 915	467	3.62%
即时可查询	12 973	380	2.93%
一站式	13 378	501	3.74%

将各要素展现所得到的数据相加权，之后就可以得到这些要素的整体展现点击和CTR，可以看出来一站式的数据表现最好，所以在进行创意撰写时，最应该突出的是一站式这一点。

2. 创意的 A/B 测试

A/B 测试是优化创意的重要方式，将同一推广计划下同一推广单元中同时投放的创意 A 和 B 进行轮流展示，轮流展示的意思就是保证所有因素相同的情况下只留一个变量。A 创意突出一个重点要素，同时保持其他要素全部一致，投放 B 创意显示的时候也只有一个要素不同，最终再来进行结果的对比。

创意 A/B 测试流程如图 3-27 所示。

【A/B 测试的逻辑】

A/B 测试本质上是可控实验，需要有明确的设置的要求，并制定可行的方案，同时要有方法来分析 A/B 测试的结果。

如果我们想针对 SEM 管理中的某个因素进行优化，就必须保持其他因素恒定，以过滤掉可能的干扰。

要想知道某一要素对于创意的影响到底如何，就要在保持其他要素不变的情况下，只改变需要测试的要素，并且使改变后的创意与未改变的创意有同样的机会去展现，然后比较它们的 CTR 和 CVR 数据，根据数据对要素的影响力进行判断，这就是最常使用的 A/B 测试。

A/B 测试内容不局限于创意，也可以是着陆页面 URL。测试也不需要局限于一个分组内，可以是系列、目标市场和转化路径。

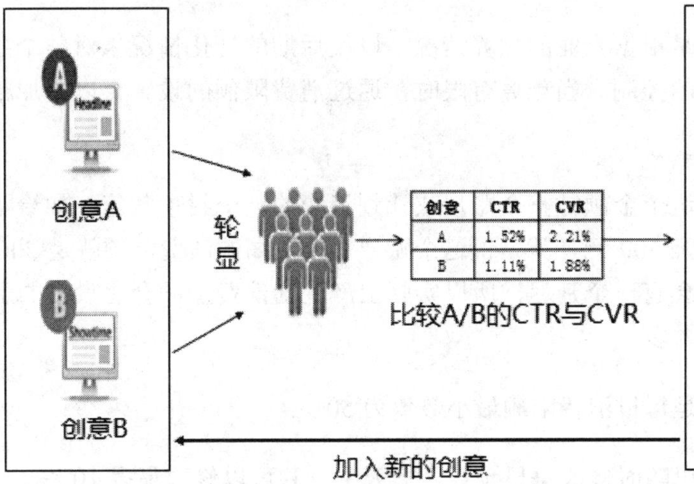

图 3-27　创意 A/B 测试流程

3.6　搜索推广账户设置

优质的账户设置，建立在清晰的设置账户结构，灵活地运用各种账户功能的基础上。账户的 4 大功能包括：**设置地域、每日消费限额、推广时段和 IP 排除。**

3.6.1　设置地域

投放地域就是指我们的产品或服务能够到达的地区，目前百度最小级别可以设置到省和直辖市。

什么情况下需要进行投放地域的设置呢？

第一种情况：由于市场地域的限制，根据整个市场运营或投资策略，我们可能需要针对不同地区设置不同的推广预算。重点投放地区要给与更多的预算分配，非重点地区给与相对少一些的预算分配。

第二种情况：运营地域的限制，比如某公司销售一种产品，这种产品只面向广东省售卖，那么这时我们就要在投放地域上设置为广东省。

第三种情况：不同的受众细分，如一个培训学校，它的招生范围仅限于上海地区，那么这时我们就要在投放地域上设置为上海市。

3.6.2 每日消费限额

每日消费限额就是根据企业的预算情况，以及后期的转化情况来对整个账户或者各个计划进行消费上的控制。当预算有限时，通过消费限额的设置可以更加精准地控制好消费情况。

那么，所设置的这个金额是整个账户或计划消费的一个封顶数值，如给账户的每日消费限额设置为一天 500 元，就是说这个账户每天最高的消费金额就是 500 元。但因为百度系统的计费会有一个延迟，所以实际上产生的消费金额会比设置的上限高出一点点，但不会高出太多。

目前系统的要求是每日消费限额最小数值为 50 元。

可以根据推广情况随时修改每日预算，一天中一共可以修改最多 10 次。

不仅可以对整个账户进行一个整体的消费限额设置，也可以根据实际推广情况对账户中的各个不同计划设置不同的消费限额，来控制各个计划的消费比例。如一个账户总的消费限额为 500 元，其中某个重点推广的计划需要重点关注，保持长时间在线，这时就可以给这个计划多分配一些消费预算。

3.6.3 推广时段

对于大多数推广企业来说，建议尽可能地保证长时间在线，因为不同企业的目标受众群体上网搜索的时间可能不固定，长时间在线推广的话可以最大限度地覆盖到尽可能多的目标用户。

但是在实际的推广中，有些情况下没有必要 24 小时在线推广，或者有些情况没有办法保障 24 小时在线推广。如目标受众的搜索习惯，他们进行搜索产生转化时可能是中午午休，以及 20 点～22 点这个时段。那么可以将推广时间设置为这两个时段。

如企业的总预算或消费能力有限，这种情况下就要针对网站流量高或转化好的时段来进行有针对性的投放。

再比如说，企业运营的工作时间有一定限制，现在很多企业网站都有在线客服，他们可以接待用户的时间可能是早 8 点到 20 点，其他时段电话或者在线沟通方式都无法响应，那么这种情况就必须要进行推广时段的设置，否则就会对推广预算造成不必要的浪费。

所以，根据不同企业的不同情况，还需要在工作中具体问题具体分析。

一般情况下，一个企业在初期推广时，建议企业尽量先不要设置推广时段，前期尽量长时间在线推广，通过一段时间的测试期，可以通过系统提供的数据，看到哪些时段是网站访问或者转化的高峰期，哪些是低谷期，这样可以为后期的推广时段优化做一个参考。

3.6.4　IP 排除

IP 排除可以将我们认为不是目标受众用户的 IP，输入到系统里排除掉，使推广结果只出现在目标受众面前。

IP 排除可以在账户及计划层级进行设置，在账户层级最多设置 30 个，在推广计划层级最多设置 20 个。

3.7　账户数据监测与优化

3.7.1　重点优化指标解读

百度推广中的一个重要环节是优化。在优化之前，需要对一些概念指标有一定了解，如图 3-28 所示。

首先是网站分析，任何一个企业主进行投放，他需要知道以下 4 个问题：我的用户从哪来？去了哪？在我的网页上做了什么？是否有实现转化？这 4 个问题的答案要通过对网站进行监测才能得到，所以在开展优化工作之前，进行网站的监控是十分必要的。

从哪来一般来说，网站的流量有几种，一种是自然流量，一种是付费流量。自然流量也有两种：一种是用户直接通过 URL 地址访问网站，还有一种是通过自然搜索排名进入网站。付费的有搜索推广。

到哪去：用户到了我的网站之后是离开了，还是进了产品的着陆页？在网页都做了什么？浏览了哪些产品？访问的深度有多少？这些都是企业主需要知道的。

最后，这些用户（从不同媒体或者从不同流量进来的用户）是否在网站上达成了购买、够买了什么东西、单价是多少、是否产生利润等。只有对数据有一个清晰完整的认识，才能够支撑网站持续的运营。

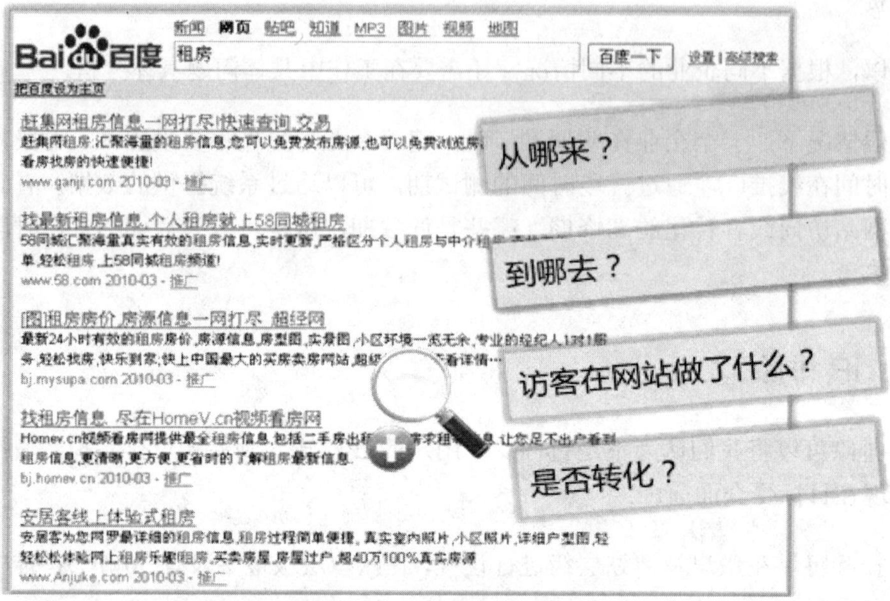

图 3-28　网站用户常见问题

要知道这些数据首先需要对网站进行监控，对于搜索推广来说，在后台看到的是展现点击、点击率、点击价格等指标，而企业主的监测系统，可以看到的指标是订单量、咨询量和利润（可能会有），这些可以通过媒体提供的推广效果监测和广告主后台提供的在线或离线的效果获得。用户在网站上的效果指标，包括网站的跳出率、浏览量、平均访问时长、访问深度等。

使用监控分析工具可以真实全面地反映网站的效果。

现阶段的分析工具有多种，包括百度统计、GA 等。如果是效果类的企业主，需要做网站监测才可以持续优化，否则，仅进行账户优化是浮于表面的，没有对后续的交易数据进行优化，就不能全面分析可能存在的问题，最终目标就无法达成。所以效果类的企业主，如果对效果要求比较高的话，建议进行网站数据的分析，如图 3-29 所示。

回顾整个搜索过程，潜在用户会通过搜索引擎搜索相应关键词，搜索关键词以后，可以看到各个企业主展现的信息，网民再根据提供的创意内容、品牌、品牌情况或是排名选择点击某一条推广，到达产品着陆页，浏览网站，之后或者是离开、或者产生消费、或者产生转化，这是一个完整的流程。

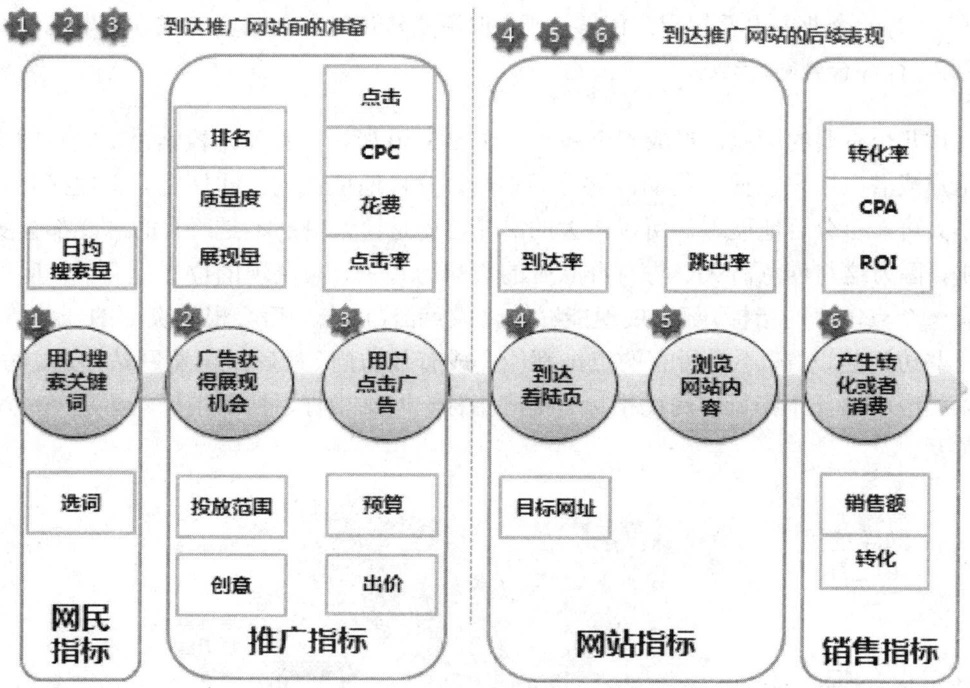

图 3-29　搜索引擎营销效果优化指标全图

这个流程中需要关注的相应指标如下。

- 搜索关键词时需要选词，前面也强调过需要对用户行为进行一定的预估，所谓的预估，就是在预计潜在用户或者目标用户会在搜索引擎上做什么，会搜索哪些词，或者搜索哪些词的用户是潜在用户。这些词存在日均检索量，量多量少对企业主的消费是有影响的。这个量的好与坏，选词的范围不同会导致点击可能不同，点击率会不一样。所以选词的对应指标是日均检索量。
- 展现机会，跟投放范围有关，不仅包括地域范围，也包括时间范围，在什么地方投放、投放的时间段，这些对创意的展现机会是有影响的。展现机会对应的指标有排名质量度、展现量、点击次数、点击率这几个核心指标。
- 点击进入目标页面之后，就是提供的目标网址，目标网址不太适合过多地使用Flash、图片，推广着陆页的大小、配色都是有要求的。到着陆页之后有一个重要指标称为到达率，就是指点击后的访问真正有多少能够载入整个页面。一般来说，只有页面监测代码被完全载入之后，才算产生一个有意义的 UV，或者是 PV。
- 用户浏览网站一般会有两种行为：继续浏览和跳出。所以会有跳出率的概念、跳出率意味着页面对用户的吸引度到底有多深，是衡量用户黏度的重要指标。
- 最终的转化对于不同企业主而言，目标会有所不同，如有的企业主注重销量，有的企业主更希望用户能够注册，但衡量转化时一般都会与成本消费相结合进行综合判断。

这几个重要的流程，形成一个漏斗，如图 3-30 所示。首先是检索量，针对的是目标用户或潜在用户在搜哪些词，这些词不能百分百地捕捉到，即使百分百地捕捉到，也不太可能百分百地展现，所以最大的漏斗首先是检索量；不是所有的展现都会变成点击，因为这与创意有关、与自身品牌的影响力有关、与展现的位置也有关。所以展现有一个点击率的指标，部分展现能够转化成点击，点击之后会根据页面的一些情况，有一些访问的设置，不是所有的点击都能变成有效访问。最后是浏览网站，实现购买。所以相应的这几个指标：网民指标、推广指标、网站指标、搜索指标，都是一一对应的关系。

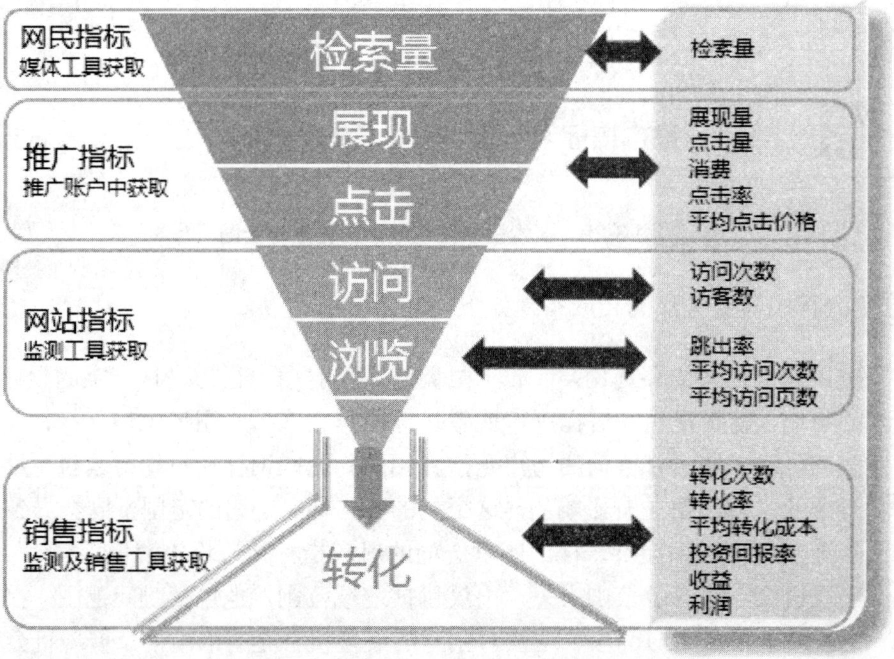

图 3-30　漏斗模型中的数据指标

如图 3-31 所示，企业主接触的网站指标主要有三大块：是跳出率、深度和黏度。

- 跳出率指访问了一个页面就离开的用户占整体用户的百分比。
- 深度指企业主浏览目标和网站的层级数，网站的架构一般分为：首页、产品的聚合页、产品的单页、购物车，最后可能还有感谢的页面（thank you page）。浏览的层级越多，表示它的深度越深。
- 黏度是在单位时间内平均浏览的页面数，可以反映网站对用户的吸引程度到底有多深。

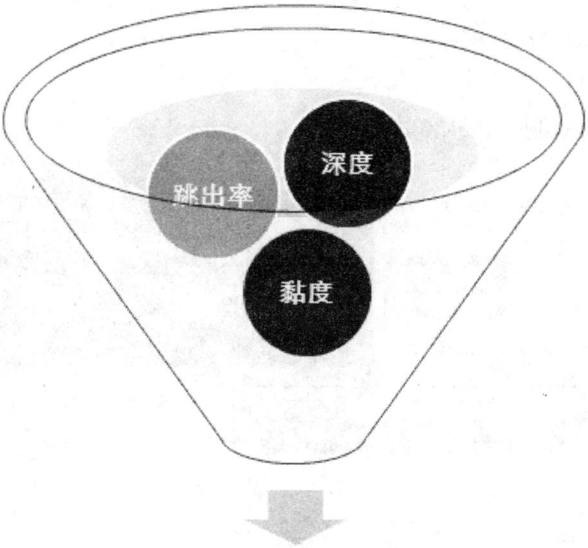

图 3-31　企业主应重点监测的网站指标

我们说一个网站如果具有低跳出率、高黏度和高深度，就说明这个网站的流量质量比较高。

各主要指标关系如图 3-32 所示。

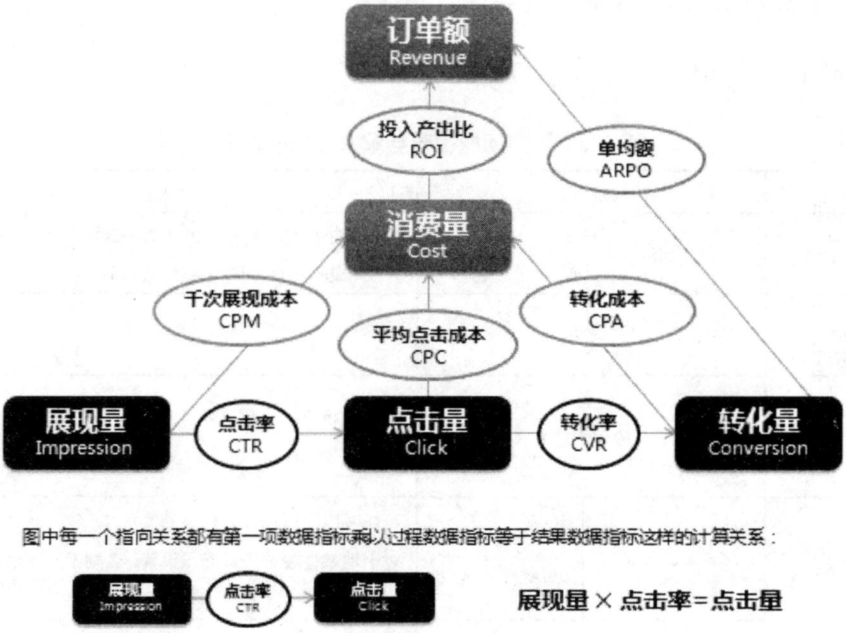

图 3-32　各指标关系图

3.7.2 账户检查方法

账户检查方式概览如图 3-33 所示。

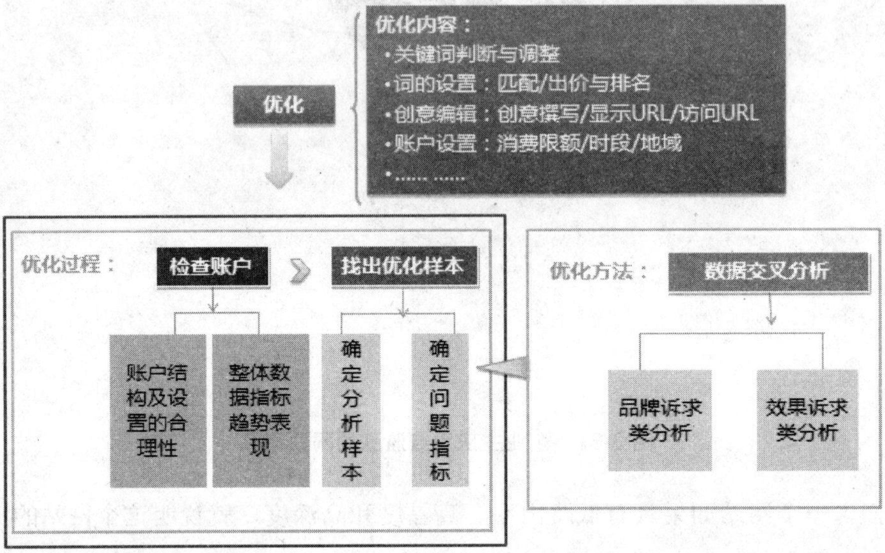

图 3-33 账户检查方式概览

1. 查看账户结构及设置的合理性

账户问题检查与解决方法如表 3-2 所示。

表 3-2 账户问题检查与解决方法对照表

观察指标	判断标准		方法
账户结构	是否清晰		确保各推广单元的创意和关键词匹配 意义相近结构相同的关键词放在同一个推广单元里
关键词是否 达到预期 KPI	是/否		区分好词、坏词，分别对待
创意撰写 展现模式	是否放入技巧，通配符，断句是否通顺，是否有吸引力，展现模式是否合理		飘红、相关、通顺、吸引力 优显 or 轮显
账户设置	时段	是/否	在线时段跟网民分时检索趋势对比
	地域	是/否	对于地域性强的产品必须设置，否则不应该设置地域限制
	否定匹配	是/否	通过搜索词报告，找出和产品不相关的词，设置否定匹配

2．分析整体数据指标趋势表现

不考虑后期转化时，至少两组数据，需要进行对比观察：

- 总点击 VS 总消费
- 点击率 VS 点击价格

这些数据在统计报告中可以看到，可以以周为单位进行对比，或是根据需要设置特定的时间段来观测重点营销事件的表现，如图 3-34 所示。

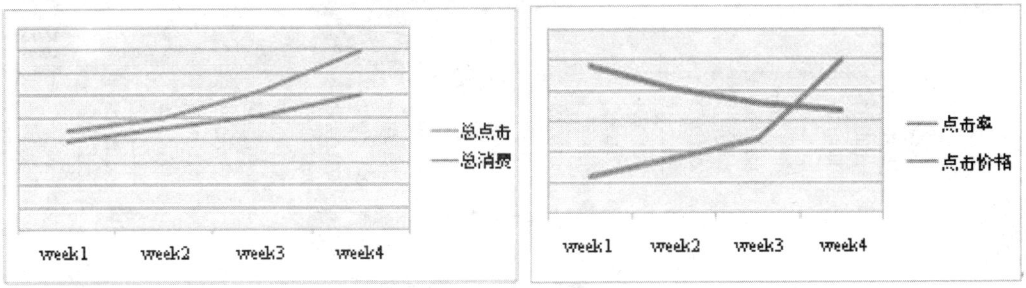

图 3-34　重要指标趋势对比

优化方向：

- 总点击不断升高，通常总消费也随之升高。
- 点击率升高，点击价格持平或下降。

备注：最佳状态为总消费的升高幅度小于总点击的升高幅度。

检查完账户的问题之后，要看整体的数据指标表现。最常用的就是用两两配比的方式来进行观测。

首先，从点击和消费来看，在点击量稳定增长，消费也稳定增长的情况下，点击增长率高于消费增长率，这个数据表现是比较理想的。

再看点击率和点击价格，在点击率不断上升时，点击价格是不断下降的，这样的数据表现也是比较理想的。

可将上线后数据按日或周进行趋势分析，查看波峰波谷出现的原因。

图 3-35 中是一段时期整体的数据趋势图，这组数据中重点需要关注的是波峰和波谷，平稳的部分可以暂时不去考虑。

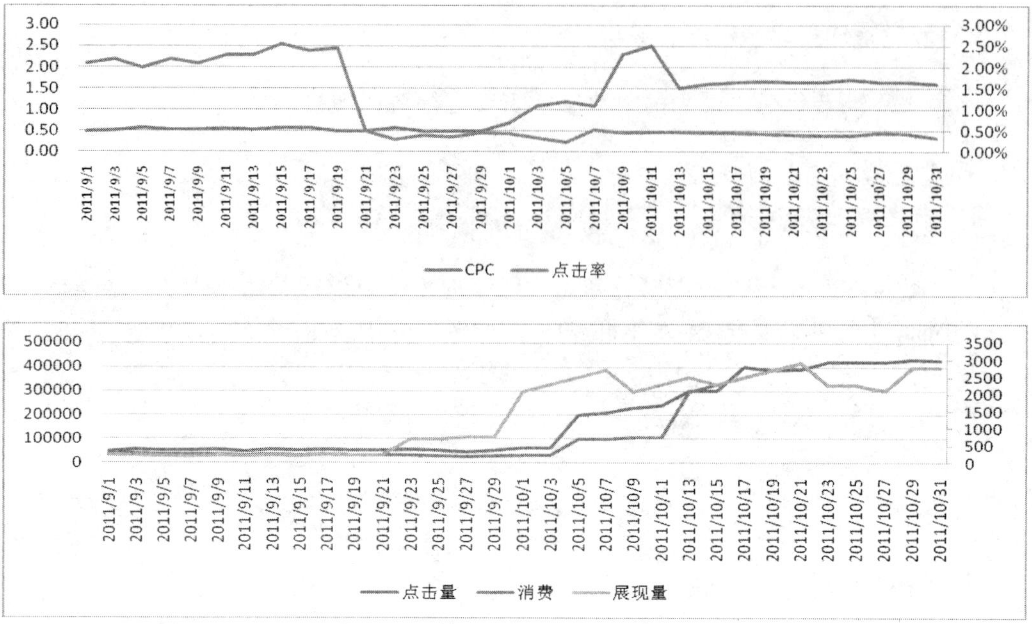

图 3-35　重要指标时间趋势线对比

3.7.3　优化样本分析流程

1．确定分析样本

对于小型账户：越精细化越好，以关键词为单位一个一个进行数据考察，然后进行相关的优化调整。

对于大型账户，需抓主要矛盾。

- 样本来源：按照推广计划或单元层级或者按照关键词类型。
- 样本数量获取：消费占比 80%的样本。

大型账户由于数据量比较大，需要针对重点内容进行重点分析，通常按照消费进行排序，首先将消费高的计划找出来，再把消费高的计划中的重点单元找出来，然后再把重点单元中的重点关键词找到，通过这样一个逐层寻找的过程，确定优化的方向。

重点样本数据遵循二八原则，80%的消费往往集中在账户中20%的关键词上这20%的关键词就是优化的重点。

2．确定问题指标

首先要确定的是优化样本的评估维度，如表 3-3 所示。

表 3-3　优化样本评估维度

企业主分类	推广价值	推广成本
品牌类	推广的曝光、用户对推广的点击	消费量
效果类	用户点击推广进入网站后，产生的对企业主有价值行为如浏览页面、注册用户、下单交易等	消费量

评估指标如表 3-4 所示。

在选取出分析样本之后，需要做的是确定问题指标。对于问题指标的确定，一定要根据企业主的分类去考量：对于品牌类的企业主，主要考虑的指标是曝光或者点击；对于效果类的企业主，主要考虑的指标是网站的注册、访问的 PV、浏览数、订单、交易额等。

表 3-4　优化样本评估指标

企业主分类	推广价值	价值指标	推广成本	成本指标
品牌类	推广的曝光	IMP	消费量	COST CPM
	用户对推广的点击	Click	消费量	COST CPC
效果类	订单 页面浏览 独立访客 注册	CONV PV UV Register…	消费量	COST CPA
	订单额	Revenue	消费量	COST

针对不同的考核指标，有不同的优化方式，下面以消费波动为例解释了各个层级之间的关系。

消费波动有增有降，影响消费波动的是有消费的关键词和关键词点击量。所以消费波动从两个角度去考虑：词和量。

首先是针对有消费的关键词数。确认账户中的消费词数量是不是足够多，如果关键词数量不够的话，需要进行关键词拓展；如果词量足够，就可以去考虑其他方面的设置：调整预算、调整推广地域或者调整投放时间，以及增加关键词的在线时长。还要考虑关键词的匹配模式，可以使用广泛或短语匹配，在调整匹配方式时要注意结合搜索词报告，配合否定词的添加。

另外还要考虑关键词的排名，是不是在合理的排位上，如果排名小于均值比较靠后，有两种情况：首先看 CPC 是否低于均值，如果因为出价偏低，就需要对关键词进行提价；如果 CPC 大于均值，那说明关键词的质量度可能有问题，这时要去查看一下 2，3 星关键词的占比，如果占比较低，就需要优化质量度，优化质量度的 3 个重点方向：细分结构、优化创意和否定词。

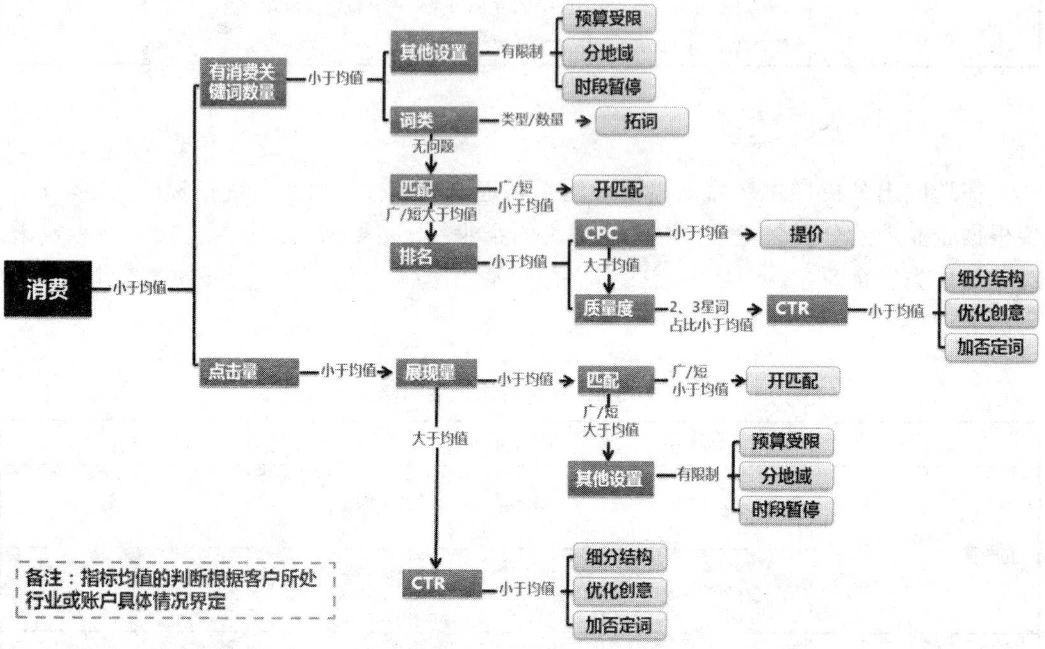

图 3-36　优化思路细分

还需要考虑点击量的影响，点击量如果小于均值有两种可能：一种是展现量低于均值；另一种是点击率低于均值。

首先看第一种情况：如果是展现量低于均值，可以从关键词匹配模式的角度去调整；或者从账户的预算、地域和推广时段来进行调整；第二种情况：展现量没有问题，但是点击率低于均值，这就要去优化点击率，也是三个方向。

3．漏斗模型

“漏斗模型”全称为“搜索营销效果转化漏斗”，漏斗的五个层级对应了企业搜索营销的各个环节，反映了从展现、点击、访问、咨询，直到生成订单过程中的客户数量及流失情况。从最大的展现量到最小的订单量，一层层缩小的过程表示不断有客户因为各种原因离开，对企业失去兴趣或放弃购买，如图 3-37 所示。

我们优化的目标就是要让更多的流量从漏斗的下端流出，要达到这一目标就需要保证其中每个环节的顺畅。只要对这些指标持续监测，一旦其中的某一环节出现问题，就会清楚地在相关指标上反映出来，从而被我们捕捉到，可以进一步定位分析可能造成问题的原因以及应对方法。如果根据问题所发生的层级进行划分，会有 4 种需要注意的情况。

图 3-37　搜索营销漏斗

流量处于第 1 层级，也就是在漏斗的顶端时，常见的问题是流量偏低，低于期望或者行业平均水平，导致推广不能完整覆盖受众人群，使企业主错失潜在客户，如图 3-38 所示。

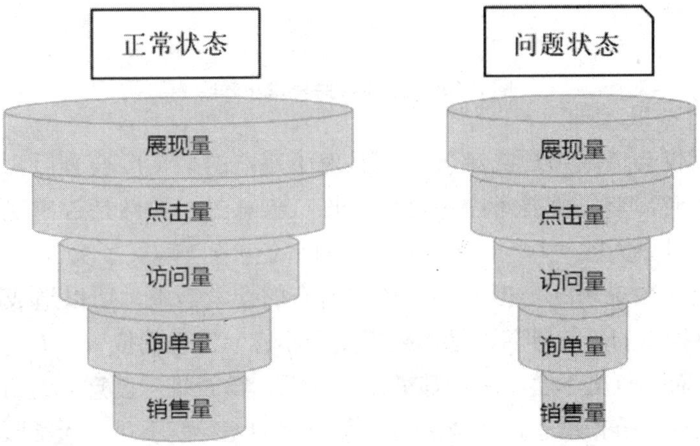

图 3-38　漏斗数据异常（1）

面对这种情况时，首先要排除账户设置中可能出现的不合理因素，如对推广时段设置时间较短，错过了投放的最佳时机，推广预算分配不合理，导致计划提前下线等。其次要诊断关键词本身可能存在的问题，通常会从如下 3 个方向作为切入点。

- 在对关键词进行选择的时候，是否存在关键词类型单一或关键词数量不足的问题。如果有这类问题，则需要对关键词进行有针对性的拓展，拓宽受众来源。
- 关键词匹配模式的选择是否不够灵活。如果仅使用精准匹配或者短语匹配会错过相当一部分流量，建议使用“广泛匹配+否定匹配”的组合进行测试，观察效果。

- 关键词的排名是否过于靠后。排名对于受众的影响是巨大的，如果排名靠后会直接导致网民对推广的关注度下降，若出现类似问题需要立即对创意的出价及文案进行调整。

第 2 层级常见问题是在有充分展示量的基础上，由于点击率低造成的推广点击量不足。降低了潜在受众接触到企业主所推广产品的机会，如图 3-39 所示。

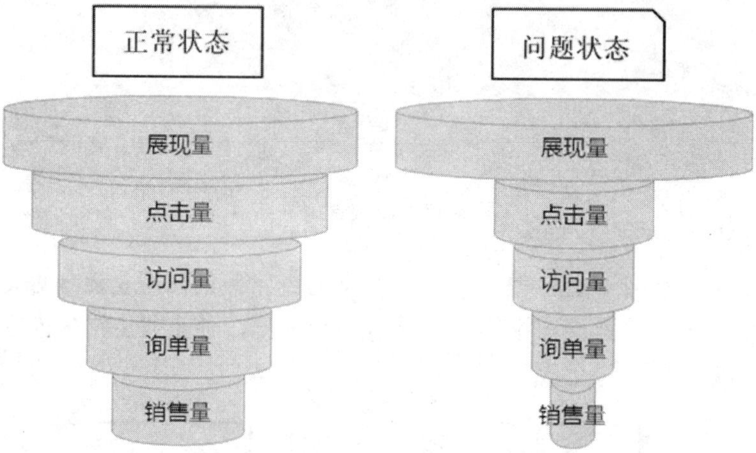

图 3-39　漏斗数据异常（2）

点击率低不仅会造成用户的流失，而且对于账户的质量度会有巨大的负面影响。在处理这一问题时，首先需要考虑关键词与推广创意的相关性是否出现问题，是不是投放了很宽泛流量很大的关键词，如销售防盗门的企业主购买了关键词“门”，因为该关键词含义宽泛，很难用一个推广创意涵盖所有的搜索需求，所以造成了点击率的低下。其次，观察推广的平均排名，是否处于受众不容易发现的位置，有针对性地对排名位置进行调整，对于点击率会产生明显效果；最后，检查推广创意，是否过于平淡，没有突出产品的卖点及折扣信息，造成了与竞争对手的差异度不足，无法吸引用户点击。

第 3 层级的问题是相对于账户正常点击量，网站被访问的次数却很低，如图 3-40 所示。

在点击量和访问量这两者之间出现一定的损耗是正常的，通常搜索损耗在 20%～30%之间，如果这个损耗数值过大，就需要及时检查。

一方面是检查页面的加载速度是不是过慢，最常见的是使用 Flash 页面，动辄十几秒几十秒的加载速度，会直接耗尽用户耐心，带来用户的大量流失；另一方面是检查一下网站是不是使用了跳转，跳转有可能会使访问的来源信息丢失，也可能会给网站的稳定性带来问题。

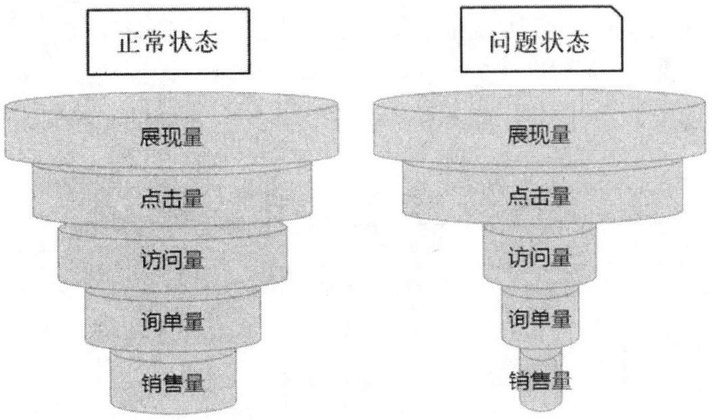

图 3-40　漏斗数据异常（3）

还需要检查推广创意与着陆页面是否存在相关性低的问题。如果页面中的产品与创意描述中体现的内容有极大差异，就可能造成页面监测代码未完全载入时用户就跳出页面。需要注意的是，恶意点击及作弊流量也具有到达率较低的特征，但在做出作弊相关判断时，需要综合多方面的数据加以分析，才可以最终确定。

第 4 层及第 5 层的常见问题是：用户正常浏览页面，但没有完成最终转化目标，总体转化率低下，如图 3-41 所示。

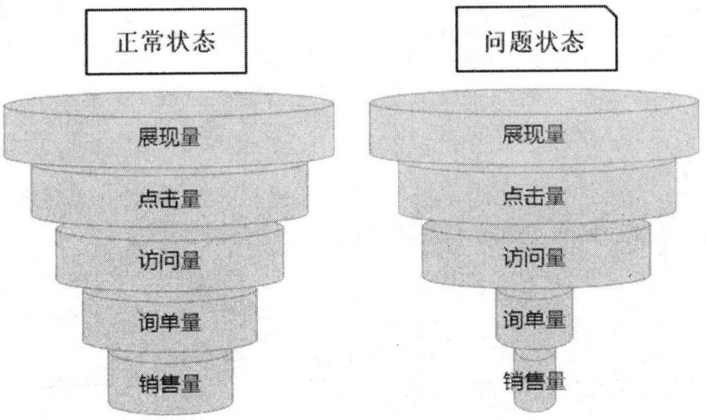

图 3-41　漏斗数据异常（4）

如果仅从账户的角度进行优化，一般无法完整解决第 4、5 层产生的问题，转化率低的问题与网站体验有着紧密联系，即使推广为网站带来了优质流量，也依然要通过良好的网站体验促成最终的转化，所以在面对转化率的问题时，需要综合网站分析的数据做出有针对性的优化。当然也有特殊的情况，比如推广创意做了太多的承诺，导致用户期望值过高，但实际产品不能满足用户的期望，导致了用户流失，对于这种情况需要立即对创意文案做出调整，保证创意描述与产品功能的一致性。

通过营销漏斗可以用来分析搜索引擎的营销效果，订单数越多、越接近展现量，说明营销效果越好。漏斗所经历的5个过程可分为3个阶段，综合上文提到的优化办法，有针对性地优化调整客户流失大的环节，能有效提升企业的营销效果，如表3-5所示。

表3-5 营销漏斗分解

3阶段	5环节	影响因素	如何加强
百度推广	展现量	关键词方面：（1）关键词数量和质量；（2）关键词检索量；（3）关键词匹配方式；（4）关键词排名	多提词，提好词
		账户方面：（5）地域；（6）预算；（7）时长；（8）账户结构	设置合理的匹配方式
			优化排名
			设置合理的账户结构
			地域、预算及时长设置合理
	点击量	关键词方面：关键词排名	优化排名
		账户方面：账户结构	设置合理账户结构
		创意方面：创意质量	优化创意
企业网站	访问量	网站打开速度	提升网站访问速度
	咨询量	网站质量	导引：研究浏览者兴趣、行为和习惯
		网站内容相关性	解答：从顾客角度提供信息，解除疑问
		网站互动方便性	工具：有效利用丰富的网络营销工具
线下销售	订单量	销售能力	在线：确保在线咨询时间及反应速度
			专业：针对顾客问题提供专业解答

3.7.4 数据交叉分析

针对不同类型的企业主，在进行账户优化时有不同的数据交叉分析方法，如表3-6所示。

表3-6 交叉分析分解

企业主分类	推广价值	价值指标	推广成本	成本指标
品牌诉求类	推广的曝光	IMP	消费量	COST
				CPM
	用户对推广的点击	Click	消费量	COST
				CPC
效果诉求类	订单	CONV	消费量	COST
	页面浏览	PV		CPA
	独立访客	UV		
	注册	Register		
	订单额	Revenue	消费量	COST

品牌类企业主：

按 CPC 和 CTR 对关键词进行 2 维度 4 象限分类。

效果类企业主：

（1）按有无转化分类

- 有转化的按 CPA 和转化量进行 2 维度分类
- 无转化的以消费和点击量为划分标尺进行

（2）维度分类

（3）在各分类内筛选主要贡献者

（4）分析每个贡献者对重要矛盾的因果关系，制定解决方案。

1．品牌诉求类企业主

对于品牌诉求类企业主，进行 2 维度 4 象限分类，如图 3-42 所示。

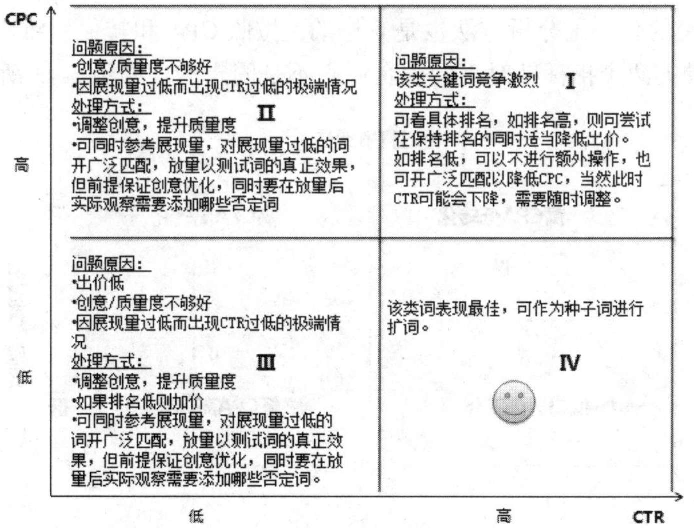

图 3-42　品牌类企业主关键词分析模型

根据 CPC 和 CTR 数值的高低，将坐标轴划分为 4 个象限。

第Ⅳ象限里的词，这里关键词的特点是：CTR 高，CPC 低。这种关键词是最理想的状况，对于这类表现好的关键词，为了让它们的表现越来越好，需要进行拓词，寻找到更多优质的关键词。

第Ⅰ象限里的词，这里关键词的特点是：CTR 高，CPC 也高。CTR 高是我们期望的状态，但是 CPC 高，就需要进行一些调整，这类词的竞争程度往往比较激烈，这时需要去看它们的排名，若排名高，可以尝试在保持排名的同时适当降低出价；若排名低，暂时可以不去调整，或者可以用广泛匹配来达到降低 CPC 的目的，当然广泛匹配是一把双刃剑，它可能也会降低 CTR，使用这种方法的话需要随时监控调整。

第Ⅱ象限里的词，这里关键词的特点是：CTR 低，CPC 高。这种情况的关键词是最不理想的状态。出现这种情况的原因可能是因为关键词质量度不够好，创意撰写不够吸引人；或者是关键词的展现量太低了导致 CTR 低。这时需要想办法提高 CTR，降低 CPC，首先需要调整创意，提升质量度；如果是展现量低的话，可以把这部分词开广泛匹配，放量测试词的效果，但是前提是要保证创意是好的，在放量的同时要注意否定词的添加。

第Ⅲ象限里的词，这里关键词的特点是：CTR 低，CPC 也低。这个象限的关键词和第Ⅱ象限里的词情况类似，但区别是它的 CPC 比较低，这时可以适当地提高出价，优化 CTR 的方法同第Ⅱ象限。

2. 效果诉求类企业主

其实效果类的企业主分析方法也是一样的。按照 CPA 和转化量将坐标轴分为 2 维 4 象限。坐标轴的两个指标针对不同的企业主不是固定的，如图 3-43 所示。

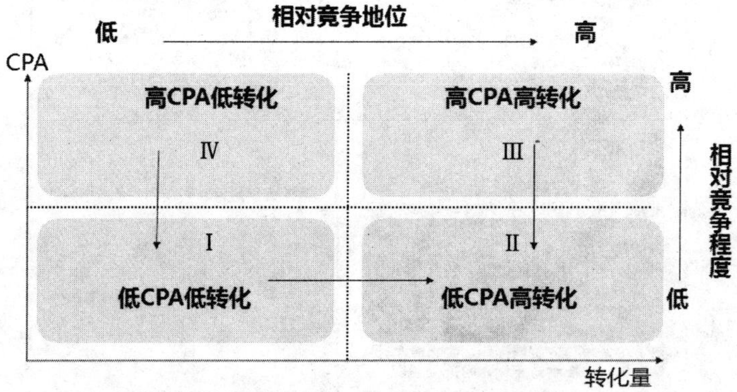

图 3-43 效果类企业主关键词分析模型

很明显，第Ⅱ象限里的词，低 CPA 高转化的词是效果最理想的关键词；第Ⅲ象限里的词虽然转化很好，但是转化成本 CPA 比较高；第Ⅰ象限里的词，转化不好但是成本较低；第Ⅳ象限的词，转化差转化成本又高，是效果最差的关键词。

针对这些关键词应该采取的策略如下。

（1）发展策略

采用这种策略的目的是挖掘与提高关键词的转化量，甚至不惜付出投放测试成本与管理成本的代价来达到这一目标。这一策略主要应用于边际成本较低，转化量有提升空间的第Ⅱ象限词、某些第Ⅰ象限词，以及优化度明显不足的第Ⅲ象限词，使这些关键词继续提高转化量，拉大与竞争对手的距离。

（2）稳定策略

采用这种策略的目的是为了保持关键词的转化量，稳定短期收益，这一策略适用于已优化到位的第Ⅲ象限词、转化量提升潜力不大的问题类第Ⅱ象限词，以及部分第Ⅳ象限词。

（3）收缩策略

采用这种策略的目的在于清理浪费成本的第Ⅳ象限词，以便把成本转移到更有潜力的关键词上。同时，使其重新“归零”转化为第Ⅰ象限词，以便后续重新尝试优化。

3.8　百度搜索推广流程

3.8.1　整体流程概述

推广管理流程图如图 3-44 所示，从图中可以清晰地看到一个账户从前期推广的准备阶段到物料准备、物料上传、正式开始在线推广，再到推广进入一个观察测试期，之后是一个调整强化期，再到相对稳定期，到最后的日常优化管理工作，整个推广管理流程大概就是这样的 6 大阶段。

3.8.2　推广前的资质准备

一个账户在正式开始推广的前期，需要进行相应的准备工作，如下所示。

1．销售体系及地域政策

需要了解当地的销售体系和地域政策，这里需要注意的是不能跨地域开户，具体情况在工作中可以向相关的销售人员进行咨询。

2．开户资格

要想在百度进行搜索推广必须要具备开户资格，包括提交有效的营业执照等相关从业资质，以及网站 ICP 备案。

3．注册申请

注册申请开户：可以通过百度的销售人员或者通过在线的方式进行注册申请。

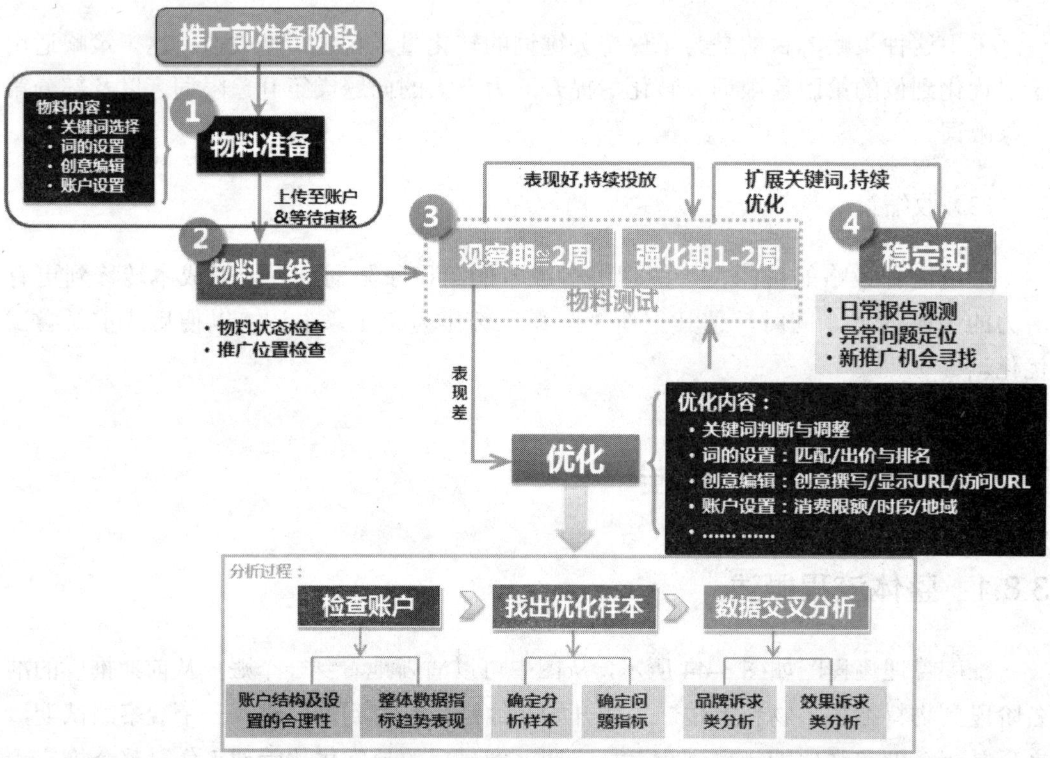

图 3-44　推广管理流程图

4．信息审核

开户之后，百度要对账户里的基本信息进行审核，审核通过之后才能开始进行推广，审核的内容包括营业执照、公司主体、从业资质、ICP 备案、公司所在地、联系人信息、网站 URL 和网站内容等。

这部分要特别说一下的是关于注册商标：企业可以通过提供注册商标的资质来申请注册商标保护。

这样，其他企业在创意中就不能够包含注册商标的内容，如果包含的话会被系统因不宜推广而拒绝上线。

3.8.3　推广前的物料准备

推广前的物料准备包含以下三个部分。

1．方案制作

进行推广方案的制作：构思搭建出合理的账户结构；关键词的选择和拓展、匹配方式、出价的设置、否定关键词的添加和合理清晰的分组；创意的撰写；账户预算、推广地域、推广时段的设置和 IP 排除等。

2．物料上传

将准备好的物料上传到账户中。比较小型的账户，账户层级不那么复杂庞大，关键词数量较少的，可以直接在百度的系统中进行操作；比较大型的账户一般都是先将推广物料在 Excel 中编辑好之后，再使用推广助手来进行物料的上传。

3．审核

物料上传到后台后，就进入到审核的步骤，审核包括系统审核和人工审核两个环节。

所有的物料都需要经过系统的审核，系统会设置一个敏感层，包括黑名单和一些不宜推广的非法内容，如果关键词和创意不触碰这些敏感内容，系统就会让它们直接上线生效；如果关键词和创意触碰到了敏感层时，就会进入下一步人工审核。正常情况下，审核时间为 1～2 个工作日。

但是有些账户可能物料比较多，关键词和创意的数量都比较庞大，上传和审核的时间可能就会相对长一些，所以上传这种大的账户，为了避免偶尔可能会发生的系统拥堵，上传速度慢的情况，建议提前进行上传工作，把时间安排的相对充裕一些，上传之后耐心等待审核。审核通过之后物料就可以正式上线了。

3.8.4　推广物料上线

在物料上线的当天或第二天，需要确认方案按预设目标正常上线，这里要进行相关内容的检查，包括物料状态检查和推广位置检查。

1. 物料状态检查

物料状态检查的内容包括以下 3 个方面。

（1）推广相关设置的检查

包括账户和各计划的预算设置、推广地域的设置、推广时段的设置和 IP 排除的设置等。

（2）关键词状态的检查

关键词无法上线主要有以下 5 种情形：**搜索无效、待激活、审核中、不宜推广和搜索量过低。**

- 搜索无效指关键词的出价低于最低展现价格，当关键词的状态为搜索无效时，需要提高关键词的价格。关键词的出价必须要高于最低展现价格。

最低展现价格：是由系统计算出的关键词能被展现的最低价格。出价大于或等于最低展现价格就有机会展现；如果关键词的出价低于最低展现价格，该关键词将无法在搜索结果中展现。最低展现价格由关键词的质量度和商业价值共同决定。其中，商业价值与企业所处的行业、关键词的专业程度等有关，是由市场客观因素决定、无法人为地控制。因此，只能通过优化关键词的质量度来降低最低展现价格。

- 待激活：关键词刚刚上线到系统后台的初期，都是处于待激活的状态，我们将关键词激活之后就可以正常展现了。
- 审核中：表示系统正在对关键词进行审核，审核通过后，关键词即可正常推广。
- 不宜推广：表示关键词因不符合推广标准而无法正常推广。系统将告知不宜推广的具体原因，需要修改或删除关键词或其相关信息，修改完成后系统将重新审核关键词。
- 搜索量过低：表示系统监测到近来关键词的检索量持续过低，没有人搜索，所以做了下线处理。检索量上升到一定水平后，系统也会自动将关键词恢复到之前状态。

（3）创意状态的检查

导致创意无法正常在线推广的常见原因有：**待激活、审核中和不宜推广。**

待激活和审核中在此不再说明，和关键字的情况一样。创意的不宜推广主要是指创意中可能包含了黑名单词汇、注册商标或者涉及了一些不好的内容等。

2. 推广位置检查

关于推广位置的检查，主要有以下两种方法。

（1）搜索前台或推广实况工具

如果查看的是本地的投放情况，可以通过前台搜索来进行查看，也可以通过推广实况查看；如果是查看外地的排名情况，只能通过推广实况查看。但是因为百度存在个性化的排名展示，所以每个人看到的推广结果位置可能都不一样。不一样不代表排名不真实或者不准确，这只是个性化展示的问题。

（2）关键词报告

在关键词报告中可以看到关键词的展现量、点击量、点击率、消费和 cpc 状态等信息。在推广的初期，需要频繁查看报告，尤其是账户中消费和点击量排在前面的关键词，看看他们的整体情况是不是正常。

3. 关于“有效点击”

下面要特别说明一下“有效点击”这个概念：有效点击是指用户点击进入着陆页面后，可以看到页面 100%的展示，也就是看到完全打开的页面。这样的点击才算做是有效点击。

那么什么情况算是无效点击呢？

（1）网站打开速度很慢

实验数据表明：一个用户能够忍耐的页面打开时间为 6～8 秒，如果一个页面 8 秒内还打不开，多数用户就会失去耐心，直接关闭页面。

如着陆页面制作的很炫，采用了 Flash 等形式，由于页面太大，不便于打开，打开的速度很慢，会导致页面不能够 100%打开完全展示。所以，在帮企业主进行推广时，一定要帮企业检查着陆页的连通性和打开速度。如果不好的话，要进行提醒，因为这种情况导致的无效点击没有任何意义，但是依然会计费。

（2）URL 出错

页面打不开、404 页面等错误页面。

（3）恶意点击

百度有反作弊系统，会屏蔽由于各种原因引起的无效点击，只对有效点击收取费用，详情可见“无效点击报告”相关内容。

3.8.5 测试期管理

测试期的管理，推广上线一周后需要观察账户的表现情况。对账户进行调整和优化，以便达到预期的效果水平。

什么叫做预期效果水平呢？就是我们在进行推广投放之前对效果做的一个预估，或者说在投放之前设置的一个投放目标。那么，如何来做这个预估呢？可以去询问企业相关数据，也可以以行业平均水平作为一个标杆；如果得不到行业平均水平的话，就把账户的即时水平做一个标杆，向着越来越好的方向去优化。

我们不仅自己要有一个合理预期，也要传递给企业主一种合理的预期。

不管是哪类企业，它们的投放目标和考核标准不会完全一样，会有一些个性化的追求。不能把预期设置的过低，但也不能够远远超出合理的范围之外。

搜索推广其实是一个不断优化的过程，并不是一蹴而就的，并不是说一开始整理好的关键词、写好的创意上线之后就高枕无忧，一成不变了，它并不像展现类的推广形式，可优化的空间较小。搜索推广可优化的空间非常大，需要通过不停的观察和调整，让整个账户健康地运行下去。所谓的健康运行，就是它能够达到企业主期望的效果，并且推广效果可以越来越好。

3.8.6 稳定期管理

经过一段测试期之后，到了账户的相对稳定期，大概是在上线一个月左右时，账户的各项数据表现基本比较稳定，基本达到了预设的投放目标。

在这个阶段，需要做以下三方面事情。

1. 对投放趋势的观察

到稳定管理之后，如果各指标都非常稳定，基本达到预期目标，就可以对主干趋势进行观察。可以结合几个工具看投放后的效果（包括百度指数、百度司南等）。对于突增突降的情况，要分析其原因。

观察投放趋势，了解各投放数据的投放情况，在数据波动时及时调整，通过图 3-45 可知，需要对波峰进行重点分析诊断。

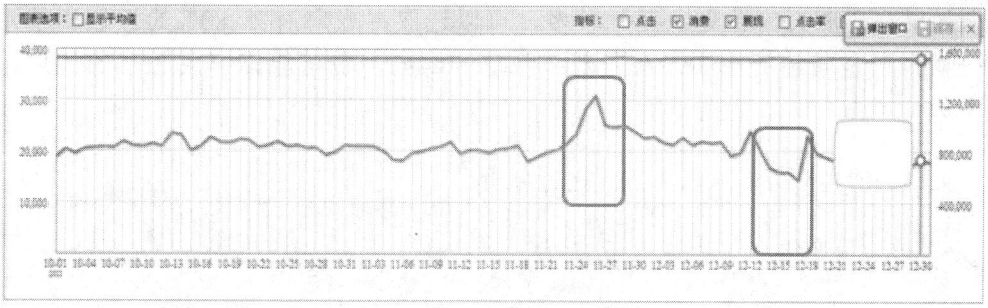

图 3-45　某汽车企业投放数据趋势

2. 对异常问题的定位及分析

（1）历史操作记录（如图 3-46 所示）

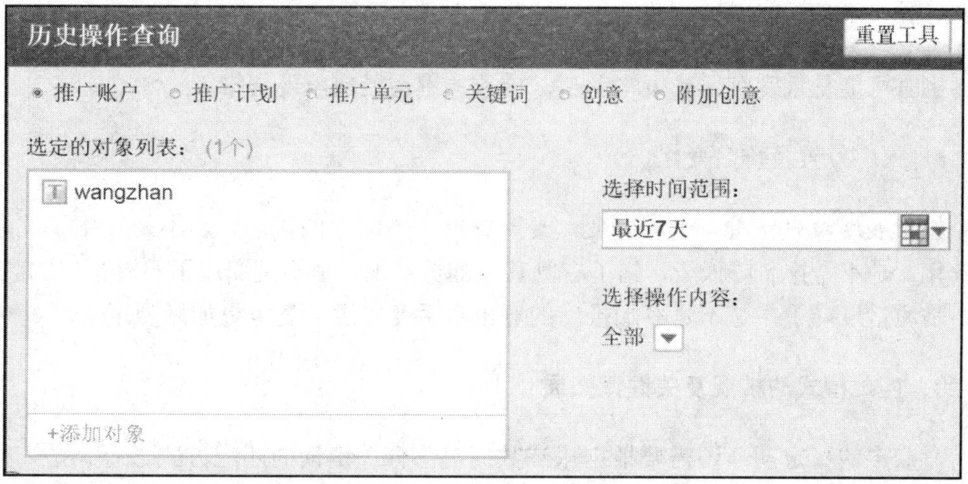

图 3-46　账户历史操作查询界面

如果发现账户数据有异常情况，如账户消费的突增或突降，我们首先要排除人为因素，因为有时候账户可能不是我们自己在关注，企业主自己可能也会去看，有可能还有其他人也会去看。所以，一旦出现消费数据突变，应该先去排除一些人为的因素，如是不是有谁对账户进行过调整，包括账户消费限额的调整、关键词的增加或删除、匹配方式的变化、推广地域，以及推广时段的改变等。这些可以通过在账户里查看历史操作记录获知。

（2）数据异常问题的定位与原因分析

如果没有人为原因的话，需要下载相关的数据报告，以突发时间为节点，下载发生变化前后同期数据报告，进行逐一锁定，看下异常主要集中发生在哪些计划和单元，最后锁定到具体关键词。

如果账户庞大，计划单元比较多，可以选取占账户消费 80%的计划和单元进行分析，锁定问题所在（二八原则：账户 80%的消费可能集中在 20%的计划和单元中）。

关键词的异常可以从以下方面进行分析。

- 展现量变化

首先，查看关键词的展现量是否发生了突变，展现量变化的几种情况如下：

外界环境发生了变化，一些新闻或政策导致大的环境发生骤变，导致检索量变化；可以看看百度指数的情况，是否跟关键词的变化呈现出一致的变化趋势。

如果这些都没有，要去看一下搜索词报告，看看哪些搜索词触发了账户中的关键词，看看是不是需要调整某些关键词的匹配方式。

也有可能是百度有一些策略调整，导致关键词展现出现异常。

- 推广位置及排名变化

如果展现没有问题，点击突变，要查看重点关键词的排名，是不是发生了比较大的变化。是不是排名降低了，到了右侧甚至翻页展现，是不是变成了不宜推广的状态，是不是质量度降了；是不是参加推广的竞争对手变多了，竞争更加激烈了。

3．匹配模式的扩展及关键词拓展

在账户的稳定期，还需要根据账户数据对部分关键词的匹配方式进行调整，同时对转化好、表现好的关键词进行词量上的拓展。具体的做法如下：

（1）筛选出效果好的关键词，进行关键词拓展及匹配模式范围变宽，以拓展更多优质的关键词。

（2）及时获取搜索词报告，拓展相关性高的优质关键词。

（3）关注季节投放及网民热点，把握相关性高的热点关键词。

【案例】

某汽车企业抓住车展时期投放，获得大量曝光及流量如图 3-47 所示。

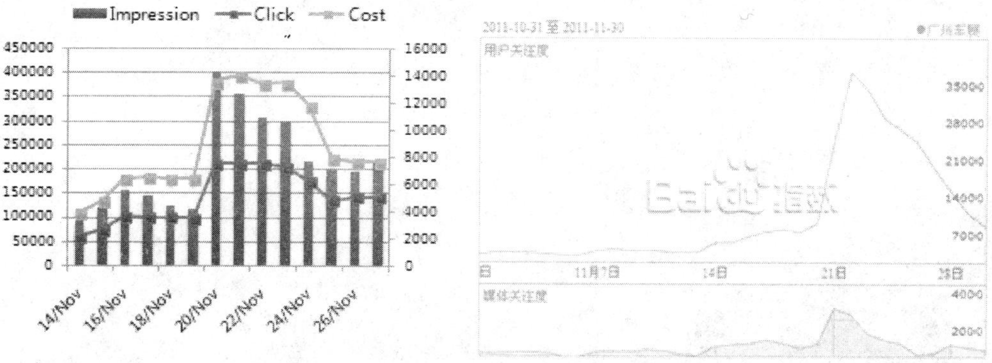

图 3-47　某汽车企业投放趋势与百度指数对比图

第 4 章

百度网盟推广

本章将介绍百度网盟推广，包括运行机制、媒体资源、定向技术、展现形式、收费模式及其他有关网盟的基本信息。

随着互联网受众碎片化时代的到来，网民获取信息的渠道呈现多样化的趋势，集中在某个媒体上的注意力持续时间缩短，对媒体的忠诚度大大下降，企业与消费者之间就像在玩一场捉迷藏的游戏。在复杂的互联网环境下如何寻找到企业的目标受众成为越来越多的企业遇到的难题。网盟推广就是在这种互联网背景下诞生的，它是搜索引擎营销的补充和延伸，突破了在网民搜索行为中的影响范围，同时在网民浏览行为中全面影响目标受众。

4.1 网盟推广概述

网盟推广是百度搜索引擎营销中一个十分重要的沟通策略。网盟推广以 60 万家优质联盟网站为推广平台，通过分析受众的自然属性（地域、性别）、长期兴趣爱好和短期特定行为（搜索/点击/浏览/访问行为），并借助百度特有的定向技术帮助企业主精准锁定需求或明确潜在目标人群，将企业推广信息以固定、贴片、悬浮等丰富多样的创意形式展现给网民（如图 4-1 及图 4-2 所示），从而提升企业知名度，帮助企业获取更多订单与转化。

图 4-1　百度网盟推广——图片推广

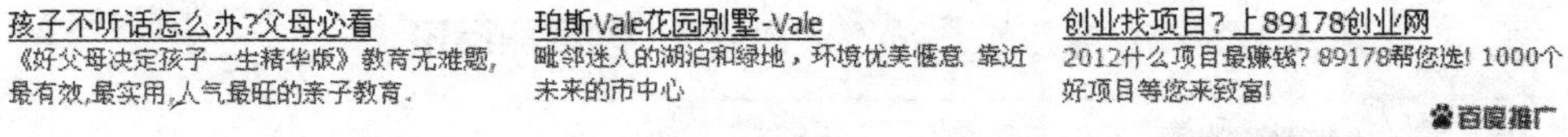

图 4-2　百度网盟推广——文字推广

目前我国的网络联盟发展还处于初级阶段，与百度网盟类似的还有谷歌的 adsense、搜狗的搜狗联盟、雅虎的 Yahoo Publisher Network 等。这些联盟自身不会发布推广信息，主要是依靠庞大的联盟网站来展示推广信息，当网民点击这些网站的推广信息时，网络联盟从中赚取佣金，这些网站也会获取收入分成。百度网盟依托于全球最大的中文搜索引擎百度，经过多年精心运营，已发展成为国内最具实力的网络联盟体系。

4.1.1　网盟推广的优势

1. 海量优质的媒体资源

网盟目前能够覆盖超过 95%的中国网民，每日约有 80 亿次的展现机会。

网盟推广的联盟站点十分庞大，覆盖了近 25 个一级行业代表性的网站，加盟合作网站累计超过 60 万家。尽管网盟站点不断地变化，有网站进入也有网站退出，但网盟采用五星级评级机制，保证最优质的媒体资源，让企业主的每一分钱都花得值得。下面整理了目前百度网盟已有的行业代表性的网站列表，供大家参考，如图 4-3 所示。

企业主可以通过百度网盟推广的增值工具——网盟 123 来了解联盟站点的基本信息、提供的推广位置、访问人群、媒体价值等信息，从而帮助企业了解联盟站点并更好地开展网盟推广，这在后面的章节中还会有详细介绍。

2. 精准的受众定向技术

在现实世界中，只有在了解了某个人的很多生平事迹，同时加之理性的分析和推导之后，才能够比较准确地把握这个人的喜好。互联网世界也是如此。一个系统只有在具有足够的用户行为数据和必要的技术的前提下，才能提供优质的精准营销服务，否则，往往是概念多于实质。网盟推广能够实现对企业主的目标受众精准的定向就是依托于百度庞大的网民行为数据库及精准的受众定向技术。

图 4-3　百度网盟网站列表

目前网盟的定向技术主要根据网民的基本属性、兴趣爱好及网络特定行为来锁定目标受众。网民的基本属性包括网民来自哪里（地域）、网民的性别。兴趣爱好是通过对网民在一段时间内的搜索和浏览行为进行分析，识别出目标受众的兴趣点。网民特定行为包括网络搜索行为、网络浏览行为、网络点击行为及网民到访网站等行为。凭借网盟精准的受众定向技术，企业主能够准确地找到目标受众，可以将高价值的企业推广信息精准地展现给有商业意图的网民，同时满足网民的搜索/浏览/兴趣爱好需求和企业的推广需求。

3．丰富多样的创意形式

网盟推广能将企业的推广信息以图片、图文、动画、文字等方式展现在目标人群浏览的网页中。兼容搜索推广创意风格的文字和多达 19 个尺寸的图片、动画创意都能生动地诠释企业推广信息，并强烈吸引网民的目光。目前网盟推广的创意展现形式主要以固定、悬浮、贴片三大展现形式为主。

4．有效的成本控制

企业投放网盟需要很大的资金投入吗？与传统媒体按照版面大小、投放频率等付费方式相比，百度网盟推广为企业提供了一种最经济的付费方式——CPC（Cost-Per-Click）计费。只有当企业的推广信息被感兴趣的潜在客户点击后才付费，没有点击则不付费，在联盟网站上获得的海量展现是免费的。

4.1.2　网盟的营销价值

依靠百度网盟，在正确的时间、正确的地点，将企业主和产品的信息展现给企业主的目标人群，吸引他们的关注，让他们对企业主和产品信息，从知道到感兴趣、到了解、到购买，是实现营销效果的完整过程。因此，了解企业主自身的目标人群，了解他们的上网行为，是企业推广实现营销效果的基础和保障。

网盟推广在企业的不同营销阶段能够发挥不同的作用。当企业处在生存期时，能够帮助企业带来更多的访问流量、咨询和订单，保证企业的高投资回报率。在某些行业，比如以考核注册为主的企业，用网盟推广会比用搜索推广带来更好的营销效果。网盟推广还有助于企业主品牌宣传的需求，扩大品牌认知度，覆盖更多的目标人群和获取海量的曝光。此外，当企业开展某次促销活动时，网盟往往可以在为企业主带来海量展现的同时，带来更多的订单。

随着互联网时代的快速发展，消费者的行为模式也发生了重大的转变，从 1898 年 E.S.路易斯的 AIDA 消费者行为模型理论，到 2005 年日本电通公司提出的 AISAS 理论，这种转变反映了消费者在关注产品并发生兴趣之后的行为发生了重要的变化，那就是搜索与分享。 如果企业主希望能够影响消费者，往往就会在消费者的各个行为阶段对其传递产品信息。于是会有很多企业选择百度搜索推广来宣传自己的产品，希望能够在消费者的搜索行为中推广产品信息。

搜索推广虽然能够帮助企业主带来非常好的营销效果，却无法在消费者各个行为阶段影响受众，比如消费者的“Action 行动”环节。而网盟推广则延伸和补充了搜索推广的影响范围，在消费者的各个行为阶段来影响受众的决策。网盟可以通过广泛的曝光来引起目标受众对企业主的关注，当推广信息对目标受众的展现频次达到一定的次数后，会激发受众的兴趣与购买意愿。当受众发生搜索、浏览产品信息或者到访网站购买产品等网络行为时，会在网络行为中再次施加影响，最后达成促进消费的营销目的。

AISAS 消费者行为模型图如图 4-4 所示。

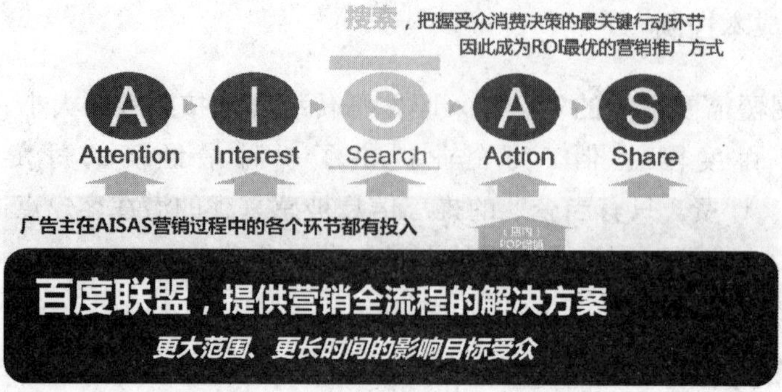

图 4-4 AISAS 消费者行为模型图

4.2 走近网盟推广

4.2.1 平台运行机制

网盟推广作为精准展示网络推广平台，一方面利用平台精准的定向技术、数据分析等找到企业主的目标受众，然后在正确的时间、正确的地点将企业的推广信息展现给正确的人；另一方面，通过与联盟站点的合作来展示推广信息，当网民点击这些网站的推广信息时，网盟推广从中赚取佣金，这些网站也会获取收入分成，如图 4-5 所示。

图 4-5 百度网盟平台运行机制

4.2.2 受众定向技术

了解网盟最根本也是最重要的核心内容，就是网盟是如何帮助企业主找到并影响目标受众的。下面就来体验一下网盟推广精准的定向技术。

1. 基于受众的自然属性

地域定向是指企业的推广组投放的地域设置。设置地域定向后，企业的推广信息（物料）只会在它选择的地域范围展现。比如企业的业务只在上海和江浙地区，就可以只选相应的地域。地域定向可以定位更精准、不浪费推广费用。

系统提供了一级/二级地域设置，企业主不仅可以投放到省、直辖市，还可以进一步精确定位到省下面的地级市、直辖市下面的区，为企业主的投放提供了更为灵活和精准的选择，如图 4-6 所示。

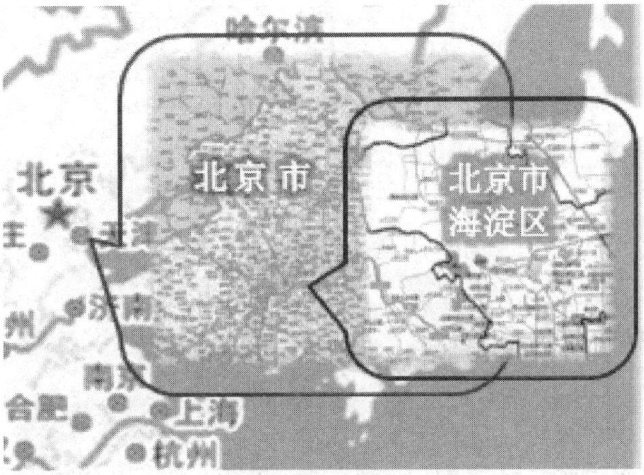

*注此图只为说明问题，因此未将地图显全。

图 4-6　百度网盟地域定向

2. 基于受众的长期兴趣爱好

企业主一般会基于目标受众来进行媒体选择与投放。在网民行为碎片化的互联网时代，聚合受众成了影响目标受众十分关键的一步。网盟兴趣定向就将数亿的网民聚合成了一个个清晰的受众画像，例如喜欢网购的年轻妈妈、热爱体育的大学生、酷爱运动的年轻男士等。具体到网盟系统中，则是通过选择目标受众的性别、兴趣点等来实现，这种定向方式就叫做兴趣定向。目前网盟可提供 20 个一级兴趣点的选择，同时也可选择“白领”,“学生”“网购”等虚拟分类人群，网盟的兴趣点体系会不断地完善与更新，以更好地满足不同企业的推广需求。

网盟系统中的“兴趣组合工具”也可以帮助企业实现不同类别人群的组合。兴趣组合是若干个兴趣包的交集（同时满足各兴趣包的描述条件的 Cookie），最多可建 3 个兴趣包。兴趣点列表如图 4-7 所示。

一级分类	二级分类	一级分类	二级分类	一级分类	二级分类
个护美容	护肤	游戏	大型客户端游戏	影视	院线电影
	洗护日用		网页网游		网络影视剧
	彩妆		回合制角色扮演类网页网游		动画漫画
	其他		即时战斗角色扮演类网页网游		娱乐综艺
汽车	高档汽车		手机平板游戏		其他
	中档汽车		小游戏flash游戏	体育	运动
	入门级汽车		其他		健身
	养车用车	教育培训	初级中级教育		户外
	其他		学历与留学		其他
金融财经	保险		MBA	社交	社交网络
	投资理财		职业技能培训		婚恋交友
	其他		其他		休闲活动
食品餐饮	烹饪和菜谱	阅读	网络小说		其他
	休闲食品		文化文学	旅游	
	餐馆美食		书刊杂志	服装饰品	
	其他		其他	母婴	
数码	摄影摄像	音乐	高雅	房产	
	电玩		流行	家居	
	手机平板及应用		音响器材	时政与财经	
	硬件及网络		乐器	健康保健	
	其他		其他		
		招商加盟	小吃类招商加盟意向		

图 4-7　百度网盟兴趣点列表

3. 基于受众的短期特定行为

（1）关键词定向

每一个关键词背后都反映了网民的强烈需求，也是企业主开展营销攻势的最好时机。网盟关键词定向是基于网民的搜索和浏览行为来锁定目标受众的。

基于搜索行为定向是指：对于在百度搜索过指定关键词的人，在其浏览企业主指定的投放网站时展示推广信息。例如，某电商企业为其母婴产品设定了“母婴”“幼儿护肤”“婴儿奶粉”等关键词，当网民在百度上搜过这些关键词之后，系统则会锁定这些网民，在其浏览企业主指定的投放网站时展示推广信息。

基于浏览行为定向是指：网盟会根据企业主所指定的关键词，在联盟网站中分析匹配出与关键词内容最相关的网页进行推广信息展现。这里可以选择基于当前浏览页面内容展示推广信息，或者基于历史浏览页面内容来展示企业主的推广信息，前者如某化妆品企业为其美容护肤产品设定了“美容”“化妆”“护肤”等关键词，系统则会在所有与美容护肤相关的网页上展示该企业的推广信息，将对此内容感兴趣的目标人群“一网打尽”。推广信息和网页内容高度相关，自然会被潜在目标客户注意到。

搜索过某个指定的关键词或者浏览过相关页面内容，说明网民对此类产品有着浓厚的想了解的兴趣，把握网民的需求，在对的时机展示推广信息必将加大成交的可能性。同时，网盟也会提供关键词推荐工具，帮助企业选择更符合企业推广需求的关键词，以更加精准地锁定目标人群，如图 4-8 所示。

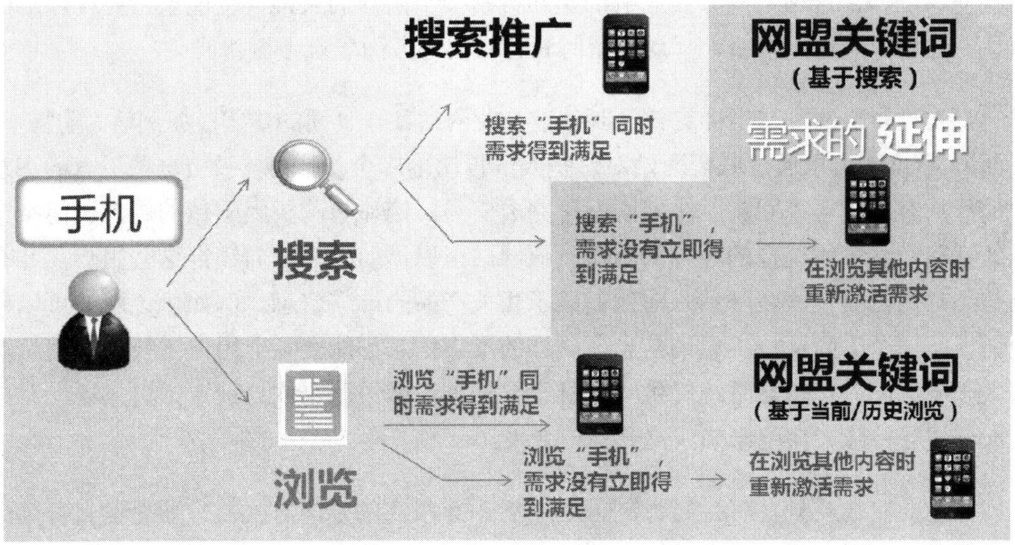

图 4-8　百度网盟关键词定向

（2）到访定向

企业主往往会花大量的金钱在推广宣传上，尤其是互联网或者传统媒体的投入惊人。但当大量的网民涌入到企业网站时，点击购买的人却非常少，而企业主的忠诚老会员则更是寥寥无几。如何挽回流失客户？如何再次影响来过我网站的人？如何开展会员营销培养自己的忠实用户？这些问题都成为企业主面临的重要挑战之一。网盟的到访定向则解决了这一问题。到访定向包括两种方式，一是基于点击过搜索推广链接，二是指到访过特定网页，如图 4-9 所示。

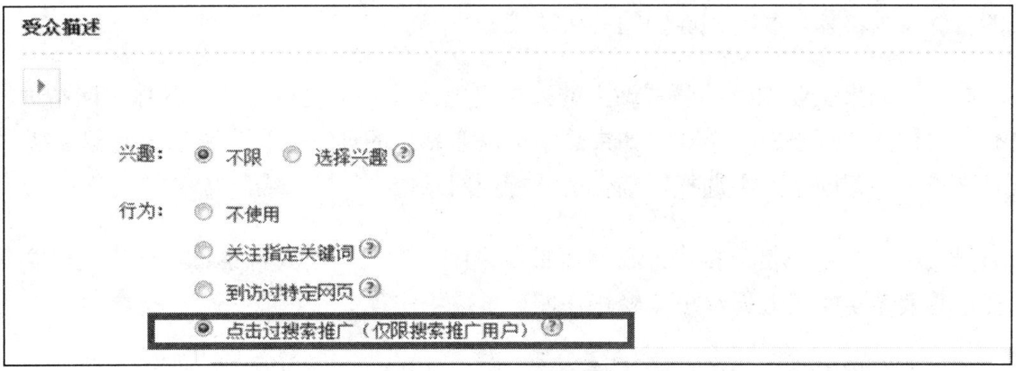

图 4-9　百度网盟受众描述

点击过搜索推广链接是网盟在搜索推广基础上增加的一种附加功能，只要企业主做了百度搜索推广，并且关联到相关的推广计划，就可以快速实现了。作为搜索推广的补充和延伸，这种定向方式影响的是和搜索推广同样的人群，也能获得同样精准的效果。这种方式在点击率、平均停留时长、转化等方面表现十分优异。

到访过特定网页是指针对曾经到访过企业网站某一页面的访客（如到达“购物车”页面），百度就可以通过联盟网站对这些人群再次推广企业信息，吸引这些更有购买意愿的优质客户重新“回头”访问网站，完成交易。例如想购买太阳镜的用户访问某个在线商店查看可供选择的各种太阳镜。该网站可以借助到访定向锁定这些用户，并在这些用户浏览其他联盟网站时向他们展示相关产品的推广信息。例如，该网站可以向他们展示一个太阳镜特惠促销信息。这样的推广信息可能会吸引用户重新返回网站购买太阳镜。同时，网盟系统提供“人群设置工具”来帮助企业主锁定指定人群，对指定人群进行持续、深度影响，提升推广效果。

企业的投放经验表明：到访定向是一个 ROI 极高的定向方式。只要企业自身页面有充足的访问量，且对留住回头客有营销需求，均适合投放。这种方式尤其适合电商、团购、在线预订、分类信息、金融服务、教育培训、网络招商、网络招聘等行业的企业。

（3）媒体环境选择

企业主有时候对推广信息所展示的媒体环境有一定的要求，那么网盟推广可实现企业主选择不同行业网站的需求。网盟将海量联盟网站划分为 25 个一级行业、115 个二级行业，企业主便可以按照网站行业类型进行投放。例如，某化妆品企业的目标人群是 18～40 岁的女性群体，而这些目标女性群体通常会较多地访问“女性时尚类”“音乐影视类”“小说类”等类型的网站。如果选择这些行业进行投放，就能影响到这些爱美的目标女性群体，影响到她们的购买决策。

同时，如果企业主在某些网站上的效果表现十分好，也可以指定具体的网站进行更有针对性的重点投放。企业主如果想了解联盟站点的详细信息，可通过网盟 123 的工具来查询并帮助企业主选择正确合适的行业网站。

以上基于受众的定向技术，在网盟推广系统中则会以“人群菜单”的方式供企业选择，想要锁定哪类人群都可以轻松在网盟推广中实现。

百度网盟推广系统示例如图 4-10 所示。

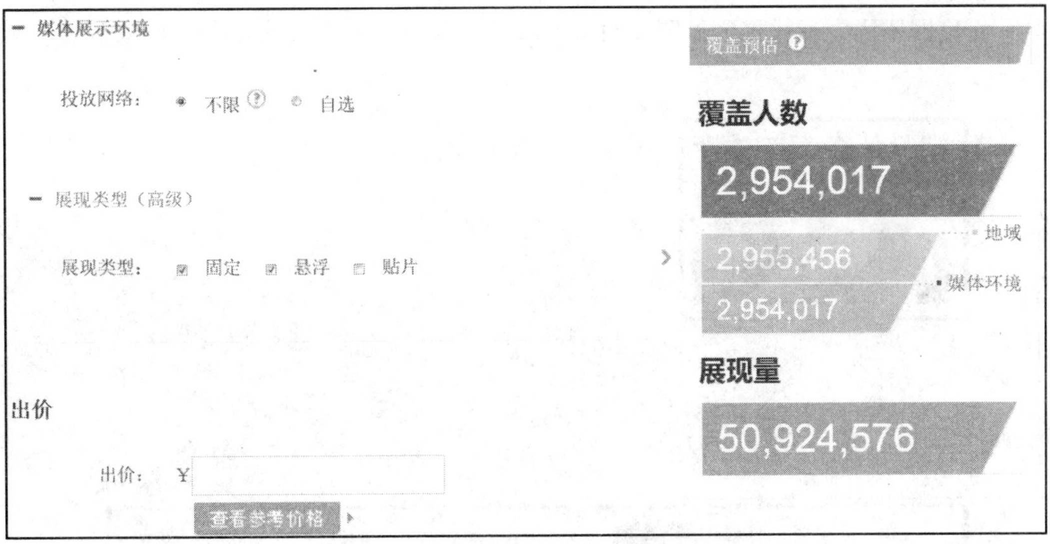

图 4-10　百度网盟推广系统示例

4.2.3　创意展现形式

网盟推广的创意展现形式，主要以固定、悬浮及贴片三大展现形式为主，其中图片创意制作上有百度创意专家提供在线支持，轻松就能利用模板和素材做出精美的图片，在后面的章节中会有详细介绍。

1．固定形式

显示于正文区域内，在页面中有固定位置的推广，用文字、图片、Flash、图文混排等多种形式潜移默化地影响目标用户群。其中文字展现简洁明了，能兼容搜索推广的创意风格。一行标题、两行描述，加上点击链接和显示链接就可以快速完成文字创意的编辑；

图文混排除包含文字物料等全部信息外，同时包含一个 60×60px 的图标，其设置包含图标、文字标题、文字描述、ShowURL、TargetURL 等元素。另外，图片的尺寸丰富，横幅、竖幅、矩形共 15 个尺寸，基本涵盖不同的推广位需求。

- 横幅尺寸：468×60、728×90、960×90、960×60、640×60、460×60、580×90、760×90
- 矩形尺寸：250×250、200×200、336×280、300×250、360×300
- 竖幅尺寸：120×600、160×600

百度网盟固定形式推广如图 4-11 所示。

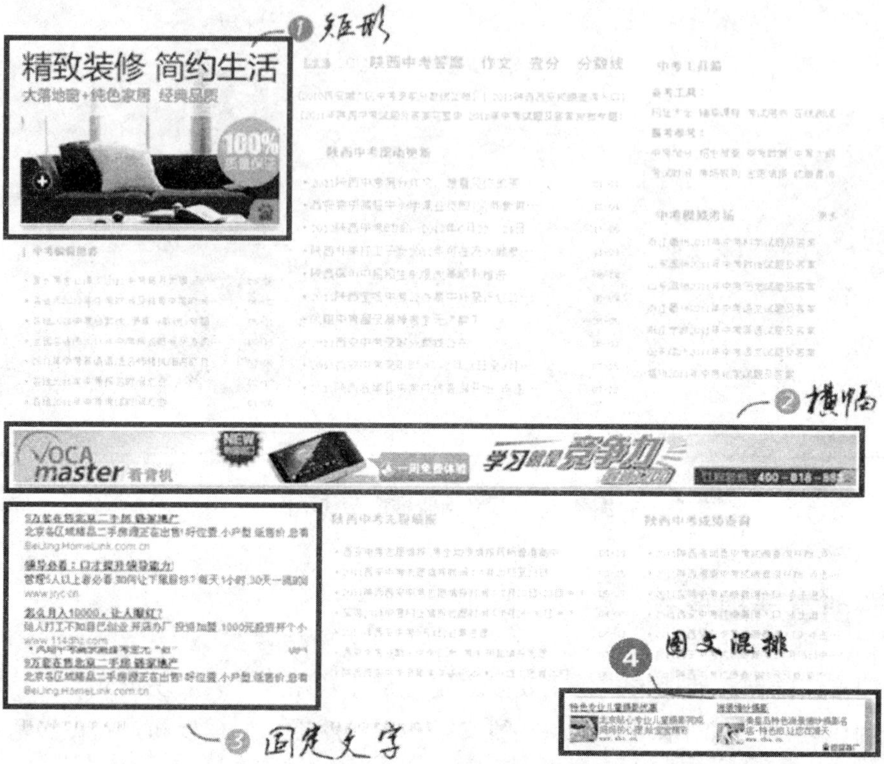

图 4-11　百度网盟固定形式推广

悬浮形式：传统纸媒报纸有着版面划分，版面的重要性和吸引注意力的力度是不一样的。布置于第一版的一般都是重要的时政要闻，第一版的推广费用相应地也会水涨船高。网盟推广悬浮开创了相同展示价格、但永远第一屏的展现形式先例。悬浮是一种显示在网页正文内容之外，且能够随着滚动条与浏览器保持绝对垂直的位置的形式，这种随滚动条滚动的方式让悬浮的图片/Flash 永远处在“第一屏”的位置。受众打开页面，第一眼看到的就是企业推广的品牌或产品，并且永远处于浏览的当前页面上。悬浮是目前互联网中最具影响力的展现形式，如图 4-12 所示。

目前提供如下 4 个尺寸的悬浮推广位。

- 侧栏：120×270
- 按钮：120×120
- 视窗：300×250、250×200

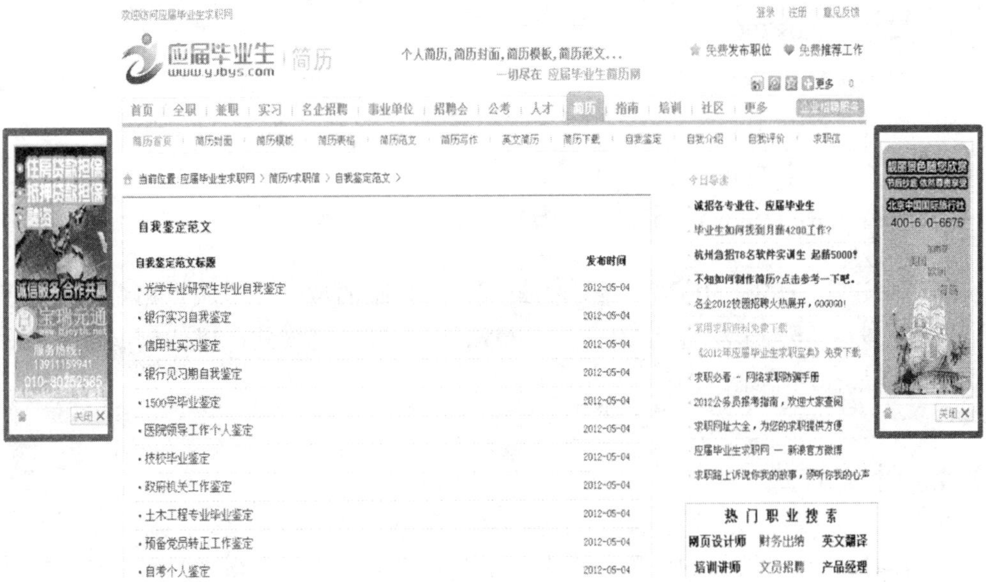

图 4-12　百度网盟悬浮形式推广

贴片形式：在游戏、视频等内容加载或者暂停时，在窗口中央用图片形式将游戏、视频加载过程有效利用，能够为企业带来长达 8 秒的创意播放机会，展现就在 loading 时，类似电影开场前的贴片，让人难忘（仅支持图片和 Flash），如图 4-13 所示。贴片的规格如下。

图 4-13　百度网盟贴片形式推广

- 尺寸：400×300
- 大小：55kb 以内
- 格式：SWF/JPG
- 时长（对于 Flash）：3～4s
- CPU 占用（对于 Flash）：< 25%

一般来说，最显眼的位置，影响力最强；最显眼的位置，资源也相对稀缺。所以企业在推广时，要善于综合运用固定、悬浮、贴片等展现形式，以达到展现效果和推广费用之间最佳的配比。

4.2.4 计费方式

网盟每日会形成海量的展现，那么对于企业来说，投入会很大吗？与传统媒体按照版面大小、投放频率等付费方式相比，百度网盟推广为企业提供了一种最经济的付费方式——CPC 计费。只有当企业主的推广信息被感兴趣的潜在客户点击后才付费，没有点击不付费，同时在联盟网站上获得的海量展现是免费的。这里主要讲网盟推广的点击计费方式，和搜索推广的点击计费方式比较类似。按 CPC 的收费金额=点击价格×创意被点击次数。

点击价格不等于企业主的出价。出价是企业主愿意为一次点击所支付的最高推广费用，出价的大小会影响企业主的创意的展现机会。点击价格是企业主的创意被一次点击后实际支付的推广费用，点击价格的大小取决于企业主和其他企业的出价和质量度。每次点击价格不会超过企业主为推广组所设定的出价，每次点击价格通常会低于企业主的出价。

企业的推广信息能否展现则主要取决于推广组的竞争力。竞争力等于出价与创意物料的质量度。同时，网盟推广还受到展现范围的限制与影响。

（1）竞争力=点击价格会受到质量度的影响，创意点击率是影响创意质量度的重要因素。

（2）网盟的展现还受到企业提词数量的多少、关键词质量的好坏、兴趣点的选择是否准确、覆盖地域的大小等因素的影响，进而影响企业推广信息的展现机会。

4.3　网盟推广投放方案制定

4.3.1　投放前的思考与准备

（1）企业主想要解决什么问题

在投放网盟之前，我们需要彻底地了解企业主希望通过网盟解决什么样的问难。是想为新建立的品牌获取最大曝光量，还是希望引导大量网民进入活动页面，或者希望通过网盟推广获取咨询与订单转化等。只有清楚地了解企业主的营销目标，才能够有的放矢，选出最优的网盟投放策略，这也会直接影响到网盟投放的账户设置与优化方法。

（2）企业主的目标受众是谁

了解企业的目标受众是开展所有网络营销活动之前需要思考的一个重要问题，这个问题的回答会直接影响到在网盟账户中一系列的设置。在网盟投放时，我们一般将目标受众划分为 4 类人群，如图 4-14 所示。

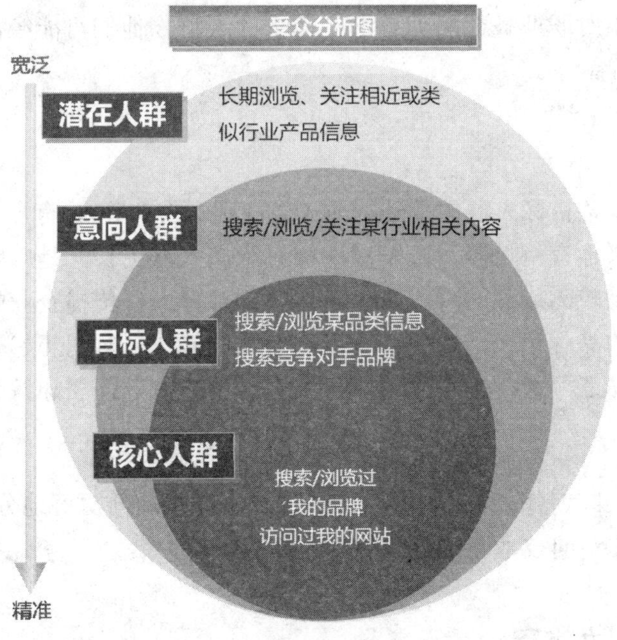

图 4-14　百度网盟受众分析图

- 核心人群

核心人群是指最关心和需要企业产品的人群。这类人群需求迫切，往往深度了解过企业的相关业务信息，相比其他人群购买产品的可能性更大。所以，我们务必要抓住这部分最具有商业价值的人群。以某职业教育企业 A 为例，该企业的核心人群就是最近搜过企业 A 的品牌名称或培训产品，看过其相关的媒体报道及评价等内容，点击过企业 A 的搜索推广链接，登录过企业 A 网站并咨询留言的人群。锁定这类核心人群往往能够帮助企业在短时间内获取最大的收益。

- 目标人群

目标人群是指明确表达需求的人群，这部分人已经表现出十分清晰的行为意图，如不抓住，将错失优质商机。但这类人群可能并非锁定某一个企业的品牌或者产品，所以企业需要最大化争夺这部分商机人群，使其成为企业自身的核心人群。依旧以职业教育企业 A 为例，意向人群是指最近搜过职业教育机构资讯，近期在看某职业资格证书介绍网页的人群。

- 意向人群

意向人群通常具备成为目标人群的一些典型特质，这类人群随时可能明确表达出需求，转化为目标人群的可能性很大，甚至可能一经刺激后就会直接购买产品。因此是我们突破需求瓶颈的不二之选，需要进行持续刺激。例如职业教育企业 A 的意向人群就是那些反映出对职业技能培训有潜在需求的人群，他们可能经常搜索教育培训信息，关注金融财经信息。

- 潜在人群

潜在人群是具备目标人群的基础特质（如性别、收入等），有一定转化可能性的人群。不过需求和兴趣有待培养，开发周期相对意向人群更长，是广阔的蓝海市场。所以，在企业发展到较为成熟的阶段时，建议向这部分人群传播企业的品牌信息，提高潜在市场对企业的品牌记忆，在受众有需要的时候能第一时间想起企业。例如职业教育企业 A 的潜在人群可能是那些经常关注汽车、交友、新闻资讯等信息，喜欢上生活服务类网站的人群。

了解了以上人群划分，可以帮助企业在进行网盟推广前更好地分析企业目标受众，并利用网盟精准的定向技术制定有效的网盟投放策略。

4.3.2 推广投放流程

网盟推广是如何帮助企业主来完成订单或者后期效果的呢？流程如图 4-15 所示。

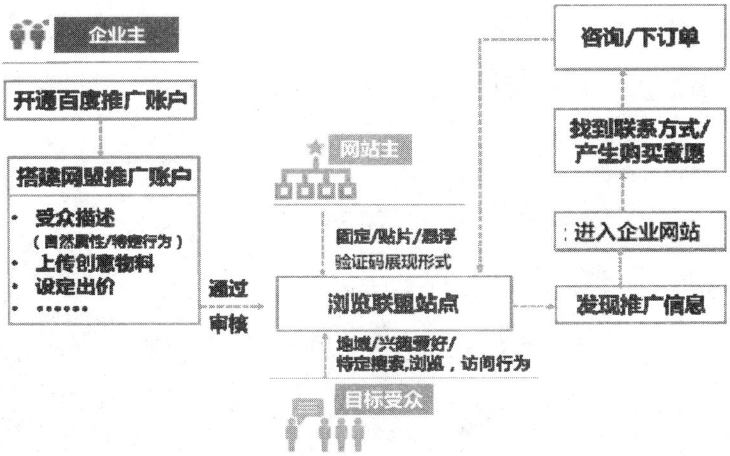

图 4-15　百度网盟推广投放流程

首先，企业主通过百度推广账户来开通网盟，完成账户搭建与设置。通过审核之后，企业主的推广信息就以固定、贴片、悬浮等展现形式出现在联盟网站上。当被网盟锁定的网民发现推广信息之后，便会进入企业网站进行相关的浏览、咨询或购买等行为。网盟对于网民的影响不是只有一次，企业主可以通过网盟持续长时间地影响刺激目标受众，实现长期的良好推广效果。

4.3.3　推广目标设定

根据企业主设定的营销目标来设定考核指标，是合理、优质投放的起点，也是后期关注、优化的方向。企业主的预算有多少，不同营销目标所要考核的指标也有所不同。比如希望带来广泛曝光量的某汽车企业，考核的指标应该是以展现量、千次展现成本为主；而希望促进产品销售的电商企业，考核的则是投资回报率、转化成本等。这些思考虽然看起来简单，当然是展现量越高越好，转化成本越低越好，投资回报率越高越好，但存在一个客观的问题，就是网络营销中仍然存在激烈的竞争，网盟的流量虽然巨大，但不是要多少有多少，尤其具体到某个细分的市场的时候。最常见的情况是，当众多企业主提高网盟投入时，订单还是会越来越多，但投资回报率会逐渐降低。所以，设定合理的网盟考核指标是投放网盟前需要想清楚的，如图 4-16 所示。

4.3.4　投放策略制定

制定网盟投放策略之前，大家可以重新回顾一下前面的目标人群分析。我们将企业的人群分为 4 类：核心人群、目标人群、意向人群、潜在人群。同时前面也提到了网盟推广能够帮助企业主实现从广泛的曝光到实现转化促进消费等营销目的。而网盟推广投放策略则主要是依据企业希望锁定的人群及营销目标来拟定的，如图 4-17 所示。

图 4-16　搜索营销漏斗

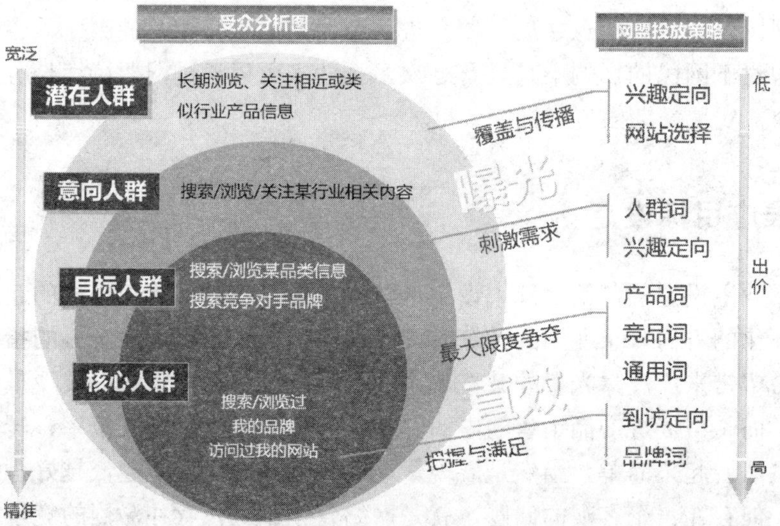

图 4-17　受众分析图

如果企业主希望通过网盟实现品牌的广泛曝光，导入大批流量，则可考虑采用兴趣定向来吸引对其感兴趣的人群关注，有效传递品牌、产品或活动信息。也可通过全网投放获得海量的曝光量。例如，某汽车类企业近期准备举办新车的发布会，则可选择目标受众可能具备的兴趣点，如汽车、金融财经、社交、房产等来精准锁定目标人群，有效地获得海量曝光，同时，为企业官方网站导入大量高质量访客。

如果企业主希望通过网盟实现后期的咨询与转化，甚至到产品的购买，企业需要锁定那些有明确购买需求及转化意向很高的核心人群和目标人群，我们建议采用关键词定向与到访定向策略。

其中关键词体现了网民对信息的需求，可能涵盖了工作、生活的方方面面。企业主可以将其中蕴含商业价值的字词挑选出来，作为关键词提交到网盟推广系统中。当企业不知道该如何设定网盟推广关键词时，可以直接复用搜索推广关键词来投放，或者使用网盟系统中的关键词推荐工具。由于不同的关键词能定位的网民数量不同，带来的潜在客户的商业价值不同，竞争激烈程度也不同，建议企业主能够充分利用网盟提供的各种统计报告，科学地衡量和评估关键词的推广效果，不断进行优化。

使用到访定向的前提是只要企业自身页面有充足的访问量，且对留住回头客有营销需求，均适合投放。采用这种定向技术需要安装代码追踪到访人群。首先需要使用系统中提供的人群设置工具设置人群，接下来获取代码并正确安装到网页中，最后设置推广组关联或排除相关人群。如果企业安装了百度统计，则无须安装网盟到访定向代码，只需通过页面 URL 定义目标人群，即可直接定义到访人群，如图 4-18 所示。

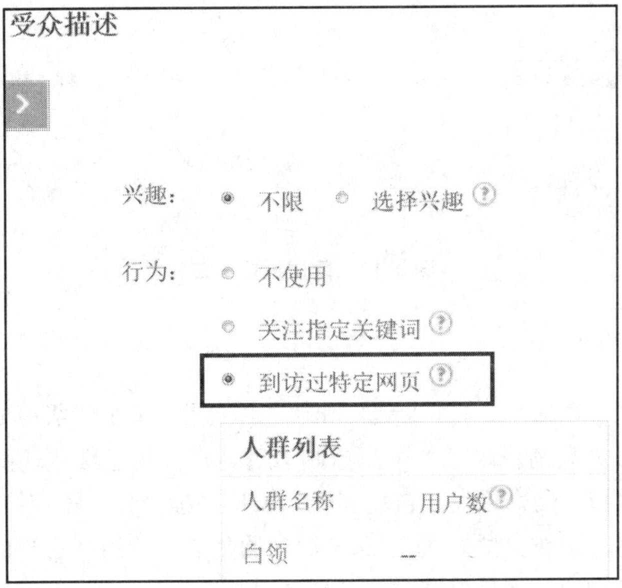

图 4-18　人群设置工具

4.3.5　账户搭建

1. 开通网盟推广账户

企业主需要先开通网盟推广账户。如果企业主已经是百度推广用户，无须开通，可直接使用网盟推广。请登录百度推广系统，进入首页，单击“网盟推广”模块的“进入”按钮，即可进入。如果企业主还不是百度搜索推广用户，企业主需要首先注册开通百度推广账户，待企业主的百度推广账户正常生效后，即可登录企业主的网盟推广账户进行投放，如图 4-19 所示。

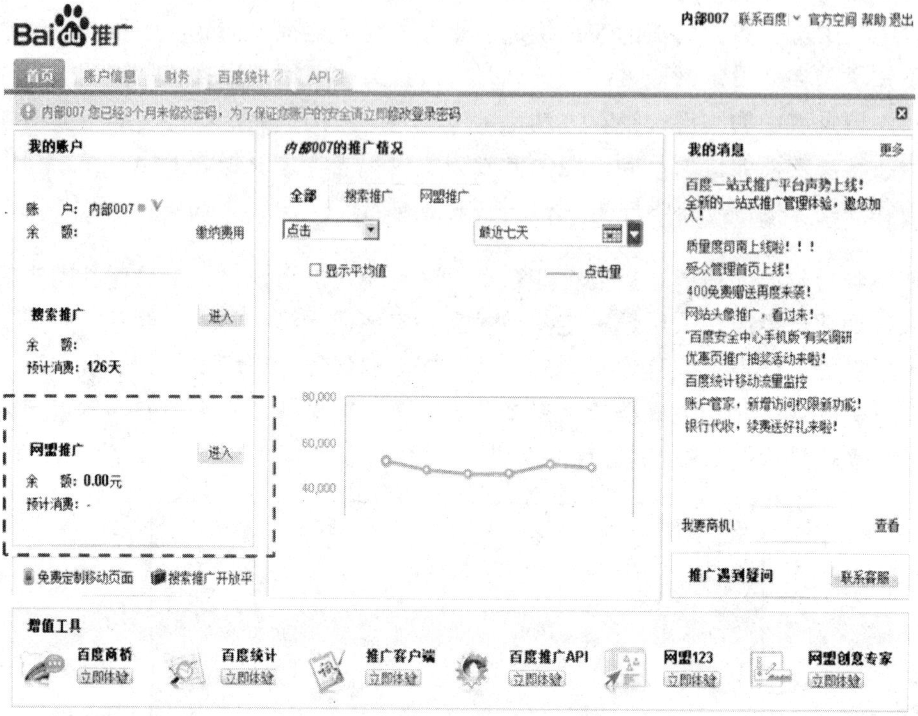

图 4-19 网盟推广入口

2. 网盟账户结构

网盟推广的账户由账户、推广计划、推广组、创意 4 个层级组成。其中，推广计划层级可设置每日最高消费限额，进而控制消费。推广组层级实现网盟推广所有的定向功能，即推广地域、受众描述（自然属性、长期兴趣爱好、短期特定行为）、媒体展示环境（投放网络、展现类型）。而创意，对应的是展示给潜在客户的文字或图片。合理账户结构为网盟投放打下良好基础，如图 4-20 所示。

推广计划是指推广信息的独立投放策略，每一个推广计划可以单独设置投放预算、计费方式和投放时间。如果投放预算为零，则该推广计划失效。推广组是推广计划的子集，指一组创意的集合，推广组可以设置投放地域（IP 地址集合）、投放网站（投放网站）、目标受众投放人群（受众描述）。创意则代表显示给目标受众的物料，包括文字、图片、Flash 动画、图文混排等多媒体创意。

3. 网盟账户搭建

完整的账户创建流程由三步组成：创建推广计划→创建推广组→创建创意。创建完成之后，推广计划才能正常投放。但允许中途断开新建流程，即可以创建空的推广计划或推广组，待补充完整信息后再开始投放。一个完整的网盟推广计划包括以下三个步骤。

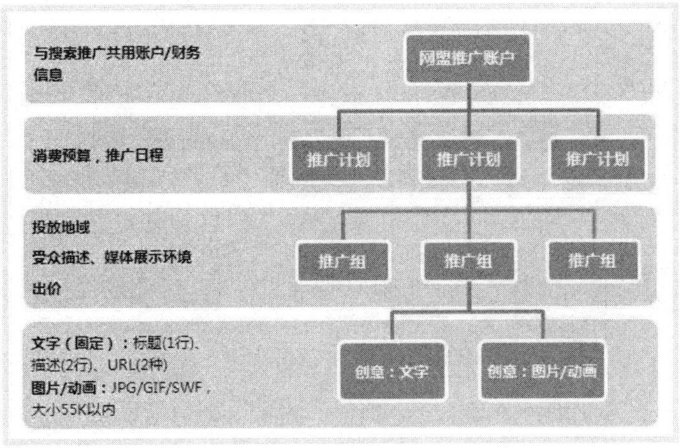

图 4-20　百度网盟账户结构

① 建立推广计划

首先是设置推广计划名称、每日预算。新建推广计划入口，如图 4-21 所示。

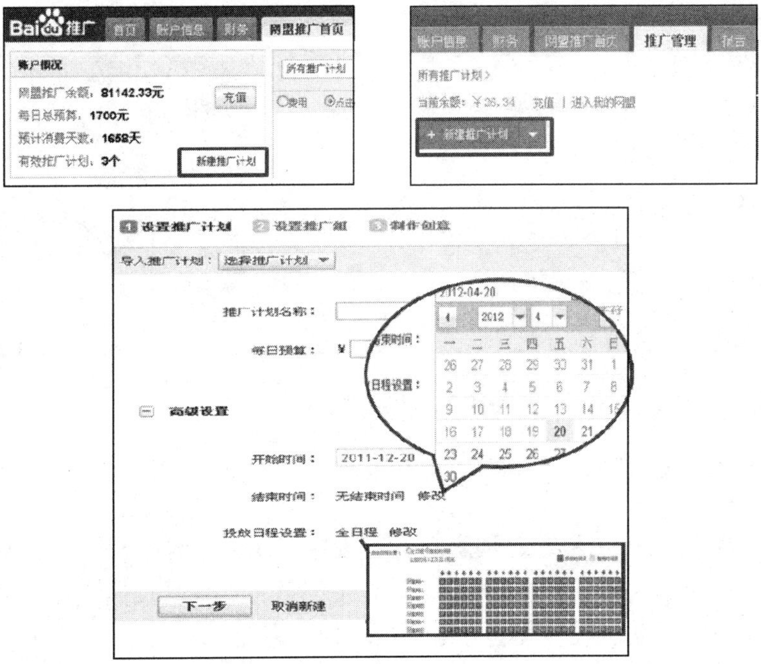

图 4-21　建立推广计划

② 创建推广组

新建推广组，如图 4-22 所示。设置推广组名称、点击价格、投放设置。在推广组下，可对投放地域、兴趣点、特定行为及媒体展示环境进行设置，并需要为推广组进行出价设置。此外，同一推广组中支持选择固定/悬浮/贴片中的一个或多个创意展现形式，如图 4-23 所示。

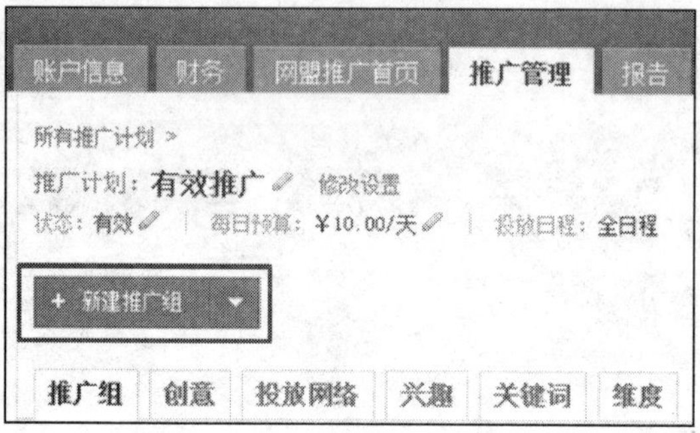

图 4-22　新建推广组

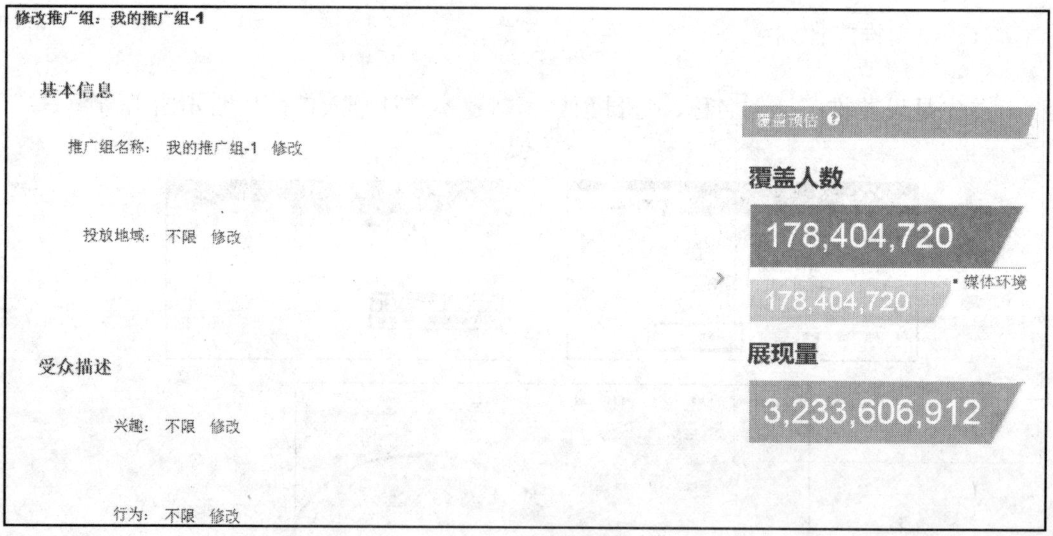

图 4-23　设置推广组

③ 上传创意物料

添加图片创意时，可使用导入创意功能直接导入，选择本地上传/多媒体库上传功能上传或使用百度创意专家制作创意；添加文字创意时，只需按提示操作即可，建议尽量不用纯文字创意，可为文字创意添加图标，使创意图文并茂，更加生动，如图 4-24 所示。

图 4-24　上传创意物料

4．网盟推广的账户修改

（1）推广计划修改入口：在“推广管理”层级的推广计划列表下单击“修改设置”；在推广计划层级下单击“操作”，都能进入推广计划修改界面。可以修改的内容包括：推广计划名称、预算、投放时间及投放日程等。

（2）推广组修改入口：在“推广计划”层级下推广组列表中单击“修改设置”；在推广组层级下单击“操作”按钮，均可进入推广组修改界面，如图 4-25 所示。可修改的内容包括：推广组名称、投放地域、兴趣点、出价、媒体展示环境等。

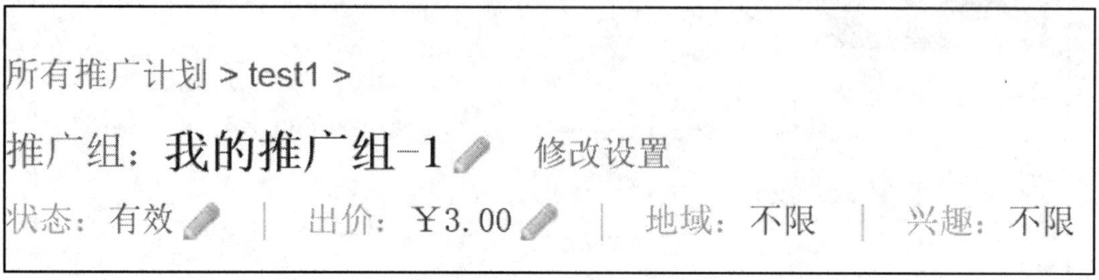

图 4-25　推广组修改入口

（3）创意修改入口：在“推广组”层级下物料列表中单击创意物料，或单击“操作”按钮，均可进入创意修改界面，如图 4-26 所示。

图 4-26　创意修改入口

5．账户搭建策略

在拟定好网盟整体的投放策略后，接下来则是网盟账户的搭建过程。合理的账户结构对于投放管理和投放效果优化都非常重要。账户结构需要依据企业主自身的营销推广需求及业务特点来搭建。

推广计划层级一般以核心/目标/意向/潜在人群来划分（对应到不同的定向方式），如果企业推广业务品类多、地域推广有明显区分，可以同时交叉产品品类、地域来建立更加复杂的推广计划。另外也可以按照不同时间阶段的营销活动，如“五一促销”

等来单独建立推广计划。这样做的目的是方便企业主根据营销推广目的来调节预算，同时也方便监控人群、策略总体效果而进行后期的优化。

推广组可以理解为是在推广计划之下的人群细分，例如：“核心人群-到访定向”这一推广计划下，可将到访定向人群细分为首页人群、购物车人群、已购物人群等。推广组也可以基于创意类型或不同创意内容的方式来命名，例如“图片素材”，“图文素材”等。适当细致地设置推广组有利于后期效果评估和较快捷的优化。

账户搭建举例如图 4-27 所示。

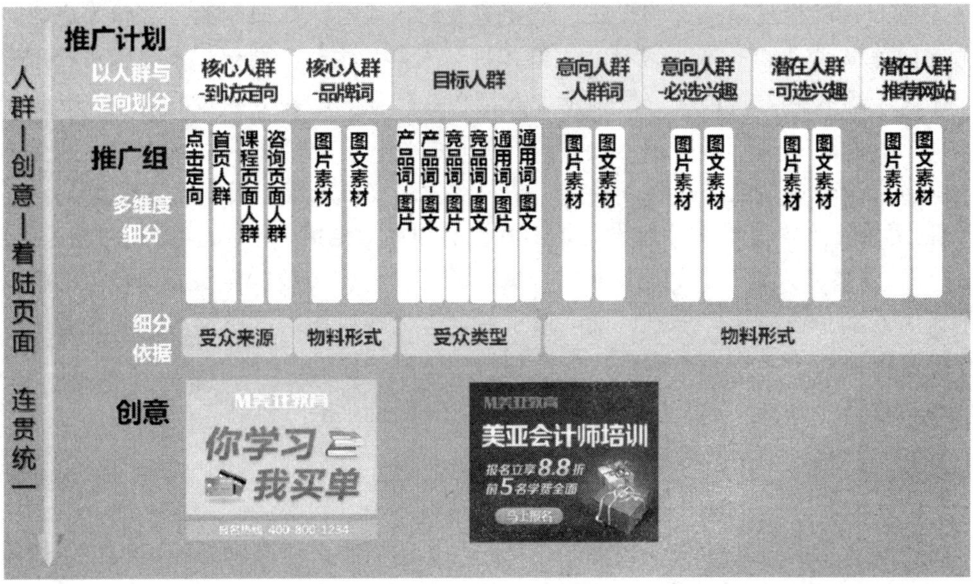

* 案例中 LOGO、品牌名、联系电话内容纯属虚构，如有雷同，纯属巧合。

图 4-27　账户搭建举例

4.3.6　精细投放

这里将从如何设置网盟的预算、出价、投放日程等方面来介绍。

1．预算

每日预算是指企业主每天愿意支付的最高推广费用。在当天的点击费用总额（消费）达到企业主设定的预算值后，经一定的系统刷新时间，企业主的推广结果会自动下线，网民浏览联盟站点时不再展现企业主的推广结果。

企业主可以为网盟推广账户设置每日预算，或者为不同推广计划分配不同的预算，管控更加灵活科学。例如，某化妆品公司最近要隆重推出一款夏日防晒产品，并且有单独的推广费用。如果不希望影响其他产品的预算，就可以给防晒品建一个独立的推广计划，并设置预算。例如，某在线旅游预订的企业，希望在冬季主推温泉度假，在夏季主推避暑山庄等旅游景点，则可建立以各旅游景点来划分的推广计划，并在各个推广计划中灵活调配整体预算。

企业在推广过程中需要考虑自身的预算情况。如果企业预算较少，则重点投放核心和目标人群，以保证在短时间内获取推广效果最大化；如果企业预算中等，则可优先保障核心人群和目标人群的投放，适度扩展意向人群；如果企业预算较为充裕，则应考虑覆盖 4 类人群投放，以核心人群和目标人群为主体。总体思路是保证精准性的同时扩大覆盖人群量，预算分配也是如此，将钱优先分配在效果较好的推广计划上。那么如何判断企业主的每日预算是否合理呢？我们可以通过推广计划下线时间是否过早，或者消费是否足量来判断。例如，某企业为“核心人群”推广计划设置了 100 元的预算，“潜在人群”推广计划设置了 300 元的预算，结果中午 12 点之前“核心人群”计划下线，“潜在人群”计划正常运行。剩下的半天时间企业的购买意向较强的核心人群则无法看到企业的推广信息，推广效果肯定会大打折扣，这种情况说明企业的预算不合理，可考虑为“核心人群”推广计划新增预算，或将“潜在人群”推广计划的部分预算转移至“核心人群”推广计划，以有效保证企业推广效果。

2．出价

出价是影响竞争力的重要因子，决定展现量的大小，可参考系统建议设定原始出价。 参考价格是根据当前企业的推广组设置给出的，包括投放地域、受众描述、媒体展示环境等，供企业出价参考，企业的实际出价可以高于或低于该参考价格。

网盟推广组出价的总体原则是：核心人群>目标人群>意向人群>潜在人群。一般来说锁定人群越精准，则出价越高，以获取更多的展现机会，赢得高效投放效果。后续投放过程中可以根据推广组的展现能力与转化效果灵活调整出价。

3．投放日程与时间

投放日程选择，需要注意的是分析目标受众是否存在明显的时间段区分特征。例如网页游戏，一般在下班之后才是玩家的高峰期。那么在预算有限的情况下，则可以考虑将预算集中在网民较活跃或者后期转化效果较好的时间段来投放。另一种情况是当产品或者服务存在明显的周期性行为变化时，可以选择分日期投放。比如，校园招聘的高峰期一般在 7 月～9 月，那么企业主可以考虑集中在这几个月进行重点推广。

4.3.7　创意撰写

网盟推广的创意策略（含展现形式和物料类型）是网盟区别于搜索的重要标志，是仅次于定向策略外直接影响竞争力、消费、效果的因素。

创意物料的点击率会影响到网盟推广组的竞争能力，所以需要保证物料能够迅速地抓住目标用户的眼球，激发起受众的潜在需求，进而点击物料，进入企业网站浏览。所以在网盟推广的过程中要特别注意创意的制作，尤其是图片物料的制作。一般来说，高质量的创意设计应该遵循以下 5 个原则。

1．主题要明确

无论是引导购买还是塑造品牌，每条创意必须有一个清晰明确的“目的”，这个“目的”就是“主题”。通常用户注意力停留在推广创意上的时间是有限的，在撰写创意的时候需要考虑这一点，使创意能在短时间内将产品的主要卖点及优势传达给消费者。

例如：

想去黑头?又要保湿滋养?（点评：用一个双向选择来激发需求）

多复杂的肌肤问题 都让面膜来帮你（点评：塑造产品专家的形象）

注册就送，点击注册　（点评：用“点击就送”来促成行动）

小女人挚爱面膜都在打折。（点评：用促销信息激发需求）

2．结构要合理

在结构设计上要符合中国人“从左到右，从上到下”的浏览习惯。图文混排的时候，建议图片位于文字的左侧，合理的图片结构可以起到增加用户的好感度、吸引用户注意力的目的，从而达到促进创意传播的效果，示例如图 4-28 所示。

3．文字要精练

网盟中的用户对于推广创意中的文字信息耐性普遍较低，过多的文字信息反而会降低用户的兴趣度。文字描述起到的作用应该是画龙点睛，而非推广创意的主体。所以建议对图片中的文字数量加以限制，一般标题不要超过 12 个字，并且文字内容简介和要图片传达的内容高度匹配。示例如图 4-29 所示。

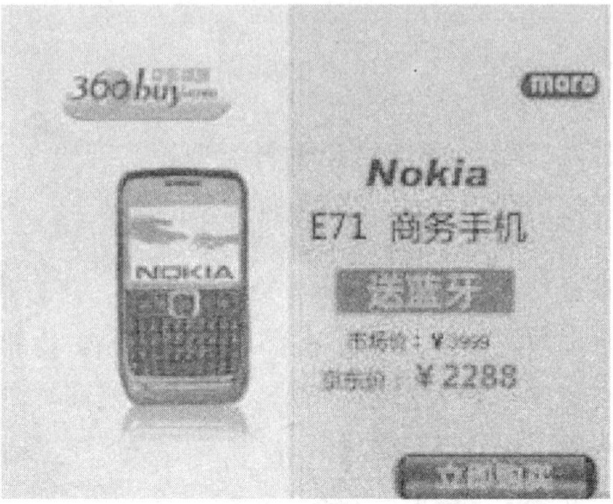

图 4-28　图文混排推广示例 1

图 4-29　图文混排推广示例 2

4. 图片要符合主题

图片内容作为用户的第一关注点，在保证创意度、吸引力的前提下，需要和推广传播主题保持一致，并保证图片质量干净清晰。主题明确、干净清晰的图片往往能给受众带来良好的第一印象，并提升用户对于品牌的认可度。示例如图 4-30 所示。

图 4-30　图文混排推广示例 3

5. 颜色要有对比

对于颜色的搭配，首先要保证配色色调与网站色调基本一致，这样可以增加用户从推广创意进入网站这一过程的整体体验，加深品牌印象。同时，在利用配色营造整体氛围的同时，需要选择有对比的颜色来突出卖点，不能让背景喧宾夺主，抢了图片和文字的主体视觉，使用户错失对核心卖点的关注。示例如图 4-31 所示。

图 4-31　图文混排推广示例 4

此外，在创意物料尺寸的制作上，我们建议企业主尽量做齐全尺寸，比如固定嵌入是 15 个尺寸，目的就是为了能够覆盖网盟所有的媒体流量。如果创意个数过少（不足 15 个），则会造成覆盖流量的损失。然而有些企业主表示，无法在短时间内做全所有的推广物料尺寸，那么可以优先考虑制作覆盖流量占比较高的几种尺寸，比如 960×90，300×250 等流量较大尺寸，如图 4-32 所示。

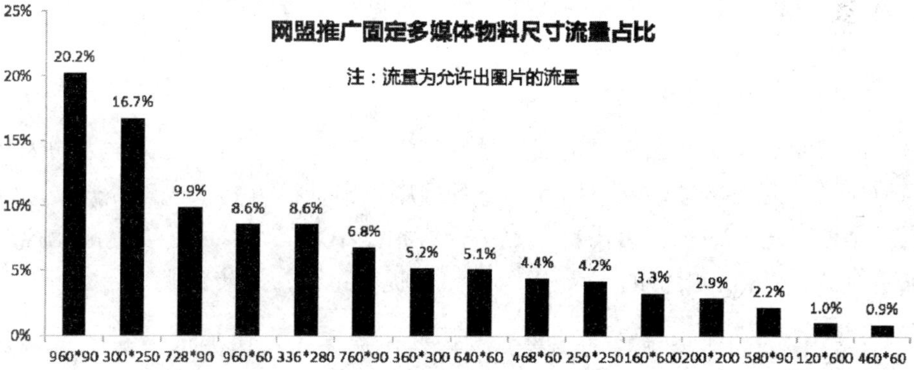

图 4-32　网盟推广固定多媒体物料尺寸流量占比

4.4　网盟推广的数据监控与优化

4.4.1　网盟数据监控方法

企业投放网盟之后，数据监控是十分重要的一个环节，主要是为企业后期投放优化提供充分的指导依据。数据报告可以帮助企业实现数据的监控，企业可以定制这些报告：标准化每日报告、账户效果/推广计划效果/推广组效果/创意效果的分日/分周/分月报告，以及推广组/创意的分网站报告。在推广管理中，可以查看/下载这些报告：推广计划、推广组、创意、投放网络、兴趣、关键词报告，以及推广计划/推广组分日报告、创意分日/分网站报告。如果企业定义了转化，还能够看到分网站的转化次数数据。

企业还可以通过安装百度统计来进行数据监控。在百度统计中可以查看推广计划、推广组、创意、网站各个层级的统计数据。百度统计提供了几十种图形化报告，全程跟踪访客的行为路径，并且帮助监控各种网络媒介推广效果，让企业及时了解哪些关键词、哪些创意、哪些网站的效果最好。帮助企业主及时了解网盟推广效果并优化推广方案。关于如何应用百度统计，在上面的章节中曾有提及，这里不再赘述。

4.4.2 网盟优化方法

网盟的账户上线前期通常存在两种待优化情况：一是账户展现量过低。按照营销漏斗原理，展现量是后续环节的有力保障，展现量越大，对应成单概率越大。为此，我们需要对账户展现量有一定保障。二是账户下线时间过早。在线时间越长，对目标网民的覆盖越广，能加强对网民的覆盖力度，有利于形成品牌影响，加大转化概率。如果下线时间过早，在已下线的时间段中，网民无法看到企业主推广信息，导致商机流失。为此，我们需要保证足够的在线时间，避免此类情况发生。

1. 展现量过低

首先，网盟的展现量主要决定因素是推广组的竞争力，而决定竞争力的因素包括出价与质量度。为此略微调高问题计划下各推广组出价，有利于快速提升展现情况。若展现不足的计划下的推广组出价与点击价格相差不足 5%，可适当提高此推广组出价。提高价格时以当前出价的 5%～10%为一个提价单位，逐步调整。

另外一个影响网盟展现量的因素是展现范围的大小。影响展现范围的因素包括网站的选择、关键词数量、兴趣点选择等。比如选择了关键词定向，可适当增加提词，尤其是大展现量提词。筛选转化效果好、展现量高的短词，用关键词推荐工具进行扩词，优先选取展现机会大（搜索人数、日均展现量高）、竞争不激烈的长尾精确词。

其次，将展现量不足的计划的预算转移至展现能力较强的计划，可保障账户整体展现量的提升。

2. 下线时间过早

若某计划在线时间不足投放时间段的 2/3，则需进行优化。判断计划是否存在下线时间过早的现象，可使用下线时间查询工具。具体的优化方法可包括以下几种。

（1）提升预算：将展现不足的推广计划的预算转移至过早下线的推广计划，或对此部分重新追加预算。

（2）修改投放日程：若无法提升预算，可修改投放日程，根据推广的产品特点，选择其目标人群的上网高峰时期进行投放。

（3）降低出价：若推广组出价高于系统平均出价的 2 倍以上，可适当调低价格，以延长在线时间。降低价格时以当前出价的 5%～10%为一个降价单位，逐步调整。

最后，在实际投放过程中，往往需要对某些行业、网站、指向链接做单独操作。为此，网盟推广系统开发了分网站设置链接、IP 过滤及分行业、分网站出价功能。以此满足不同企业的个性化需求。

比如，在修改推广组的过程中，可以进行分网站点击链接设置和 IP 过滤设置。分网站点击链接是指针对不同的展现站点分别设置不同的点击 URL。IP 过滤则是对已设置的 IP 地址不再展现推广信息，在同一 IP 多次到访且转化不理想的情况下进行 IP 过滤设置。在投放网络界面，我们可以按照自选行业或者自选网站，对已投放的站点按行业进行有针对性出价或者按站点有针对性出价。此方法适用于需要对某些特定行业或特定站点重点进行投放的情况。

4.5 网盟推广的优化工具

4.5.1 网盟系统优化工具

除网盟强大的操作平台外，网盟还提供了各种系统优化工具，辅助网盟营销推广过程。具体系统工具如图 4-33 所示。

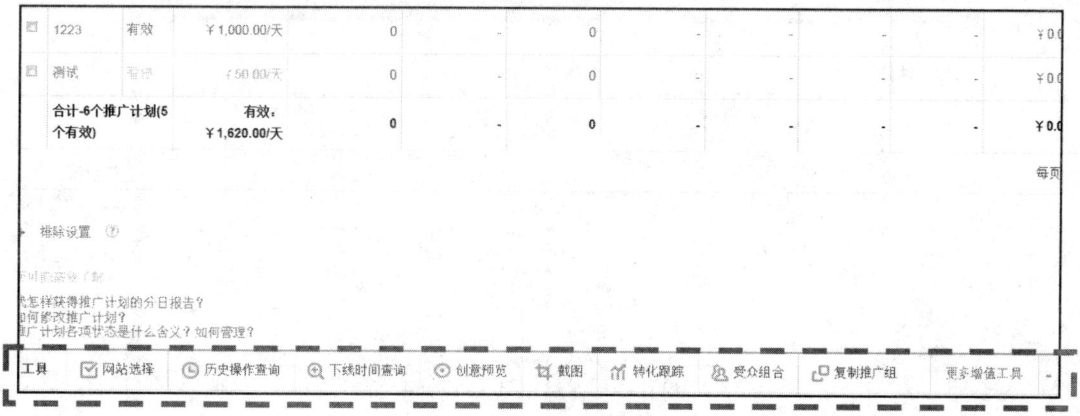

图 4-33　网盟系统优化工具

1．网站选择工具

使用该工具，可从海量网盟站点中轻松挑选适合站点，为网盟投放提供选站指导。工具支持最多三种维筛选维度，全面满足用户各类营销需求，如果对于某网站有指定性的需求，则可以通过网址或网站名称搜索查询。在获得推荐结果后，可以使用多种添加方式将选定站点便捷地加入账户之中，如图 4-34 所示。

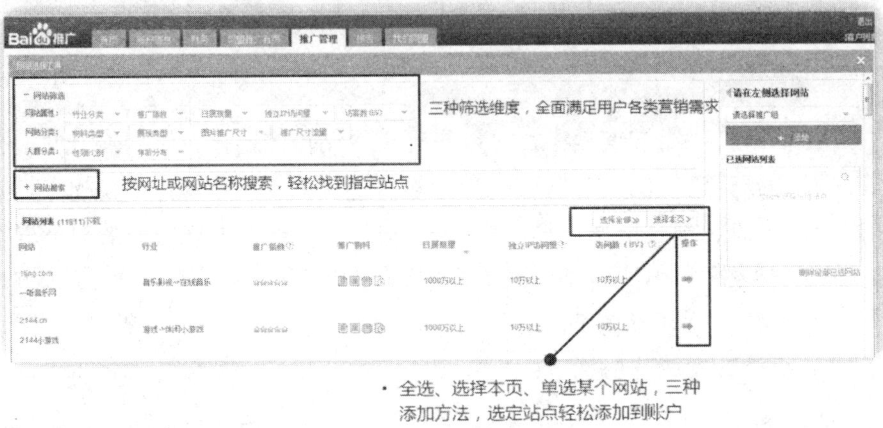

图 4-34　网站选择工具

2．历史操作查询工具

可查看详尽的操作记录（90 天内），有利于根据历史的操作情况分析账户变化原因，对照账户操作记录和网盟数据的变化，可以有效衡量优化操作对投放数据的影响，便于投放经验的总结和对数据变化的分析，如图 4-35 所示。

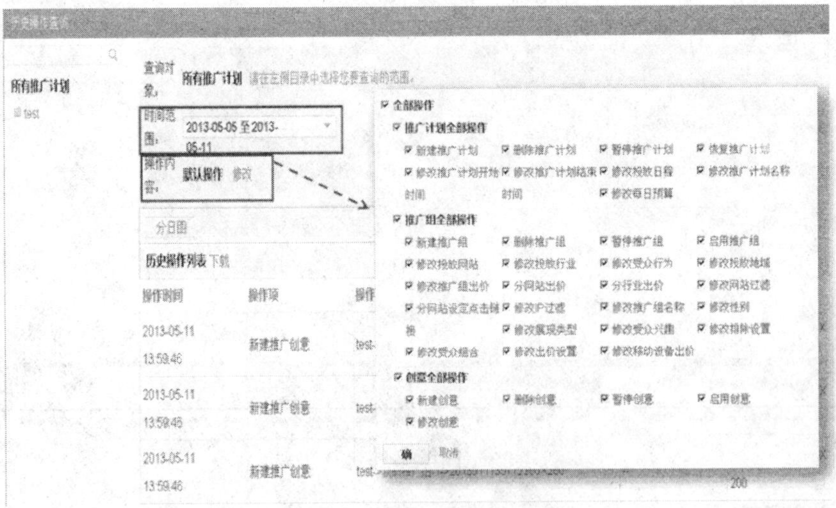

图 4-35　历史操作查询工具

3. 下线时间查询工具

在网盟投放初期或针对新的网盟网站的投放期间，由于对于流量的估计无法做到十分精准，经常会出现预算分配不合理的情况，导致推广无法按企业主需求保证在线时长。下线时间查询工具可以很好地解决这一问题，帮助判断账户消费是否正常合理，是否由于预算问题导致推广展示不充分使潜在客户流失，如图 4-36 所示。

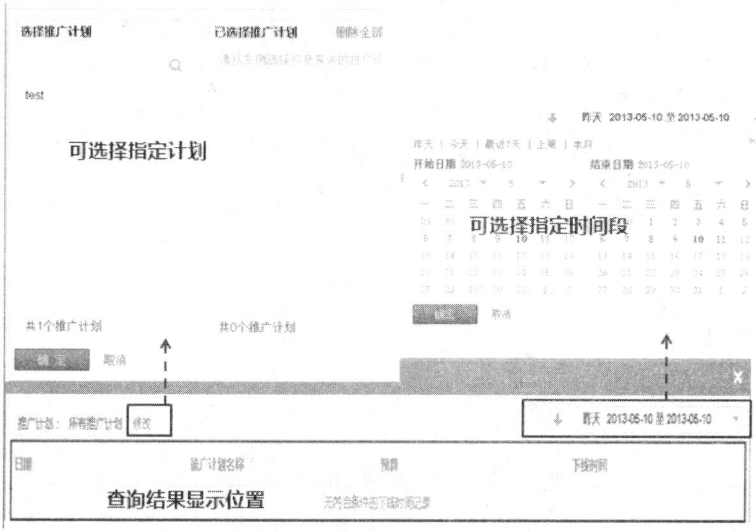

图 4-36　下线时间查询工具

4. 创意预览工具

如果单从图片观察推广创意而脱离了网页的环境，往往不能看到最直观的推广创意展示效果。使用创意预览工具则可以看到推广创意在对应网站页面上的投放效果，创意真实展现情况一目了然，便于企业主对创意制作及投放的把控，如图 4-37 所示。

5. 截图定制工具

轻松、及时掌握创意展现的真实场景，展现效果心中有数，该工具对于有制作相关报告需求的用户而言是十分实用的，但目前仅限管理员账户使用，如图 4-38 所示。

6. 转化跟踪工具

可以提供网盟的直接转化、间接转化相关数据，企业主通过对转化目标的设置，即可获得推广转化的相关信息，这一功能对于效果类企业十分常用，是衡量投放效果的有效工具。转化数据也是推广数据分析的重要维度指标。

图 4-37　创意预览工具

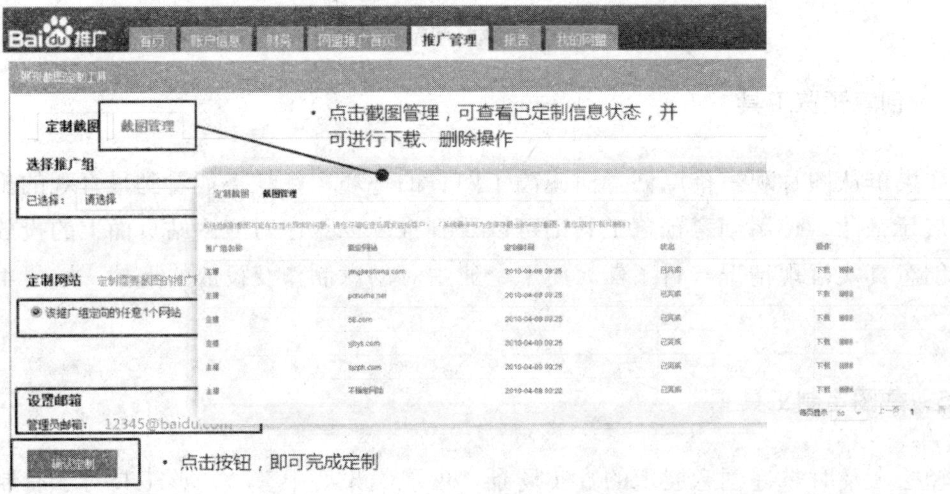

图 4-38　截图定制工具

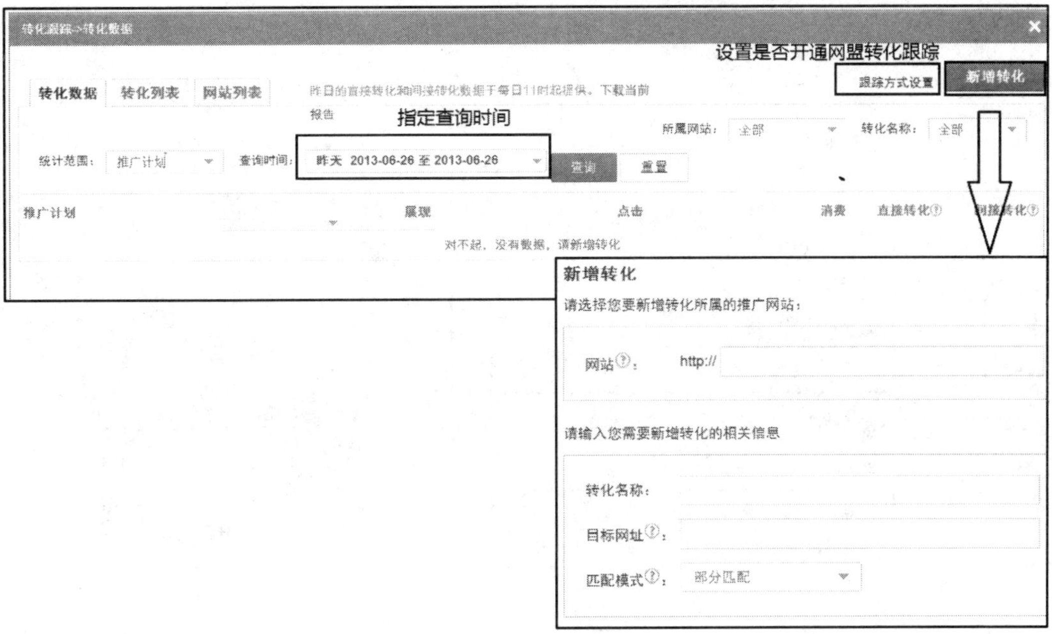

图 4-39　转化跟踪工具

7. 受众组合工具

百度网盟能够实现多受众类型的跟踪展现，该工具能够快速实现常用人群的便捷复用，降低复杂账户的优化成本和维护成本，增加网盟账户的投放效率，如图 4-40 所示。

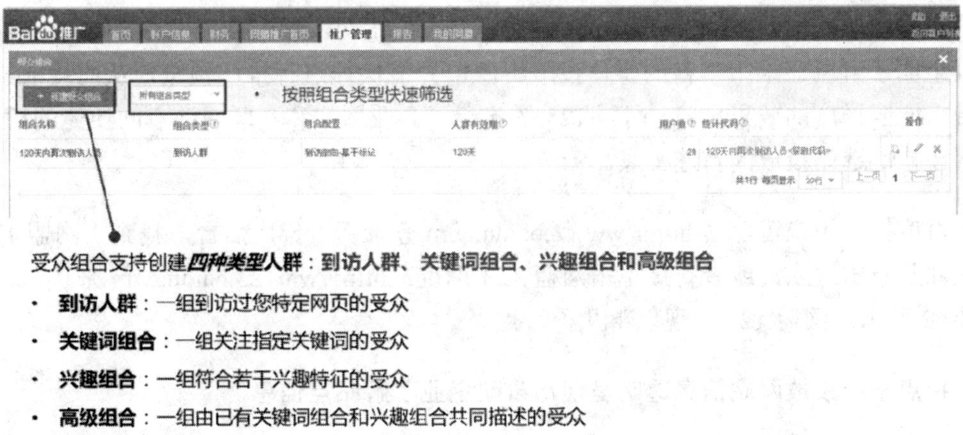

图 4-40　受众组合工具

8. 复制推广组工具

在新建或优化过程中，当需要新建与其他推广组相同的推广组时，可以使用复制网盟推广组工具，直接进行推广组复制，提高账户制作/优化效率，如图 4-41 所示。

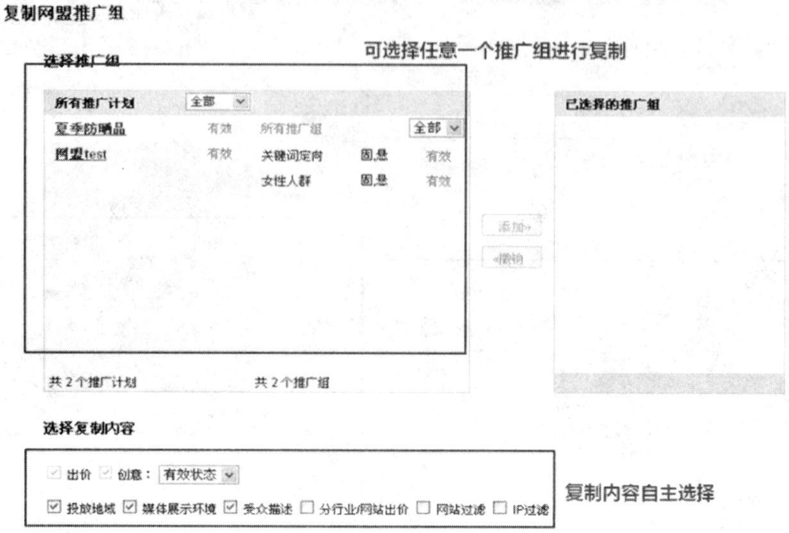

图 4-41　复制推广组工具

4.5.2　网盟推广增值工具

1. 网盟 123

网盟 123 是网盟推广面向所有企业开放的站点资源介绍工具，是企业快速了解网盟站点资源、网站的推广位置、媒体价值等信息的平台。通过网盟 123 平台，企业主可以全面了解网盟推广丰富的媒体投放资源，并能快速进行推广预览，从而提前给企业带来网盟推广的效果体验。网盟 123 搭建起了企业用户和互联网站点间便捷的桥梁，是网盟推广选站投放的首选工具。

百度推广用户可以在 http://www2.baidu.com 登录百度推广后台，找到“网盟 123”按钮并且单击进入，或者直接单击网盟 123 网址：http://wm123.baidu.com 来进入，如图 4-42 所示。网盟 123 呈现以下几种特点。

特点一：投放网站信息透明呈现，帮助企业了解站点信息

网盟 123 中详细介绍每个站点的网站热度、日展现量、独立 IP 访问量、推广位信息等，以及网站的人群分布等信息。

例如，想了解土豆网站的信息，企业主可以在搜索框中输入“tudou.com”，或者“土豆”，则土豆网的相关信息全部呈现，如图 4-43 所示。具体可查看链接：http://wm123.baidu.com/site/24956.html。

图 4-42　百度网盟 123

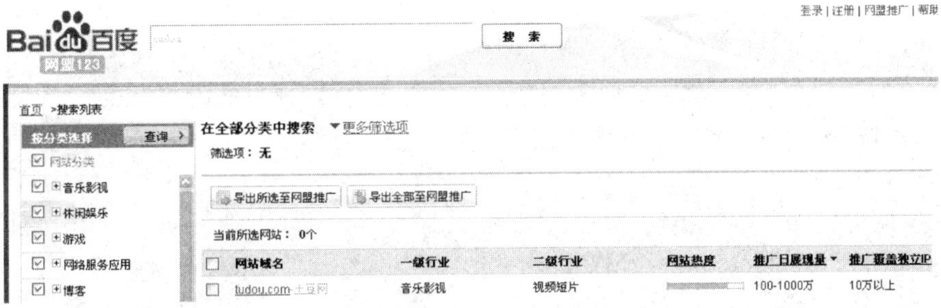

图 4-43　网盟网站列表

特点二：帮助企业进行联盟站点的查询和搜索结果的筛选，定位目标人群选准常去的网站

网盟 123 里只需勾选分类：男性、女性、年轻人群体、学生群体、白领群体等，单击查询，就能找准他们常去的网站。企业主可以针对自身产品的受众特性信息，结合网盟 123 中所能提供的受众分类进行有针对性的网站投放，以达到精准营销的目的，如图 4-44 所示。

特点三：帮助企业主预览联盟站点上的推广位，所见即所得让推广清晰呈现

网盟 123 内置“投放预览工具”，让你对每个站点支持哪种物料类型、哪种展现形式、哪种推广物料的尺寸大小及流量一目了然。

图 4-44　网盟网站列表

例如，企业主想了解“美食天下”网站的推广位，通过单击“投放页面示例”，即可看到该网站的推广位。想了解自己的推广信息如何展示，单击“预览”按钮，按照系统提示，选择“预览类型”和“创意”，则可生成预览，如图 4-45 所示。具体可查看链接：

http://wm123.baidu.com/site/3752.html

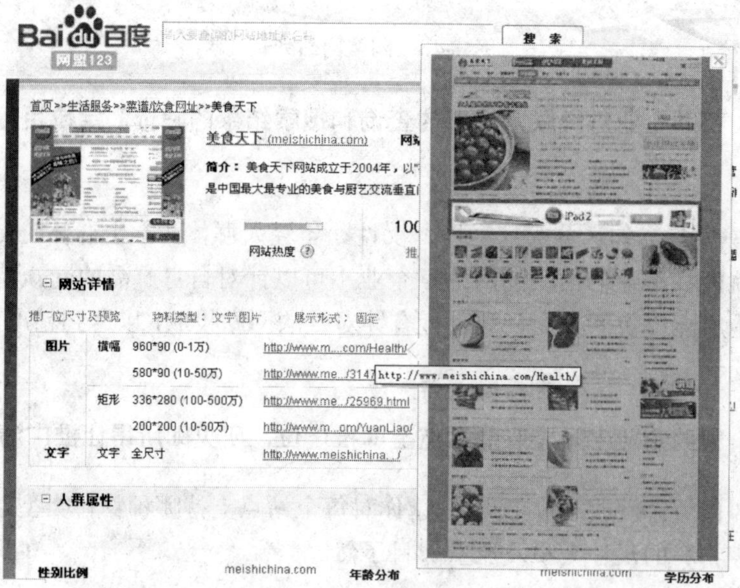

图 4-45　投放预览工具

2．百度创意专家

多媒体物料制作工具是百度推广为有图片推广需求的企业量身打造的一款快速生成多媒体物料（图片/Flash）的工具。企业主无需任何美术及设计经验，只需使用大量精美的动画模板，经过简单编辑和修改，即可快速完成企业主的多媒体创意制作。系统可以根据企业主的推广行业和主题自动为企业主推荐最合适的模板，企业主还可以灵活搭配各种素材编辑企业主的模板，以快速完成个性化的多媒体（图片/Flash）创意制作，如图 4-46 所示。

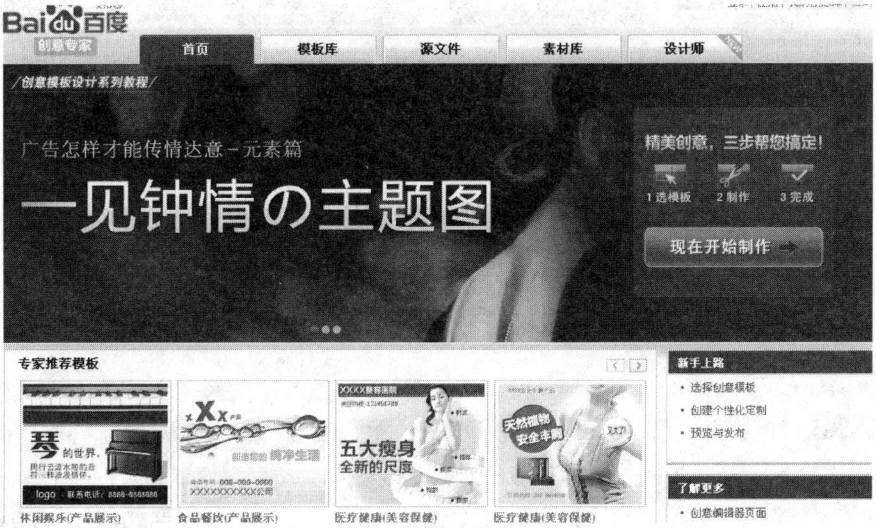

图 4-46　百度创意专家

- 单击“创意制作” 按钮进入，或者直接输入 http://chuangyi.baidu.com/ 进入。

创意专家的制作流程包括以下 5 个步骤。

① 选择模板

选择后，将鼠标放在模板图片上，会出现“开始制作”“收藏”按钮，单击即可，如图 4-47 所示。

② 选择尺寸

首先是选择适合企业主的创意类别，“固定”“悬浮”“贴片”，接下来选择所需要的创意尺寸。目前共有 18 个尺寸可以选择，如图 4-48 所示。单击“确定”按钮，进入下一步，单击“取消”按钮退出创意制作。

图 4-47　创意模板

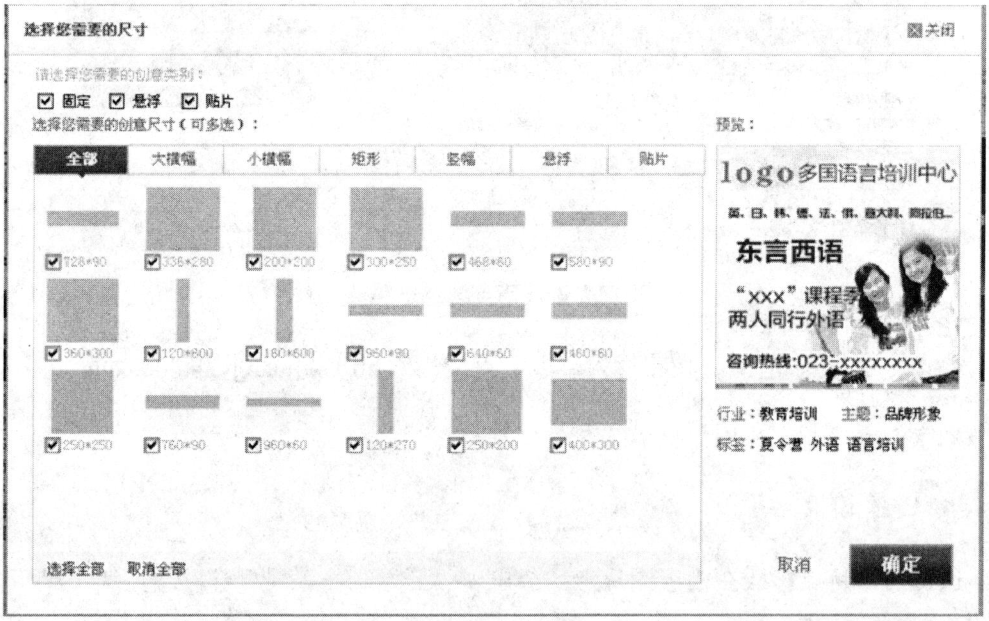

图 4-48　选择尺寸

③ 图文替换

如果需要进行个性化编辑，可以对图片、文字、企业 Logo 进行替换，创意制作支持对局部、细节进行个性化编辑，单击“替换并预览”，进入下一步，单击“取消”按钮退出创意制作，如图 4-49 所示。

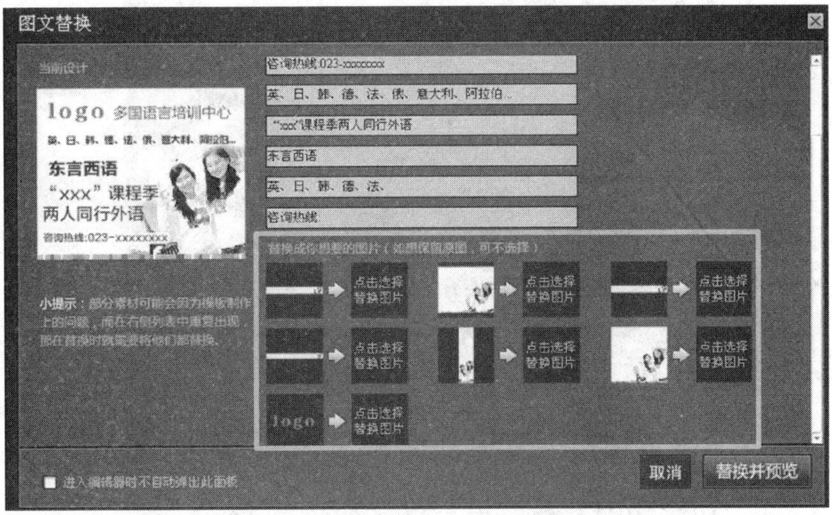

图 4-49　图文替换

④ 生成预览

创意的预览类型包括：矩形、大横幅、小横幅、竖幅、悬浮、贴片等形式，如图 4-50 所示。如对创意不满意，可选择“上一步”返回，继续修改。单击“发布/保存”按钮，进入下一步，单击“回模板库”退出创意制作，重新挑选模板。

图 4-50　创意预览

⑤ 发布与保存

现在，企业主可以自己制作的创意设定一个名称，同时也可以对创意进行详细描述。接下来，选定创意输出格式，一方面可选择存放在“我的推广物料”“发布至网盟推广系统”、也可以选择“下载到本机”供今后继续使用，如图 4-51 所示。

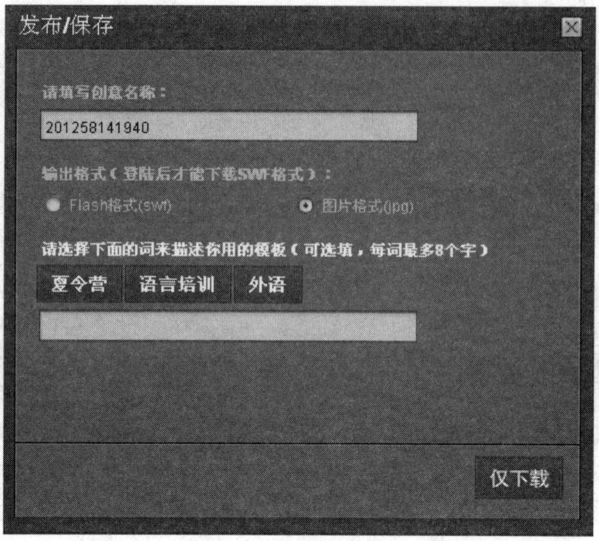

图 4-51　发布与保存

4.6　网盟推广成功案例分享

乐蜂网（Lefeng.com）是中国最大的正品化妆品网站，主营化妆品、保健品、服装配饰等品类，跟全球数百家顶级品牌保持密切合作关系，坚持正品低价的经营方针。同时它还是国内唯一一个拥有众多签约美容专家、明星达人并提供全面女性时尚解决方案的时尚生活互动网站。

网站推广分析：乐蜂网重点推广的产品包括团购、促销、服装、食品、品牌专区等。

投放时间：2012.2—2012.8

投放目标：ROI

投放策略：到访定向

关键词定向（基于搜索）

展现形式：固定，贴片，悬浮

投放效果示例如图 4-52 所示。

图 4-52　投放效果示例

投放效果：投放期间超过 30 亿次的展现量，300 万次点击。最终获得 ROI 高达 7，如图 4-53 所示。

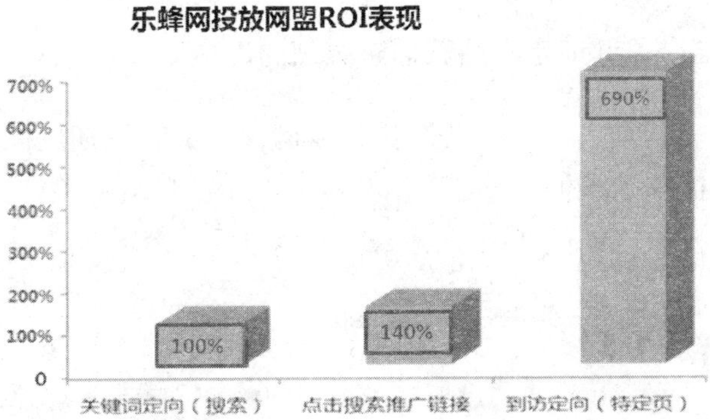

图 4-53　乐蜂网网盟投放 ROI 表现

总体来看乐峰网如何能够成功实现高效推广效果。在投放网盟过程中有以下几大亮点。

1．精细化投放策略是保证效果的前提

乐峰网盟的推广策略主要以覆盖核心人群为主、目标人群为辅的投放策略。其中到访定向是锁定核心人群最为有效的一种推广方式，关键词定向为网盟推广导入大量优质新鲜流量，在保证效果的同时提高人群覆盖量。同时推广创意、着陆页也保证了与推广人群的有效匹配。乐峰网网盟账户示例如图 4-54 所示。

图 4-54　乐蜂网网盟账户示例

2. 利用网盟推广关键词定向捕获需求强烈的用户

网民当前和历史搜索、浏览的关键词代表网民当前和近期的需求，乐峰网根据不同关键词锁定不同需求的人群，同时依据关键词的精泛程度将关键词划分为一级词类、二级词类进行组合投放，如图 4-55 所示。

图 4-55　乐蜂网盟账户关键词示例

3．到访定向实现老客户的精细化运营

乐峰网对来访过企业网站的人群进行了精细化的区分与管理，依据网民访问页面的不同进行人群划分，如访问“团购”页面的人群，打开过“EDM”邮件的人群。然后借助网盟到访定向精准锁定不同目标人群，并向不同人群推广不同的产品或者促销活动。图 4-56 所示是乐峰网对来访企业网站人群的细分。

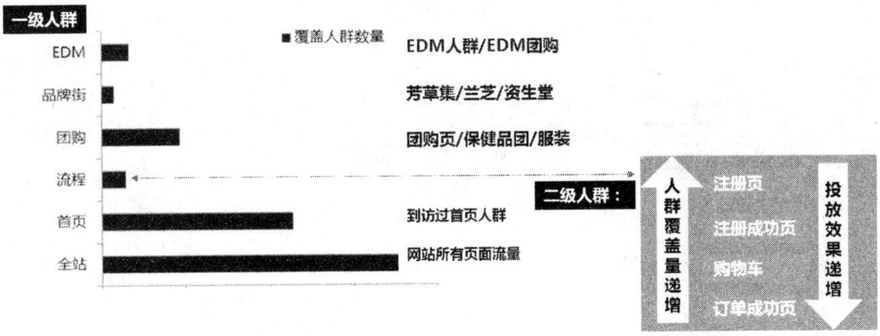

图 4-56　乐峰网网站人群细分

第 5 章

案 例 集 锦

5.1 汽车企业投放品牌词和车型词的必要性及投放策略

5.1.1 案例背景

经常有企业主感叹，只有上帝和搜索引擎真正知道用户在想什么。确实，网民的每一个搜索词都代表了他们真实的搜索意图，表达了他们内心的需求和想法。对于汽车企业而言，通过对搜索词的剖析可以帮助其洞悉每个用户所处的购车阶段和真实需求。我们通过对汽车类关键词的聚类分析并结合汽车消费者的行为研究，从购买意愿和品牌忠诚度、用户覆盖数量两大维度，将关键词分为五大类：品牌词，车型词，竞品词，通用词，人群词。

如图 5-1 所示，从人群词到车型词，用户购买意愿和品牌忠诚度呈不断增强的趋势，而从车型词到人群词，用户覆盖数量却在不断递增。当然，各种词类的投放比例及购买策略，会由于企业的自身情况和市场策略的不同而有所差异。但是无论选择何种策略的企业，体现目标用户高购买意愿及高品牌忠诚度的品牌词和车型词，都是其必然选择。下面的章节将详述品牌词和车型词投放的必要性及其投放策略。

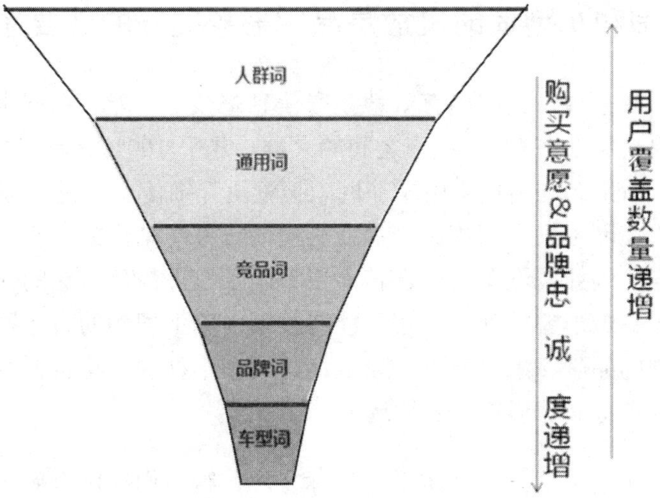

图 5-1 关键词类型

5.1.2 品牌词和车型词投放的必要性

覆盖大量高质量目标客户

正如在开篇所说，搜索品牌词和车型词的用户都具有高忠诚度及高购买意愿。对于汽车企业来说，如果能有效地对这部分高质量用户施加影响，将提升这部分用户的购买意愿，并将其购买意愿转化为购买行动，从而拉动线下销售的增长。而从数量上看，品牌词和车型词是汽车网民搜索量最多的关键词类别。根据百度数据研究中心的报告，仅车系名称及品牌厂商关注点就占到总体汽车网民整体搜索关注点的 47.6%，相关日均检索量更是达到几百万次。说明有海量的汽车用户，每天通过搜索引擎来了解品牌及车型的相关信息。因此，通过购买品牌词和车型词，将这部分流量导入汽车的官网，而不是将这部分客户流失到竞品或垂直网站，是汽车企业的必要选择。

5.1.3 品牌词和车型词是汽车企业信息传递的必要载体

大众汽车与竞立媒体共同发布的《中国汽车消费者媒体影响力洞察》指出，汽车品牌的官方网站被评为最受消费者信赖的信息来源之一，其受信赖程度与中央电视台相当。那么，通过什么渠道能有效地指引目标客户到达汽车企业的官网呢？搜索引擎无疑是不二选择。根据 CNNIC 发布的《第 28 次中国互联网络发展状况统计报告》，作为互联网入口的搜索引擎，使用率达到 79.6%，成为网民使用最多的互联网应用服务。因此，我们可以通过投放品牌词和车型词，让高质量目标客户通过搜索引擎到达汽车企业官网，为他们呈现最正确、权威的信息。

5.1.4 品牌词和车型词的投放是品牌形象提升的必要途径

对于搜索引擎来说，让网民有效地获取信息是核心功能。在网上做过一个小小的调查，调查对象是集中在 25～40 岁之间的人群，几乎 100%的人在线下看到感兴趣的产品或公司信息后，会利用搜索引擎在网上搜索更详细信息。更有趣的是，有 80%的人都表示将能否在网上搜索到相关产品或公司的官方网站作为该产品或公司是否可信的验证标准之一。因此，汽车官网在搜索引擎除了发挥信息传递的作用外，更像是一种门脸，发挥了品牌形象的展示作用。能在搜索引擎上搜到的官方网站，将给目标客户留下完全不同的品牌印象。所以，投放品牌词和车型词，将官方网站呈现在网民面前，也成为提升自身品牌形象的必然选择。

综上所述，无论是从覆盖高质量的目标客户、给他们提供有效正确的信息方面来看，还是从品牌形象展示和提升方面来看，在搜索引擎上投放品牌词和车型词都是非常必要的。

5.1.5 品牌词和车型词投放策略

前面的章节着重讲述在搜索引擎营销中购买品牌词和车型词的必要性。那么，在实际的投放中，应该如何投放品牌及产品词呢？简单来讲，品牌和车型词投放策略可用 8 个字来概括，那就是“全域覆盖，一网打尽”。

1. 品牌词和车型词的全域覆盖

全域覆盖是指在搜索推广投放中将品牌专区+搜索推广+蹊径全部覆盖。通过对搜索结果页的热力图分析发现，对于搜索引擎来说，左侧首屏的位置是网民搜索结果后首先看到的内容，属于热点最高的黄金位置。如果选择品牌专区+搜索推广+蹊径的投放组合，那么官网信息基本上覆盖了整个搜索结果页的首屏（如图 5-2 所示），可以做到对目标客户的最大化覆盖，将客户流失降到最低。

对汽车企业而言，在这一点上存在的误区是认为投放了品牌专区后，就可以放弃搜索推广了。而实际数据证明，两者结合才是最好的方式。一方面，由于品牌专区可以购买的关键词有限，不能覆盖全部品牌车型词；另一方面，即便是同样的关键词，不同网民也有点击偏好的差异，例如有些网民喜欢点击图文并茂的专区结果，有些网民则喜欢点击简洁明了的文字链结果。因此，在投放中要用不同的形式去满足网民个性化的偏好。以东风标致为例，企业在投放品牌专区的关键词的同时也参加了搜索推广，在两者同时在线的情况下，点击品牌专区的网民占到总点击数的 75%，而点击搜索推广的网民占到总点击数的 25%。因此，将品牌专区、搜索推广及蹊径样式相结合，才能实现对高质量目标客户的最大化覆盖。

图 5-2 品牌专区与关键词推广组合投放

2. 品牌词和车型词的一网打尽

除了对品牌词和车型词从位置上进行全域覆盖外，建议也尽可能地拓展品牌和车型词的数量，竭力做到将这部分高质量客户一网打尽。拓展关键词分为两方面，从静态方面来看，建议对现有品牌词车型词做到全面拓展；从动态方面来看，网民搜索习惯的变化及在线下的营销活动，也会影响网民的线上搜索行为，催生更多新的搜索词。因此，要结合线下活动，定期地对品牌词车型词进行拓展。以大众汽车的大众自造项目为例，在活动开始之前，在百度指数上可看到，“大众自造”这个词关注度为零，如图 5-3 所示。但从 2011 年 5 月初活动开始推广后，线上的搜索量马上有了爆发式的增长。大众也及时购买了“大众自造”相关关键词，将线下活动带动的流量都导入了自己的官方网站，让网民通过在大众自造官网注册，在官网上体验自己设计汽车的乐趣，更多地参与到大众自造的活动中来。

因此，全面、定期地拓展品牌词和车型词，注重线上、线下活动的紧密配合，才能做到对品牌和车型词流量的最大化拦截，实现对高质量客户的一网打尽。

综上所述，对于汽车企业而言，在搜索引擎上投放品牌词和车型词，可覆盖大量高质量客户，传递官方权威信息，树立品牌形象。在品牌词和车型词投放中，要做到全域覆盖，一网打尽，才能最大限度地发挥品牌和车型词的作用，真正有效地定向和影响目标客户。

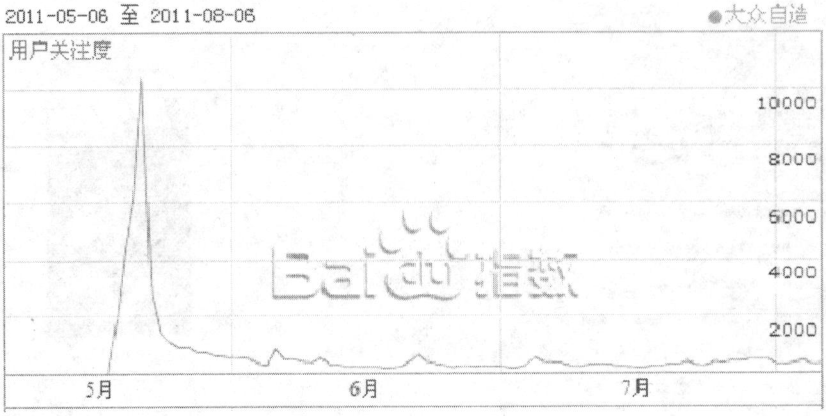

图 5-3 线下活动影响搜索指数

5.2 搜索营销助力新媒体时代电商节日营销

5.2.1 案例背景

近年来，母亲节、父亲节这种曾经的非主流节日也被各路线上线下媒体炒热，成为主流电商网站逢节必做的一期营销主题。

比较 2009 年—2012 年“母亲节”和“父亲节”两词的百度指数发现，网民对于这两个节日词的关注程度在短短 4 年时间内猛增 5 倍，尤其在最近两年大红大紫，如图 5-4 所示。由于母亲节和父亲节这两个节日不是固定日期，而是每年按照星期来推算，因此网民在了解这两个节日的信息时会对搜索引擎产生更多依赖，“父亲节是几月几号”“父亲节是哪一天”这样的长尾词在节前产生了非常高的检索量；除此之外以“送什么礼物”为代表的送礼类疑问词也成了母亲节、父亲节的最大热词，而这正中各电商网站的下怀。

营销的实质就是打一场心理战，找准有潜在需求的人群、调动起他们的购买欲望并使其转化为购买行为是营销的一个重要目的。包括京东商城、当当、唯品会等在内的多家主流电商网站都在首页、EDM、SNS、APP 等诸多新媒体渠道上，以或温情、或清新的专题创意来呈现母亲节、父亲节的缤纷节日主题活动。如何能第一时间捕捉对节日购物具有潜在需求的人群，将他们引流至自己的活动页面？显然，搜索引擎营销是不遑多让的有效方式。

那么如何利用好搜索引擎踏准节日营销节奏呢？下面分享一些对于节日搜索引擎营销的要点供大家参考。

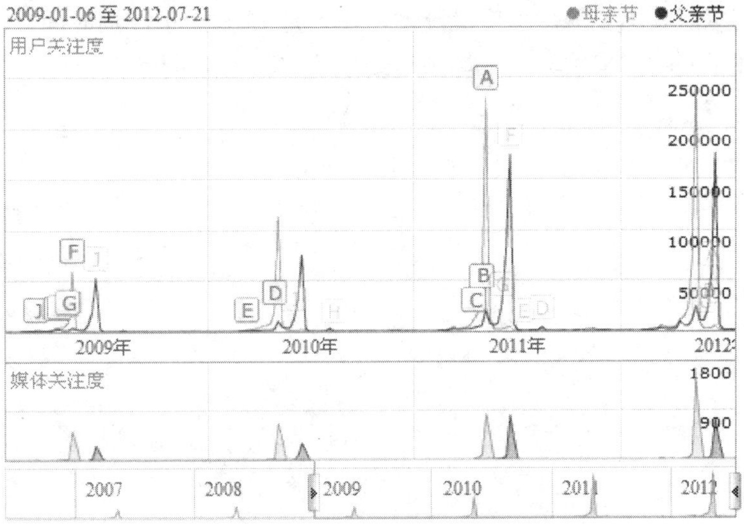

图 5-4 节日关键词搜索指数趋势

5.2.2 把握节日营销时间点

对于节日营销而言，时间是重中之重。例如，2012 年母亲节是 5 月 13 日，那么主流电商们都是提前多少天开始对母亲节的节日营销进行布局的呢？在对几家主流电商进行调查后发现，京东百货频道最先于 5 月 2 日开始在微博上宣传其母亲节活动“母子情深转发有奖——赢周生生母子款足金吊坠”活动，当时是节前的 11 天。

那么这是否与网民对节日产生觉醒意识的时间点相吻合呢？我们可以参考一下“母亲节”一词在 2012 年 4～5 月的百度指数，如图 5-5 所示。

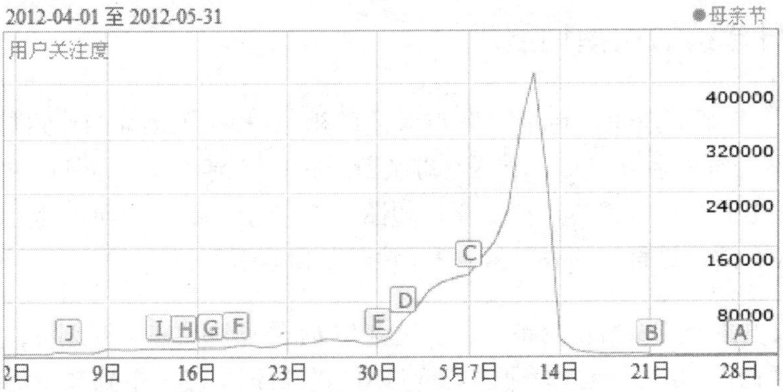

图 5-5 关键词“母亲节”4～5 月搜索指数

根据“母亲节”一词的百度指数可以发现，对于“母亲节”一词的用户关注度自 2012 年 4 月中下旬已经开始有所体现，特别在 4 月 30 日（周一）开始了为期一周的明显上涨，一周以后其增长的加速度又陡增，在 5 月 13 日节前一周时间，对“母亲节”的关注度骤然呈井喷式爆发，直至母亲节结束，如图 5-6 所示。

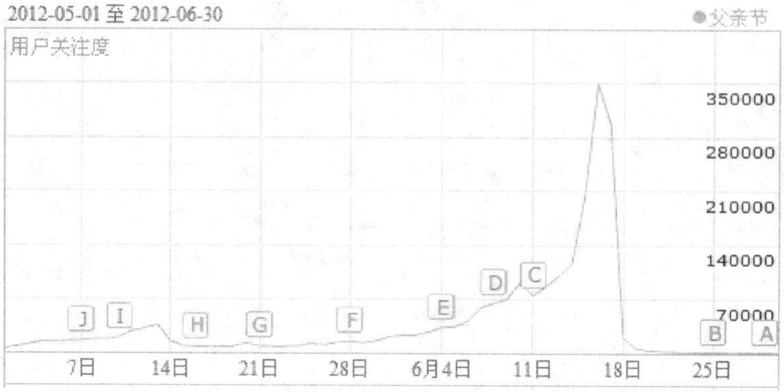

图 5-6　关键词“父亲节”搜索指数趋势

对于“父亲节”一词也可以看到相同的规律。2012 年父亲节是 6 月 17 日，从百度指数的波动曲线中可见，同样在 5 月底对父亲节的关注度就开始上扬，在 6 月 4 日（周一）为代表的一周开始明显上升，在之后一周出现陡增，父亲节前一日达到用户关注度的高峰。

综上可以总结出，一般网民对于节日的意识觉醒于节日开始的前 2 周，其关注度随时间持续上升而不断增加，并在节前 1 周开始陡增式爆发，是平日的 5 倍以上。因此进行节日营销的企业主至少节前 14 天就要抢占先机开始进行一定的宣传曝光，而相关物料和活动策划就更要提前排期布置，之后在节前 1 周重点火力强推，全面覆盖潜在人群。

5.2.3　节日营销的关键词展现

据统计，在母亲节期间，“母亲节”“母亲节送礼”等相关关键词的检索量上升了 5～10 倍。会在网上对母亲节或父亲节甚至母亲节送礼、父亲节送礼等节日关键词进行检索的人绝对是电商节日营销的目标受众，如图 5-7 所示。毫无疑问，捕捉这部分节日词检索人群最有效、最直接的办法就是利用 SEM 搜索引擎营销。

一般建议电商企业做节日营销时，事先将 SEM 的预算按三七开划分：节日拓展词占 30%，常规词占 70%。一方面通过流量猛增的节日词将流量带到节日活动页面，吸引潜在新客；另一方面靠常规词守住品牌词带来的老客和通用词带来的常客。

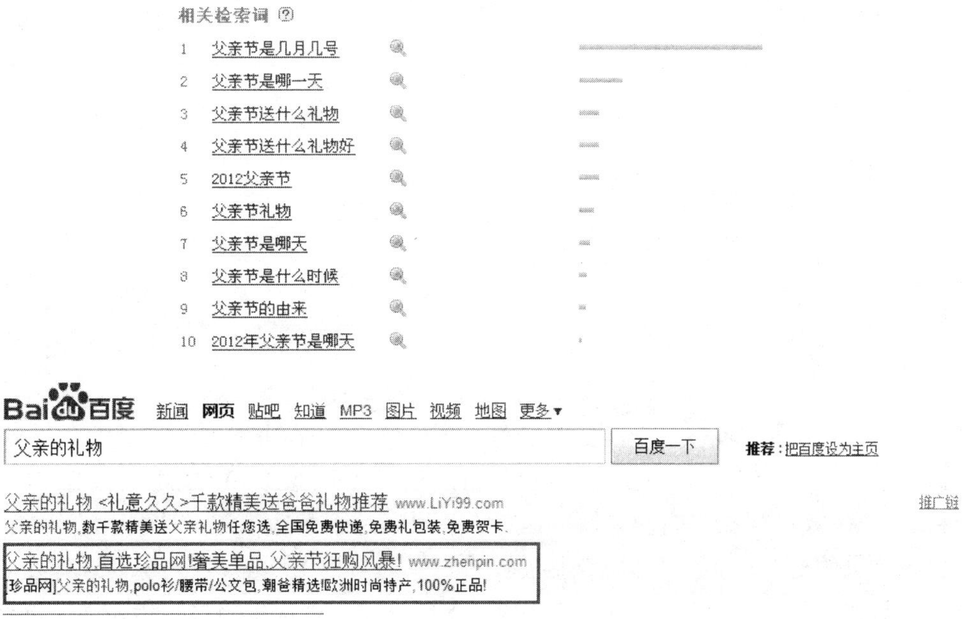

图 5-7 利用 SEM 捕捉节日相关关键词

常规词尤其是品牌词的 SEM 结果若是设置子链，则更应好好利用这多一行的展现位置，在子链中加入节日营销的信息，提醒老客节日活动的存在，如图 5-8 所示。

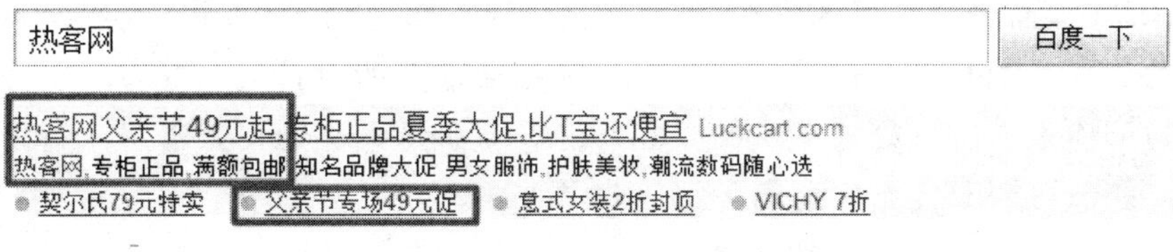

图 5-8 品牌词与节日营销的结合

在关键词的选择方面也需要带创新思维，不要拘泥于“母亲节礼物”“母亲节送什么”这样的直接节日名称长尾词，应该多去揣摩受众人群的心思，挖掘一些间接兴趣词。如在母亲节期间，“康乃馨”“中老年服装”“按摩椅”等商品词的检索量都有明显的上升，如图 5-9 所示。相比直接节日名称词 SEM 上的激烈角逐，选择这类间接兴趣词的竞争程度就相对小得多了。

此外对节日拓展词的创意撰写方面也有一些建议。除了创意中对节日词加必要嵌套外，对于电商的节日推广创意而言，更多地还是以价格、折扣、活动信息为导向，尤其吸引冲动型消费者。比如凸显价格优势如“母亲节保健品全场 500 元起”，或凸显优惠力度“直降 100 元”“爱心返券 500 元”，或其他个性优势如“买即送”“上海当日送达”等。

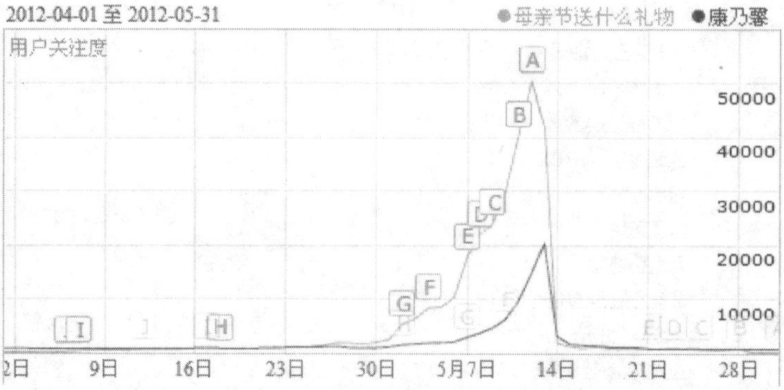

图 5-9　拓展节日营销中的蓝海词

另外对节日词 SEM 着陆页的设置也需要注意。目前超过 60%的电商做 SEM 时都只会将所有 SEM 结果指向首页，显然这对于节日词是不太适当的。对于已经在官网建立节日主题页的电商而言，显然应该将着陆页设置为节日主题页，也有电商选择在 SNS 或与其他门户合作 mini-site 等和网友进行新媒体互动，则应该将节日流量导至这些活动页。简言之，就是把这部分节日拓展词带来的人群带到最需要他们去的地方。

5.2.4　品牌专区配合 SEM 展现

在靠 SEM 覆盖潜在节日人群的同时，我们同样不能忘了向电商的忠实老客们曝光最新的活动信息。尤其是在微博和门户上对节日活动有所宣传的企业主，更应该在搜索端的品牌词检索人群做好流量承接。品牌专区就是这些品牌词人群进入官网的重要大门，如何在节日期间装点好这扇大门也非常重要。

如父亲节期间名品电商走秀网的品牌专区文字链也将其置顶的文字链描述做了修改，突出“满 600 减 100”的优惠，并引流至其父亲节活动主题页，如图 5-10 所示。

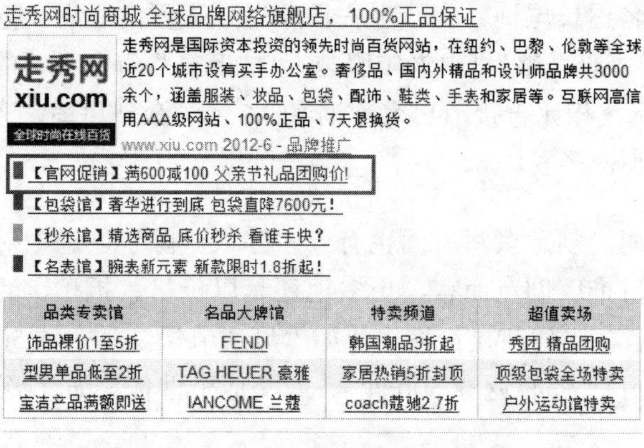

图 5-10　品牌专区与节日营销的结合（一）

品牌专区的丰富的文字链形式非常适合电商的多品类营销。除走秀网的品牌专区引流至官方活动页外，闪购类电商唯品会父亲节期间的品牌专区也很有特色，如图 5-11 所示。唯品会的品牌专区充分利用了其多子品牌特卖的特卖和品牌专区多文字链的特点，并不直接导流至父亲节主题页，而是导流至适合作为父亲礼物的特卖产品页，让受众在点击子链之前就对商品有所预期，促进更好地转化。

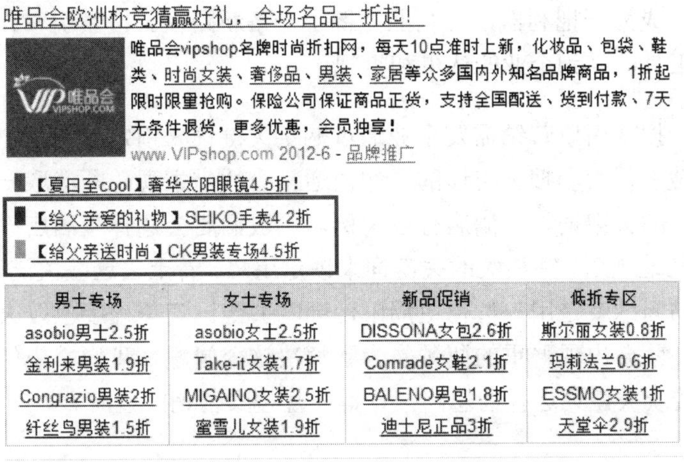

图 5-11 品牌专区与节日营销的结合（二）

5.2.5 综述

如今的节日营销不单是为了满足消费者对于商品价格、服务和品质的需求，更是一种对于消费者节日心情的满足。其实不管是老牌的春节、圣诞还是近两年新晋蹿红的母亲节、光棍节，甚至是风风火火的欧洲杯，只要企业主拥有大胆创新的节日营销思想，不仅可以利用大节日有效促销，甚至可以把普通的一天创造出新的节日效应。

要想利用节日使企业的品牌形象和产品销售增值，就必须关注传播实效，寻找合适的网络营销平台，做好节日营销的文章。如何更充分地利用搜索引擎这个最直接笼络节日人群的平台，配合新媒体时代五花八门的电商促销和媒体创意，仍是电商们需要研究探索的方向。除前面介绍的节日外，对于七夕、光棍节、圣诞、元旦、春节等节日，希望本书能带给电商些许启发，把握节日这个投放的绝佳时机，制定科学合理的搜索引擎营销策略，承接好节日流量，激发电商新的活力。

5.3 搜索路径助力营销蓝海

5.3.1 案例背景

随着中国经济竞争环境的日趋激烈，越来越多的企业开始谋求新的竞争武器，此时网络营销无疑成为一把利器，为企业开辟了一条新路径。搜索引擎作为网络营销中最直接有效的工具，受到企业的认可和重视。

众所周知，搜索引擎营销需要企业通过购买关键词来锁定目标用户，由于企业缺乏对目标用户搜索行为和搜索习惯的了解，通常会凭借主观臆断选取一些与行业相关性高且较为直接的关键词。以酒店行业为例，一般酒店会选择“酒店”“酒店预订”“某某酒店”“某地酒店”等相关的关键词来锁定用户。看上去这些关键词似乎更精准，但是随之而来的问题就是用户群也更局限，同时关键词竞争程度也较大。当订单增长到一定程度后，就会出现严重的瓶颈。为了解决这个问题，我们希望借助对搜索行为的研究，打破传统关键词选择的思路，开辟一片搜索营销的蓝海。

5.3.2 搜索路径概念引入

在此我们引入一个新的概念“搜索路径”，搜索路径是指用户为了实现某个目的，在使用搜索引擎时所经历的搜索过程。企业可以通过搜索路径实现更广泛的目标用户覆盖，更大程度地影响客户购买决策，打破瓶颈，全面有效地开展网络营销，制定营销策略。

还是以酒店行业为例，应找出一定时期内通过搜索引擎预订了某酒店的用户，查看这些用户在预订酒店前 30 天的搜索路径。经过大量的样本分析发现，在预订某一个酒店前的一个月内只搜索了酒店相关信息的用户仅占整体用户量的 39%，而其他 61%的用户在预订酒店之前往往会搜索机票、旅游资讯、旅行社等相关信息，如图 5-12 所示。那么也就说明用户在预订酒店之前的搜索路径当中包含了大量的旅游相关信息，这为酒店行业拓展关键词指明了延伸方向，提供了非常有价值的参考信息。充分了解用户的搜索路径，企业就可以更早地介入目标用户的搜索路径当中，及时在用户“经过的地方”设置指引，引导用户对企业产生关注，加强品牌认知，实现最终转化的目的。

图 5-12 用户预订酒店前的搜索路径信息覆盖情况

下面举一个例子。某用户小 A 的搜索路径如图 5-13 所示，我们发现小 A 在预订某酒店之前的 3 周内分别于 2011 年 7 月 8 日和 10 日发起了 3 次机票信息的搜索，并在 7 月 14 日发起了 4 次旅行社信息检索，随后一周小 A 又对旅游资讯和旅行社信息进行了反复搜索，直到 21 日开始小 A 才连续多次搜索了酒店相关信息，并于 25 日到达某酒店网站完成最终的预订。

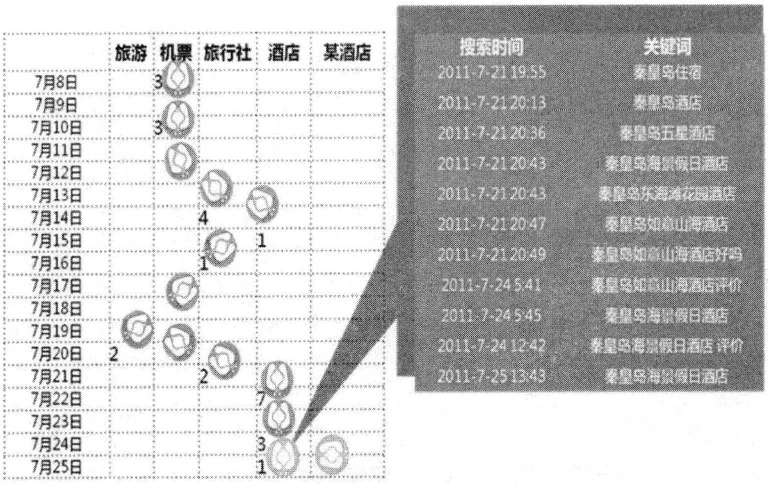

图 5-13 一个想要旅行的用户小 A 的搜索路径

实际上在小 A 的搜索过程中，某酒店完全可以采取路径拦截的方法来转化小 A，通过在小 A 的搜索路径中设置品牌接触点（品牌接触点是指用户有机会面对一个品牌信息的情境），不断向小 A 传递酒店品牌、酒店促销等相关信息，避免和减少小 A 在搜索路径中的流失，最终使小 A 实现转化。

通过上面的研究数据和案例可以发现，对用户搜索路径的研究为企业的搜索营销策略制定指明了方向，不过企业往往会担心虽然用户在搜索路径中发生了对某类信息的关注，但是仍然与其转化终点存在一定距离，选择这些与自身行业相关性稍差的关键词会影响搜索引擎营销的推广效果。而实际上企业通过对用户搜索路径的覆盖和拦截，主要是为了加深用户对其品牌的认知，逐渐形成对该品牌的认可和依赖。从短期的投放效果来说可能会对ROI造成一定影响，但是从企业的长期推广角度来看，会对订单量和ROI的变化起到极大的促进作用，让企业获得意想不到的效果，如图5-14所示。

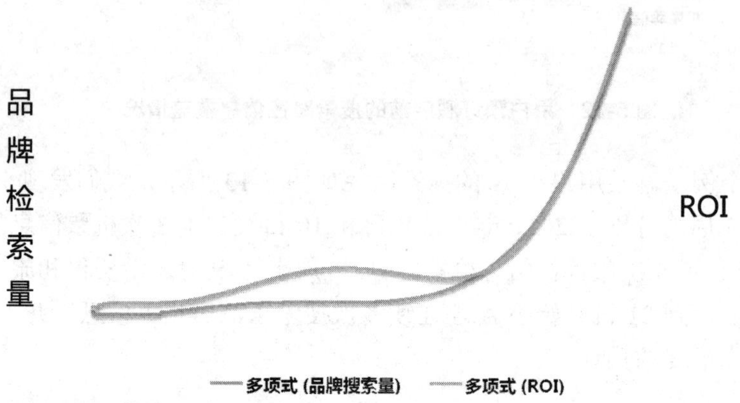

图5-14　品牌检索趋势与ROI关系

5.3.3　综述

激烈的网络营销环境已经无法再容许企业只关注自家门前，坐在门口等着用户主动送上门来，而是需要企业尽早地了解用户需求，主动出击。搜索路径通过研究大部分用户行为的基本规律，帮助企业未雨绸缪，寻找到搜索营销的蓝海，让企业在惨烈的竞争环境中脱颖而出。

5.4　多管齐下，搜索助力网游营销“收口”

5.4.1　案例背景

在整合营销时代，企业将会使用多种营销方式的组合，来实现企业的最终营销目的，而搜索引擎则将在营销方式组合中处于“收口”的位置，企业的线上、线下营销方式最终都可以落实在搜索引擎中，通过搜索引擎，网民可以方便地找到企业的一切营销信息。

而在网游行业的营销中，网络游戏的消费者属性更决定了搜索营销是不可或缺的重要渠道。网络游戏的绝大部分用户来自搜索引擎，他们通过搜索了解游戏信息、在线玩游戏，并借此获得客户服务，因此搜索引擎不仅是网游行业典型的营销媒介，更承载了网游行业的多重服务功能，在中国网络游戏的营销推广中扮演着独特而重要的角色。

在网游快速发展的今天，应更好地利用搜索引擎为网游企业带来更多更优质的流量，营造良好的用户体验，在同质化的网游竞争格局中脱颖而出。

5.4.2 多线营销资源整合

利用搜索引擎自身特点，品牌专区+搜索+网盟多线整合营销，多重全面覆盖用户，让你的推广创意发挥最大效益。

部分网游客户目前对搜索引擎的认识还只停留在搜索推广的层面，推广投放基本只采用搜索推广这一条线，并没有意识到如何更好地利用搜索引擎来多线整合营销，将线上、线下营销效益最大化。对比以下两款游戏在公测阶段的不同营销方式，大家可以更清晰地看到两种营销方式带来的差别。

预算分配：

对比项	游戏 A	游戏 B
测试类型	公测	公测
测试时间	1 个月	1 个月
品牌专区	45W	0
搜索推广	55W	90W
网盟推广		0
鸿媒体	10W	0
线下推广	40W	90W

推广投放效果数据对比：

对比项	游戏 A	游戏 B
总展现量	133 897 563	87 543 169
总点击量	2 558 139	1 232 876
CPC	0.42	0.73
注册	315 671	176 572

两款游戏均属于三国题材类客户端游戏，从推广投放预算和最终搜索投放效果数据可以看出，多线整合营销在总体曝光、点击、点击价格和注册数量上均优于只投放搜索推广的方式。

多线整合营销，利用品牌专区、搜索推广、网盟推广和鸿媒体自身产品的不同特性，全方位覆盖潜在人群目标。多管齐下，整合营销，很好地利用了品牌专区的迷你官网特性，牢牢抓住线下营销及品牌效应带来的慕名而来的潜在客户；利用搜索推广的精准及便利性，囊括正在找寻游戏的用户；利用联盟媒体的广泛覆盖量，吸引更多的小白玩家进入游戏，从而发挥营销效益的最大化。

5.4.3 选词策略

在搜索推广的选词策略上，选词趋向精细化，品牌+通用+人群+竞品全面覆盖，让推广尽可能覆盖到我们的潜在客户人群。

在投放中，有客户在选词上会根据主观判断弃用某一类或某两类关键词，比如客户认为自己已经投放了品牌专区，而且自认为品牌在全国已经具有很大的影响力，没有必要再多花一笔“冤枉”钱来购买品牌词了。但结果往往不是客户预想的那样。对比同一账户购买品牌词和不购买品牌词投放的两个阶段，可以发现在点击率、点击量和最终的注册转化上还是存在明显的差异的。

游戏C是国内一家知名游戏厂商的主推产品，客户前期在品牌宣传上投入了很大的力度，在投放搜索推广前期，客户依据主观判断，并未购买产品相关的品牌词。投放一段时间后，投放效果并未达到客户的预期，在我们对前期投放的Review中，强烈建议客户尽快加入品牌词的投放。在账户选词加进品牌词后，对比之前投放的数据，账户整体展现提升27%，点击量提升58%，由1.6%提升到2.4%，后端注册量及转化率均有明显提升。

5.4.4 综述

网游行业的快速发展，游戏产品的多元化布局，用户多元化经营，需要我们在营销推广中更精准、更广泛地获取潜在人群。为此，在加大整体的营销投入的同时，也需要对影响网游营销推广最大的搜索营销做到更精细化的布局投放。在搜索引擎上营造良好的用户体验，力争在同质化的网游竞争格局中脱颖而出，增进网游产品生命周期和黏性。

5.5 金融保险行业——寿险的搜索引擎营销策略

5.5.1 案例背景

随着互联网的飞速发展和广泛应用，人们对便捷生活的追求，电子商务营销模式的发展趋势日趋明显，便捷、高效成为人们选择电子商务的重要原因。传统行业如金融保险也不例外，网上投保日益风行。

近些年，在意识到网络营销的重要性后，国内的保险企业纷纷进军网络市场，形成了相对成熟的营销模式。对消费者而言，网购保险具有快速、便捷、实惠等优点。在保险公司的官方网站在线投保时，消费者选定了自己产品、填写个人信息后，即可获得自己的保单号或电子文本形式的保险卡。与第三方投保平台相比，还可便捷地享受保单查询、在线保全等一站式服务。

虽然中国保险企业的网络营销起步较晚，但从百度指数的数据中仍可看出保险网销的势头良好，如图 5-15 所示。

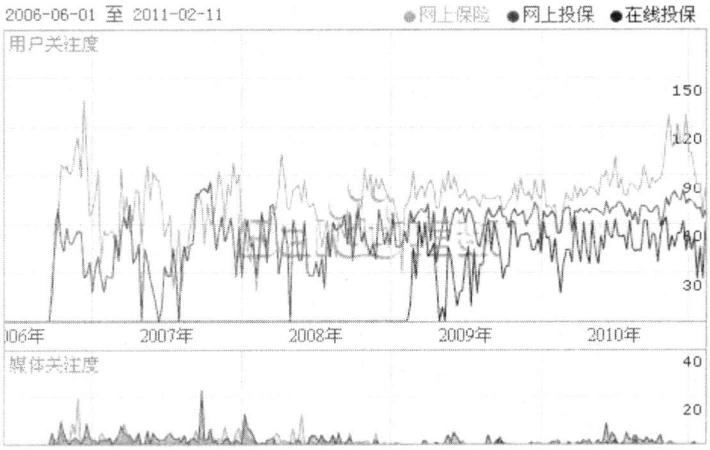

图 5-15　保险行业网销搜索指数趋势

作为新兴渠道，保险行业的网络营销尤其是搜索引擎营销不容忽视。搜索引擎作为性价比最高、投资回报率最高的投放媒体和营销渠道，引起了越来越多的保险企业主的重视，如图 5-16 所示。

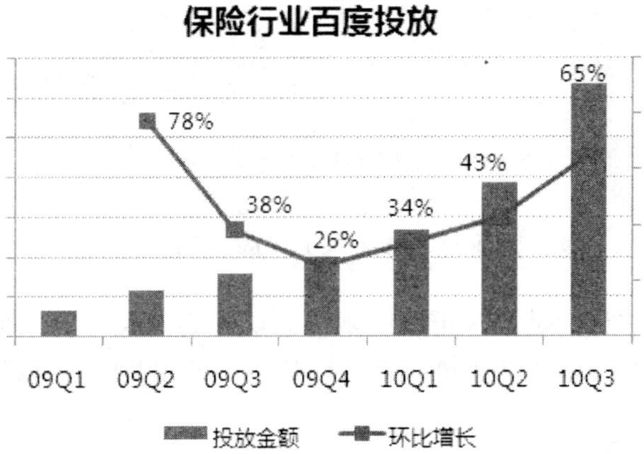

图 5-16　保险行业百度投放趋势

那么针对寿险行业，如何进行有效的搜索营销？首先要明确企业的推广目的。

保险行业搜索推广主要分两大类：品牌推广和效果推广，只是处于不同发展阶段的保险企业推广目的的侧重点有所不同而已。

5.5.2 品牌推广

在进行品牌推广过程中，需要重点从以下两方面入手。

1．搜索推广为核心，网盟推广超强助力

网盟推广（Network Marketing Services），与搜索推广并列，属于百度推广（Baidu Online Marketing Services）的一部分。通过网盟推广，企业可自主选择在 30 多万家百度联盟网站中灵活投放，展现样式丰富多样，按照点击付费。网盟推广以相对较低的平均点击成本获得超高展现量，对目标人群产生深入持久的影响，无限有效激发顾客购买欲，有效提升企业客户的销售额和品牌知名度。

A 企业选择搜索推广同时加入网盟推广之后，网站流量持续上升，这一点从其网站在 alexa.com 的排名中也可以看出，如图 5-17 所示。

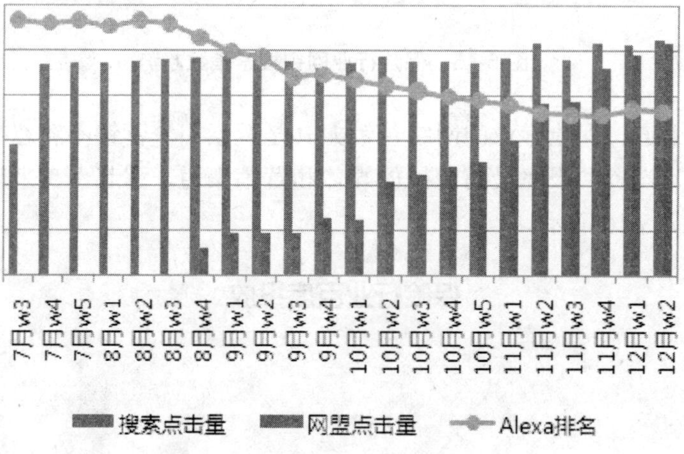

图 5-17　网盟助力 A 企业流量上升

网盟推广需要注意的是图片推广的素材需要定期更换，使企业的目标人群对推广始终保持一个新鲜度。尤其是优惠活动有变化时，更要及时更换推广素材。

2．借势助推的事件营销

这里所说的事件营销，是指搜索推广中的事件营销，企业可以利用时下最受关注

的新闻事件或热点信息，通过热门关键词的选取和相关标题描述的撰写，为企业的品牌及产品做宣传，创造最佳传播效能，以达到提高社会知名度、塑造企业良好形象并最终促进产品或服务销售的目的。

寿险行业中的意外险、重疾险都可以通过事件营销来进行推动，比如一些灾难类、亲情类的热映电影，对于这类险种的推进有很好的作用。另外一些灾难事件的发生也会敲醒人们心里的警钟，可以借此来提示大家购买合适的保险产品、做好防范，这些都是事件营销切入的好时机，如地震、火灾、泥石流、海啸等。

B企业通过搜索推广抓住“地震保险”“泥石流安全”等热点事件，选择热点关键词，并匹配相关创意，引导目标人群对其品牌的关注，来进行事件营销。我们发现“地震保险”这个关键词的点击量骤升，甚至会超过其本身的品牌词，并且该企业搜索推广中品牌词的点击率有明显增长，有效地提升了品牌关注度，如图5-18所示。

事件营销需要注意的是反应要迅速，保证推广的及时性。对于可预知的节日，可以提前一周准备，对于不可预知的时事热点，就需要及时抓住时机，以免错过热点的关注高峰，错过最佳推广时机。

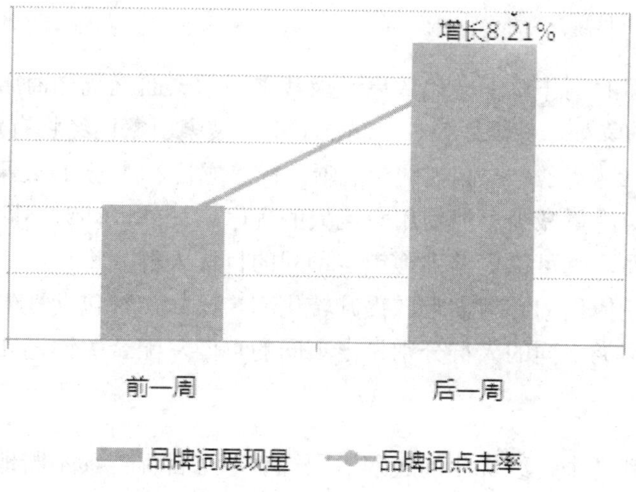

图5-18 事件营销促进品牌效应

5.5.3 效果推广

寿险行业搜索营销效果推广，可以有效地分工，通过综合意外保险、交通意外保险及旅行保险等短险带来注册量及保单量；而通过投资连结保险等长险带来保费金额。

1. 关键词的选择

选词类型主要还是品牌词、产品词、通用词、同业词和人群词，这里要强调的是“品牌+产品”词类，对于寿险，品牌词和产品词是长险转化效果最好的词类，那么对于长险的产品，“品牌+产品”尤为重要，例如“泰康理财保险”“泰康投连险”等。另外不可忽视的就是人群词，对于有目标人群明确的产品，如女性理财产品的选词，“女性理财”“月光族理财”等都是合适的人群词，那么短险产品可以通过旅行交通事故等关键词的选择来做人群划分，如“上海火灾意外”“旅行交通意外”“旅游注意事项”等。

2. 标题描述的撰写

对于标题描述的撰写侧重点有所不同，对于理财类的长险，要注意强调“保本”“收益率”等“赚钱”信息，如“1 年 200 元保 10 万”“7 年 11 倍高收益”等；对于意外险等短险的标题描述要注意从产品特点出发，突出优惠价格低，保安全等信息，如“火灾意外防不胜防，每天不到 1 元，让您有备无患”“1 元抢购 23 万保障”等。这些描述对于转化效果的提升有良好的作用和效果。

3. 链接页面的优化

保险产品页面的制作对于转化效果也极其重要，页面就犹如商店的店面装修、柜台的摆设、产品的陈列，甚至还包括店员的服务。搜索引擎已经将有意向的用户带来，能否留住他们就靠这些了。产品类别要清晰，优惠醒目，注册/购买保险的步骤应清晰简明，言简意赅，尽量减少可能使用户流失的程序。另外，针对不同的产品及用户打包不同的活动页面，就可以更精准地锁定不同的目标人群，将该产品最吸引他们的特点突出，紧紧抓住他们的心理需求，提升转化率。比如，打包女性保险、养老金理财保险等，针对这两类不同的人群分别做出不同的页面，配合关键词和创意打造完美搜索营销链条。

搜索引擎营销是个持续优化的过程，围绕着一个目标持续不断地分析优化，在成本固定的情况下逐渐提升企业推广的转化量和 ROI。

5.5.4 综述

中国具有庞大的人口规模、较快的老龄化趋势与较高的储蓄率，随着经济的持续发展、居民收入的不断提高，加之社会保障体系的逐步完善，国家终身福利体系的逐步退出，企业和个人的作用越来越大，人民的风险保障意识也得到根本性加强。如今国内的投资环境有了很大改善，伴随着保险政策法规的大力支持，保险行业的发展前景无比广阔。

我国寿险接受度逐年上升，但是人们对寿险的财务规划能力及意识还远未成熟，中国保险网销任重道远，整个保险行业都在观望中准备。对于搜索引擎营销，许多保险企业仍处于摸索试水阶段。搜索引擎营销不但可以提升品牌效应，同时可以直观地测算推广效果，可以说，搜索引擎营销是集品牌与效果于一身、名利双收的完美武器。

5.6　电商行业多产品线账户搭建

5.6.1　案例背景

对于很多 SEM 从业者来说，账户结构是再熟悉不过的了。账户结构是进行推广前需要首先考虑的，一个好的账户结构，有利于提高账户管理效率，有利于账户优化和整体账户的把控。

以百度推广账户结构为例，账户结构主要包括推广计划、推广单元、关键词和创意，如图 5-19 所示。大家对于最基本的账户结构划分一般都没有问题，对于一些电商行业，尤其是产品线比较多的企业，账户结构搭建起来复杂程度相对较高，部分关键词在分类的时候会存在不唯一性，并且推广账户的分类与网站产品分类不能完全对应。

这里将主要以某 3C 类电商客户为例，分享账户搭建过程中的一些经验。

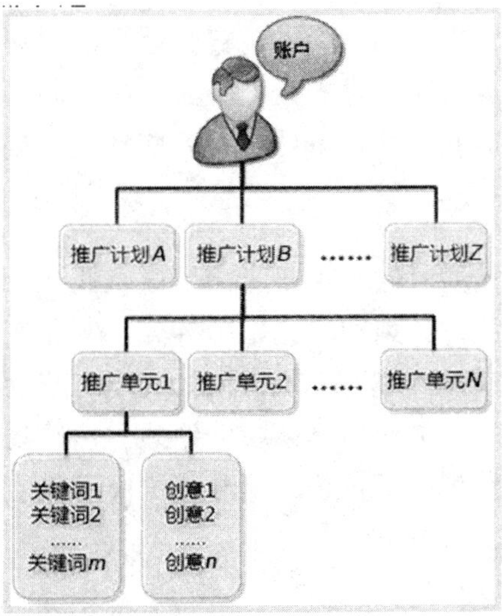

图 5-19　账户结构树

5.6.2 电商推广账户的搭建

在搭建账户上，主要遵循 MECE 搭建原则，做到不重叠不遗漏，账户结构如图 5-20 所示。

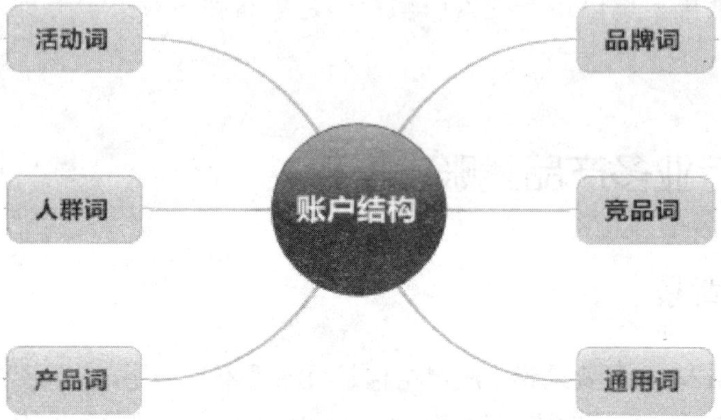

图 5-20 账户关键词分类

MECE，是 Mutually Exclusive Collectively Exhaustive 的缩小，中文意思是“互斥，完全穷尽”。也就是对于一个重大的议题，能够做到不重叠、不遗漏地分类。

在给该客户搭建账户时，主要还是按照我们搭建账户的基本分类进行，对于品牌词、竞品词、活动词和人群词来说，分类比较明确，关键词是很好归类的，难点在于产品词和通用词，这里着重讲一下产品词的分类方法。

该企业的产品线是非常丰富的，为了更直观地在账户端观察管理数据，在搭建账户时完全把该企业产品的分类照搬过来，推广账户中产品词的分类和网站分类一致，这样不仅在客户端很容易对其操作，而且在看后期转化数据时，可以直观地区分各类别产品。

在具体划分计划和单元的时候，主要考虑了该企业产品的具体分类，以及他们后期观察数据的侧重点，为此对计划和单元做了拆分。例如在家用电器这个细分产品线中，把家用电器-大家电-空调作为推广计划层级，把该细分品类作为推广单元，具体属性如品牌、功率等作为该推广单元的具体属性划分，然后具体的关键词直接按照相应途径去对应计划和单元，做到了不重叠不遗漏。这样不仅能知道各品类的效果，也能知道各品牌的效果，如图 5-21 所示。

举个例子，关键词“格力 1.5P”，查找它的计划和单元。首先这个关键词指的是空调，空调在账户结构中属于“家用电器-大家电-空调”计划，从品牌来看，它是属于格力的，另外从关键词的实际描述看，它特指功率相关，这就可以把它划分到推广单元，格力-功率这个单元。

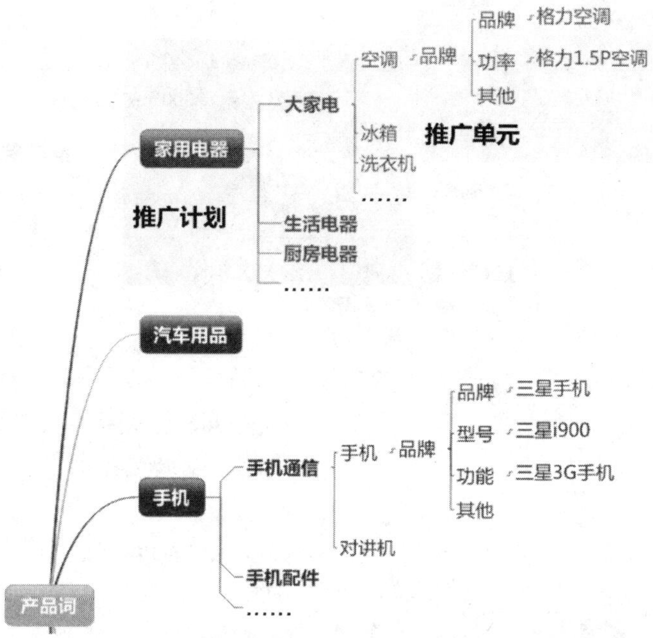

图 5-21　产品词的细分

这样分有以下几个好处。

（1）产品结构一目了然。从整体结构来看，和网站分类相匹配，既能有效地定位网站产品情况，还能从推广账户上获取相关信息。

（2）数据获取更直观，更便捷。

- 在计划层级能获取各个品类的数据，例如大家电类，直接选择计划名称含有大家电的即可，例如更加细分的品类，空调，直接在计划名称中选择大家电-空调就可以获得相关数据。
- 单元层级能获取各个品牌的数据信息，除具体的分类外，相信客户对于每个品牌的表现情况都想有所了解，正因如此，我们对产品的品牌做了单独的划分，便于后期数据分析时单独切分到各个品牌的表现，有利于客户对每个品牌的销售业绩进行把控，后期对选择品牌商做一定的数据支持和市场指导。
- 在推广单元层级，由于单元层级都带有各个关键词的功能属性，例如品牌-功率，在分析具体关键词时，就能知道某个类型关键词转化效果，为后期深层挖掘关键词提供了方向。

通用词也可以按照此方法来划分账户，和产品词唯一不同的就是通用词没有了品牌属性，详细结构如图 5-22 所示。

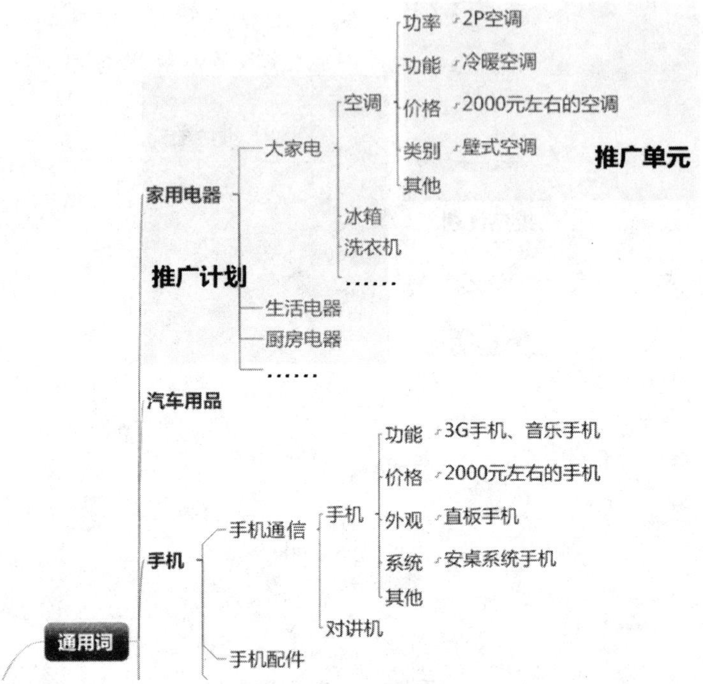

图 5-22　通用词的细分

经过这次账户梳理之后，客户管理账户的效率极大地提高了，调整后该客户整体的 CTR 得到了很大的提升，增幅达 254%，如图 5-23 所示。

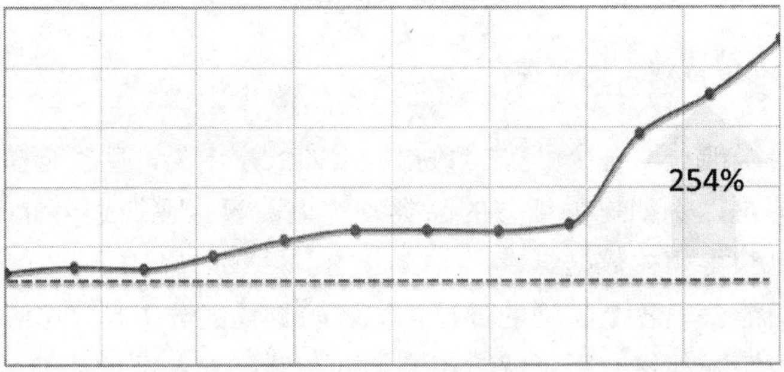

图 5-23　账户细分效果（一）

账户质量度三星词占比也有较大幅度的提升，如图 5-24 所示。

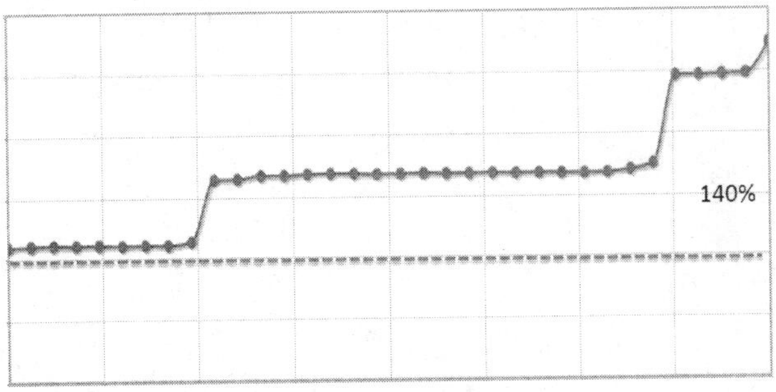

图 5-24　账户细分效果（二）

5.6.3　综述

总的来说，虽然账户结构看似简单，但是对于大型电商网站仍然有深挖的空间，整体账户结构还是要注意以下两方面：

（1）注意效率因素，提升账户管理效率。

（2）注意效果因素，提升账户点击率，进一步优化质量度，促进转化提升。

5.7　教育行业搜索营销的时间规律

5.7.1　案例背景

随着我国城市化进程的加快，受教育人群越来越广泛，教育培训产业实现迅猛的腾飞。作为朝阳产业的教育行业，近年来以 12%的复合增长率高速成长。面对市场份额巨大、寡头尚未形成的市场状态，先发优势显得愈发重要。为了能在日渐激烈的市场竞争中脱颖而出，搜索引擎成为各大教育机构推广投放的必争之地。

然而作为企业主的教育机构是否能够合理把握住商机？对于不同时期的预算分配是否合理？最重要的一项衡量标准莫过于是否满足所在行业网民的实际检索需求。

为此，我们根据教育行业受众的不同需求，将目前的教育机构分为出国留学、基础教育（K-12）、职业培训、语言培训 4 个子行业。以这 4 个子行业各自的业务线为核心，通过对 2009 年—2011 年三年企业主在搜索推广投放上的数据对比，找到各子行业在投放的 TOP 词（即为企业主带来 80%收益的关键词），并以此为核心词扩充出每个子行业相关性最强、流量最高的 2000 个关键词作为分析样本，来找到教育行业网民在一年内、一周里、一天中的搜索趋势，揭秘行业搜索营销中的时间规律。

5.7.2 基础教育行业

由于中国实行计划生育政策，独生子女教育问题备受关注，中小学教育培训机构成为家长关注的焦点。数据表明，基础教育是全年搜索淡旺季最明显的一个子行业，受众的检索高峰出现在 6 月到 7 月，也就是中高考、暑假期间。但是每年 5 月网民便开始逐步关注假期补习、升学等行业信息，这一热度会持续到 8 月过后。因此，企业主要抓住暑期促销的机会，应从 5 月开始。与此对应的寒假促销，由于受假期时间短且包含春节等因素，网民的检索热度远不及暑期，但同样会在距离寒假 1 个月时进入状态，所以企业主要把握寒假促销，还是需要从 12 月便做好准备。基础教育行业网民的月检索趋势可参考图 5-25。

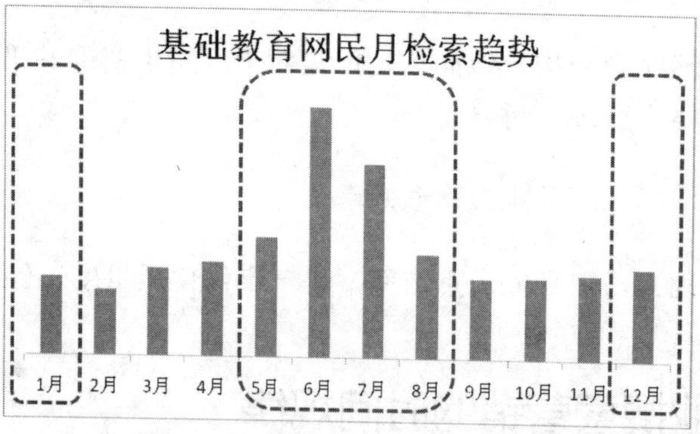

图 5-25 基础教育行业网民的月检索趋势

找到基础教育行业全年检索的热点月份后，我们再把时间轴距缩短到一周范围，通过统计发现，基础教育网民的周检索高峰出现在周末，因为周末学生放假，家长休息，可以用更多的时间好好上网选择合适的家教机构。目前大多数基础教育机构在周末会减少推广投放甚至停止投放，其实是与网民的检索需求大相径庭的。建议企业主在自身服务能够跟上的情况下尝试周末投放，相信一定会有所收获。基础教育行业网民的周检索趋势可参考图 5-26。

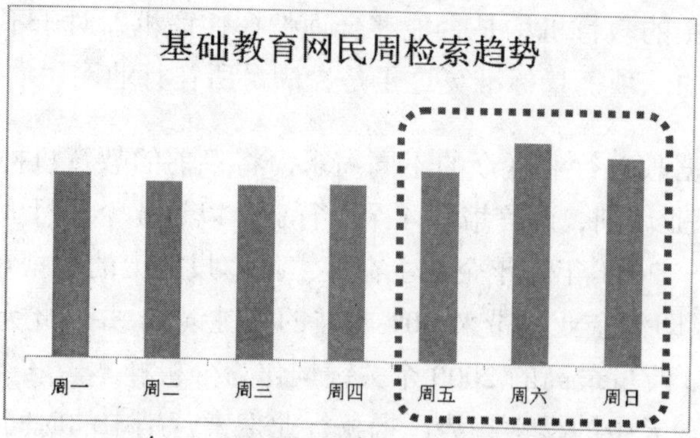

图 5-26 基础教育行业 7 天检索规律

很多教育机构投放预算的最小时间单位是以天来制定的，那么当面对日预算无法覆盖全天网民的检索需求时，找到网民一天内的检索趋势显得尤为重要。从图 5-27 所示的基础教育行业网民 0 点到 23 点的检索量可以看出，7 点开始检索量逐渐攀升，在 10 点到 11 点期间达到第一个检索高峰，在 16 点前后达到第二个峰值，20 点到 21 点出现第三个检索高潮。基础教育行业网民的全天检索趋势可参考图 5-27。

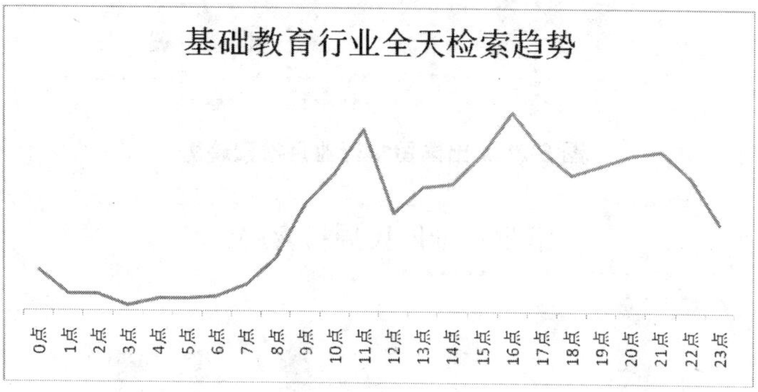

图 5-27　基础教育行业 24 小时检索规律

综上所述，基础教育机构在推广时间的选择上，应重点把握如下时间，即一年中主要月份：1 月、5 月～8 月、12 月，一周的周末，一天中 10 点、16 点、20 点三个高峰。

5.7.3　出国留学行业

随着我国与世界各国交往的愈加密切，2011 年度中国出国留学人员总数达到 33.97 万人，较 2010 年增加了 5.5 万人，出国留学已经成为很多人进行学业规划的重要选择。从网民的全年检索趋势中可以看到，这个行业打破其他教育子行业淡旺季之说，几乎是全年无淡季的昌荣景象，如图 5-28 所示。细观全年检索趋势，同基础教育行业一样，6 月到 8 月网民对出国留学的相关搜索量达到最大值，也就是说中高考及暑假的影响同样作用于出国留学行业，加上 6 月的留学展，整个 6 月到 8 月都会给出国留学机构带来一个可观的暑期促销商机。除此之外 3 月与 10 月的留学展也激发了受众的检索需求，带来了出国留学行业的另两个网民检索小高峰。出国留学行业网民的月检索趋势可参考图 5-28。

经过分析比较我们发现留学行业受众的周检索高峰与基础教育行业不同，它出现在周一到周四，这与其受众多为寻找更优发展、希望改变现状的学生或者上班族有关。他们会用更多的非周末时间搜索相关信息。出国留学行业网民的周检索趋势可参考图 5-29。

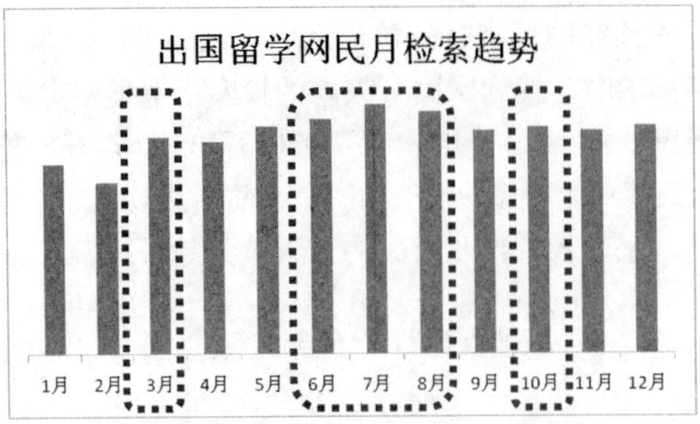

图 5-28　出国留学行业月检索趋势

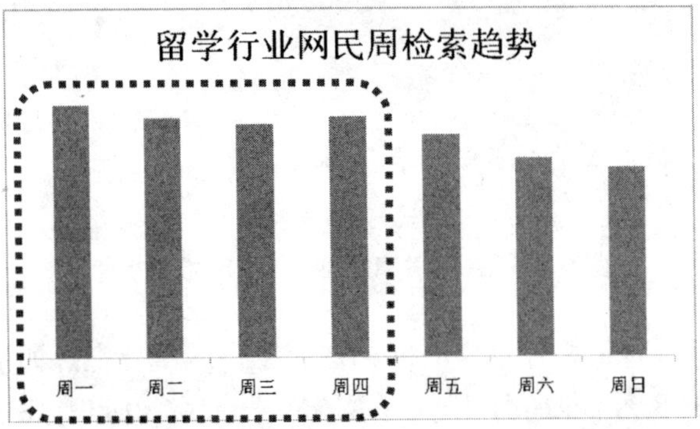

图 5-29　出国留学行业 7 天检索规律

如果再把视角落在出国留学行业的日检索趋势图上，我们会继续发现它与基础教育行业网民检索行为的稍有不同。出国留学行业网民的第一个检索高峰会出现得稍早一些，在每天的 9 点到 10 点，且达到全天最高值。但第二、第三个日检索高峰与基础教育行业一致，出现在 15 点到 16 点及 20 点到 21 点期间。出国留学行业网民的全天检索趋势可参考图 5-30。

综上，留学培训机构在时间选择上，应重点把握如下时间，即一年中主要月份：3 月、6 月～8 月、10 月，一周内周一到周四，一天中 9 点、16 点、20 点三个高峰。

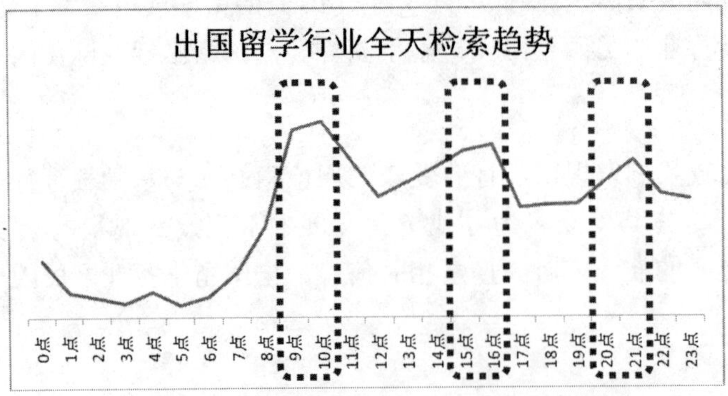

图 5-30　出国留学行业 24 小时检索规律

5.7.4　语言培训行业

出国留学人数的与日俱增，刺激了人们对留学语言培训需求的增加，语言培训机构也因此得到快速发展。受留学行业的影响，语言培训行业网民检索的高峰也与之相呼应，并伴随出国留学行业的检索高峰一年出现三次，分别在 3 月留学展之后，5 月到 8 月中高考、留学展及 11 月留学展前后。语言培训行业网民的月检索趋势可参考图 5-31。

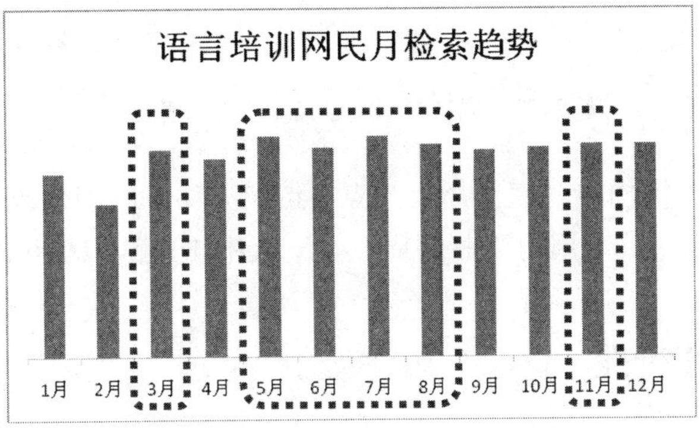

图 5-31　语言培训行业月检索趋势

那么语言培训行业的周检索高峰是否也和出国留学行业的一致呢？如图 5-32 所示，语言培训行业的周高峰出现在周三到周五，也就是说语言培训行业的周检索高峰正好晚于留学行业 1～2 天，这与这两个子行业的月检索高峰相差前后 1 个月左右的情况相吻合，也与大多数受众由留学目标继而产生语言培训需求的习惯相一致。语言培训行业网民的周检索趋势可参考图 5-32。

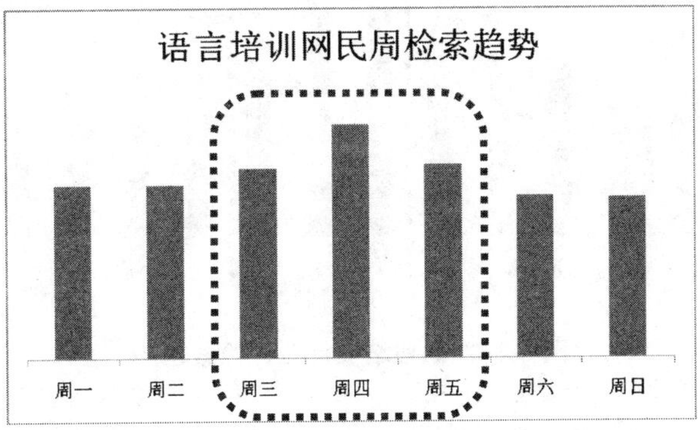

图 5-32　语言培训行业 7 天检索规律

由于与出国留学行业受众相对一致的特点，语言培训行业的前两个日检索高峰同样出现在 9 点到 10 点及 15 点到 16 点，但有所区别的是全天的检索最高值出现在 21 点到 22 点。语言培训行业网民的全天检索趋势可参考图 5-33。

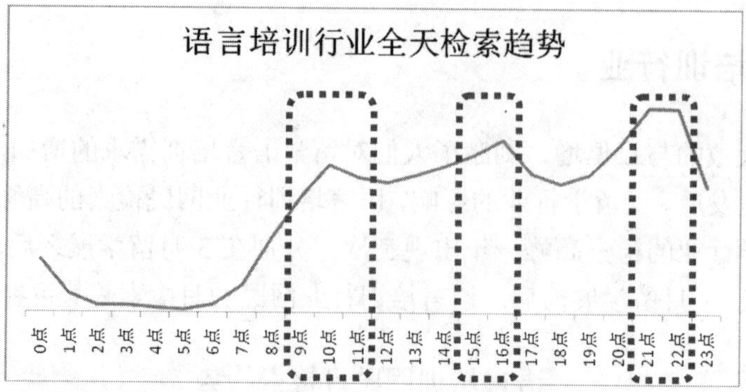

图 5-33　语言培训行业 24 小时检索规律

所以，语言培训机构在时间选择上，应重点把握如下时间，即一年中主要月份：3 月、5 月～8 月、11 月，一周内周三到周五，一天中 10 点、16 点、21 点三个高峰。

5.7.5　职业教育行业

我国正处于产业结构转型期，专业人才需求旺盛，因此职业教育培训市场呈现旺盛的增长趋势。纵观职业培训全年各月检索趋势，从春节过后的 3 月便开始逐步走强，6 月～8 月中高考、暑期则给职业培训行业带来全年检索的最高峰。职业培训行业网民的月检索趋势可参考图 5-34。

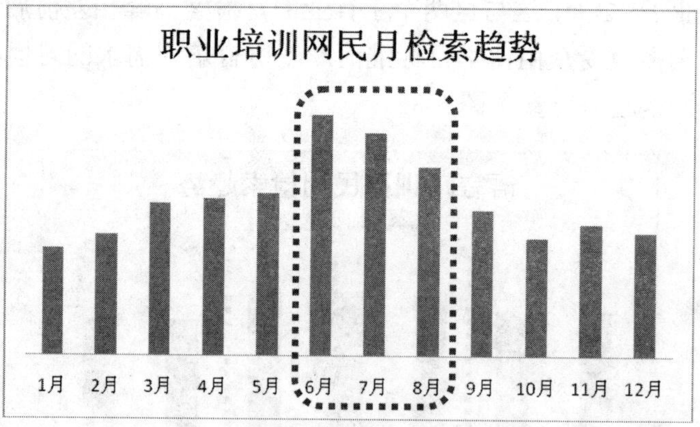

图 5-34　职业培训行业月检索趋势

与出国留学行业网民的周检索特点一致，职业培训网民的周检索高峰也出现在周一到周四。这与这部分网民同出国留学网民的需求出发点相一致有关。职业培训行业网民的周检索趋势可参考图 5-35。

但职业培训行业较以上提到的基础教育、出国留学及语言培训行业的日检索高峰在频次上多了一波，即 22 点前后。具体来看，它的日检索高峰分别出现在 9 点、15

点、20 点及 22 点左右。这对职业培训机构的企业主来说无疑是多了一个推广投放的好时机。职业培训行业网民的周检索趋势可参考图 5-36。

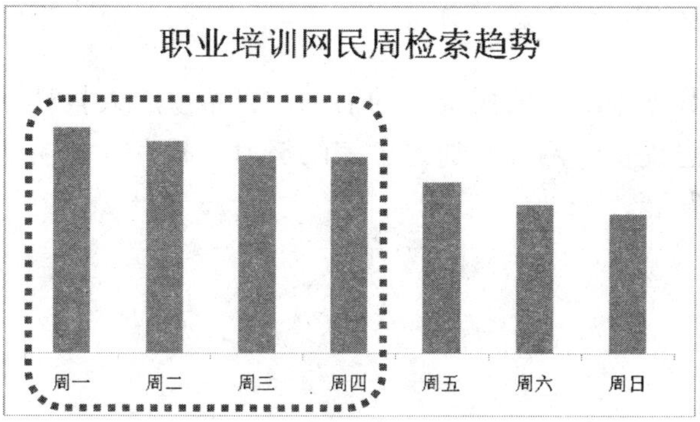

图 5-35　职业培训行业 7 天检索规律

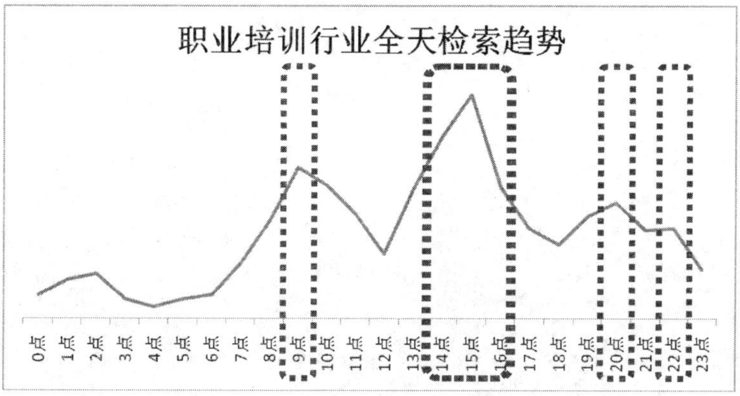

图 5-36　职业培训行业 24 小时检索规律

所以，职业教育机构在时间选择上，应重点把握如下时间，即一年中主要月份：3 月～4 月、6 月～8 月，一周内周一到周四，一天中 9 点、15 点、20 点、22 点 4 个高峰。

5.7.6　综述

前面的内容分析了教育行业 4 个子行业（基础教育、出国留学、语言培训、职业培训）的网民在搜索引擎上的时间检索行为，找到其分别对应的高峰及热点，如何合理应用是企业主们接下来要思考的问题。

- 正向利用数据。以网民的实际检索为主脉搏，结合各教育机构自身情况（如管理模式、所处阶段、投放策略、人员成本、单均利润、学院接收能力、办学项目等）合理分配全年预算，周预算及日预算，对于热点时段尽量做到全覆盖。

- 反向利用数据。利用行业淡季进行市场拓展。由于这一时期行业竞争相对较弱，企业主往往能够以最优的条件在扩大品牌影响力、抢占市场份额等多方面取得事半功倍的效果。

本书中的检索数据来源于网民实际的需求，也希望广大教育机构能在第一时间将更多更有价值的信息提供给网民。通过大家的努力，教育行业在网络信息化的今天一定会有更加蓬勃的发展。

第 6 章

超越搜索的百度营销平台

6.1 百度营销产品背景简介

在传统营销时代，营销媒介的格局稳定性很高，大部分营销资源都由媒介所控制，同时传播方式较为单一，在这种前提下，企业通过传统媒介进行营销活动时，需要更多地从策略角度考虑如何吸引受众，以达到营销目的。

但再完善的营销策略都会面临无法精准网罗受众的难题，这在某种程度上是由于传统媒介本身的属性造成的。在传统媒体上，比如电视、广播、报纸等，信息大多被动传达，与受众进一步交互的难度很大。而新媒体时代，营销正在被一次次地颠覆，受互联网环境的影响，企业在与受众沟通的过程中有了更多的选择，基于网络营销的特性，企业可以有针对性地提出与受众进行深度营销沟通的解决方案。而在整体解决方案中，有十分重要的一环，就是“产品”。

对于企业而言，需要注意的是，互联网营销产品大部分都是基于该媒介中所体现的受众特征进行设计，也就是以受众习惯为出发点，这样也就造成不同产品所覆盖的受众范围及所针对的营销策略有很大差异，如果对产品使用得当，分工明确，就可以很好地解决企业在营销传播各阶段的不同需求，但如果产品使用前的准备不够充分，针对性不强，则同样会面临投放效果不佳的风险。

既然要做到有的放矢，就必须要明确企业在营销传播的过程中，究竟需要经历哪些阶段，各阶段的主要目标和瓶颈又是什么。如图 6-1 所示，通过 3R 与 4C 结合模型可以发现，企业如果要完成营销从 Reach 到 React 过程的传播，并最终使受众从最初认知品牌转变为品牌的购买者，在营销传播路径与用户品牌意识培养的交叉点都会产生相应的营销机会，但同时有可能也会是品牌营销的瓶颈，我们需要的是正确运用营销产品，突破在营销过程中可能出现的难题。比如品牌上线初期如何进行品牌覆盖，又如何进一步激发受众的需求等。

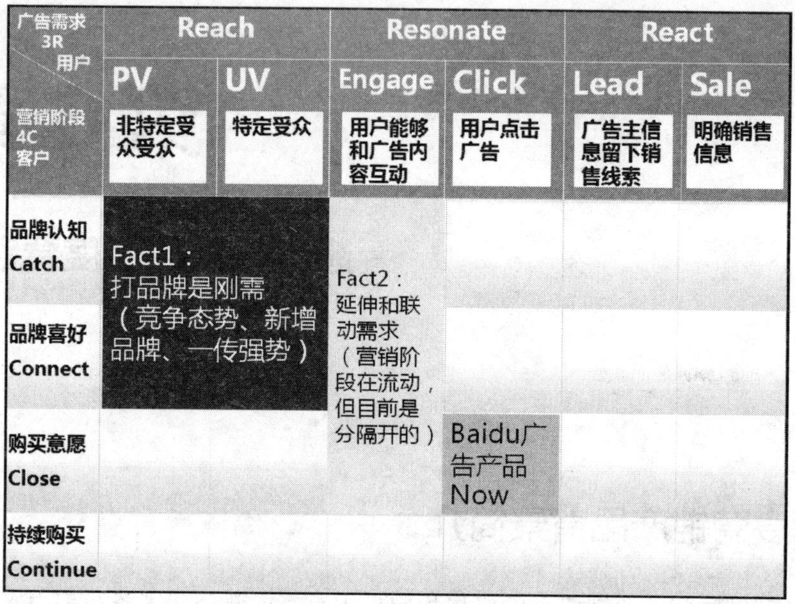

图 6-1　3R 与 4C 模型

许多企业在营销传播的过程中都会遇到这种类似的问题，总体而言，大部分企业解决问题的思路都有其相似性，基本倾向于利用传统媒体造成品牌刚需形成品牌覆盖，再利用新媒体延伸和联动用户进一步的品牌需求，但如果落实在具体营销策略的制定，则需要根据各企业的纵深营销，才能最终确认执行方案。

虽然每个企业的营销执行方案千差万别，但通过对大量企业营销案例分析后我们发现，百度在企业进行营销活动时都具有重要的意义。之所以会出现这种现象，究其原因，正是因为百度本身具有的商业特性打通了企业在营销中的关节：在企业进行品牌营销覆盖过程阶段后，顺应产业的动态，企业通过百度产品可以主动承接纵深发展所产生的品牌效应，同时百度也可以利用在国内搜索引擎市场的优势，完成用户主动对品牌的需求延伸。百度产品在模型中的必要性如图 6-2 所示。

百度在企业营销过程中之所以能够起到“顺天时”与“尽地利”的重要作用，离不开百度平台上丰富且有针对性的营销产品，正是由于这些产品的存在，才能充分地挖掘百度各平台受众的需求，帮助企业满足各营销阶段的目标。在百度搜索、贴吧、知道、网站联盟等平台所覆盖的受众，可以分布在整个 3R&4C 模型体系的不同模块中，如图 6-3 所示。从该图中不难发现，百度产品与其他互联网营销产品的最大区别就是，百度的营销产品线由于平台受众的丰富性，基本可以实现对整体营销路径中每个关键点的覆盖，正是由于产品的针对性较强，所以在进行投放前，要对百度各产品特性及企业的营销需求进行深入的分析认知，再最终确认产品的投放组合。

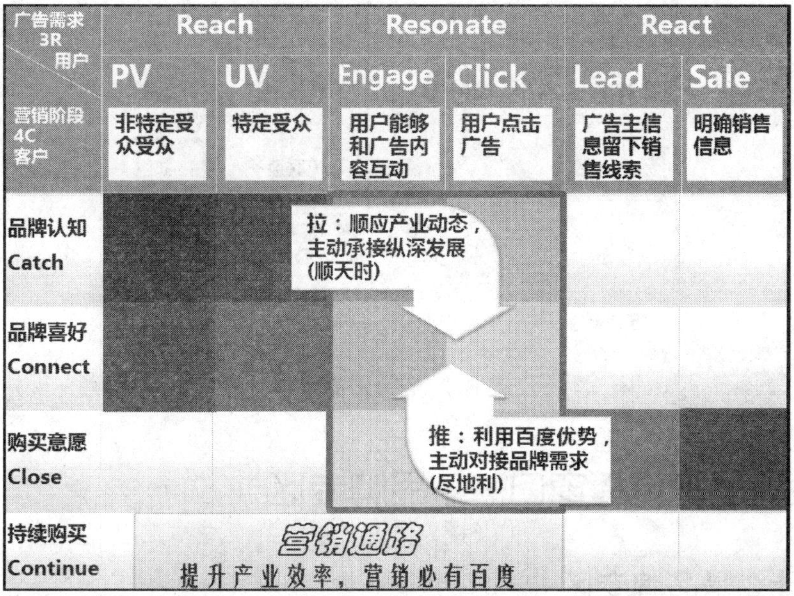

图 6-2　百度产品在模型中的必要性

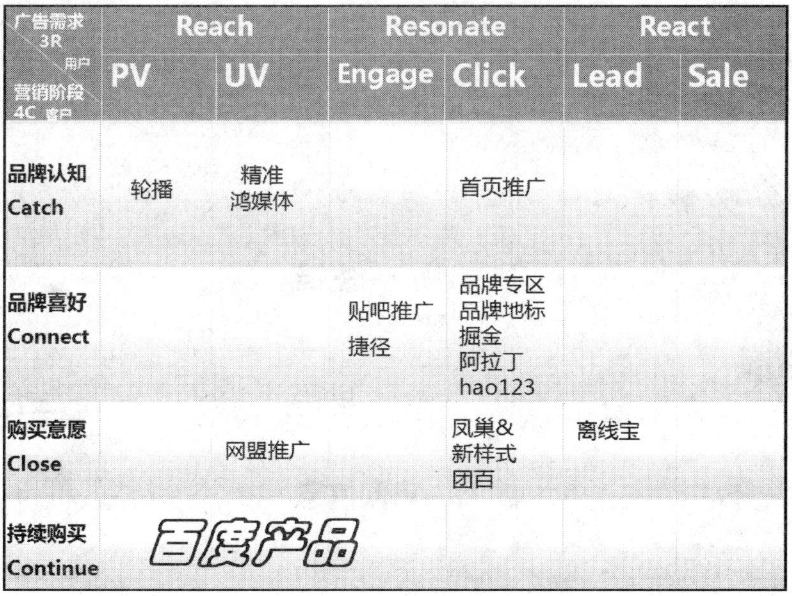

图 6-3　百度营销产品覆盖

百度在营销产品线不但丰富，而且这些产品的更新速度也非常快，但版本更新一般来说并不会影响产品整体的使用逻辑。百度产品体系如图 6-4 所示。下面将会对一些常见产品的功能及特性进行展开介绍。

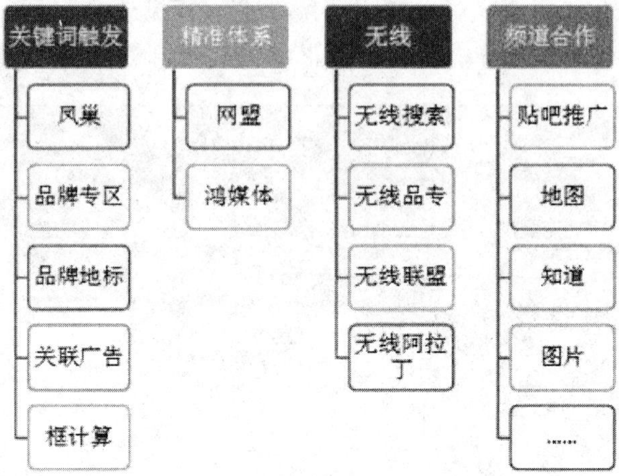

图 6-4　百度产品体系

6.2　企业品牌传播窗口——品牌专区

6.2.1　什么是品牌专区

百度品牌专区位于搜索结果首页最上方（占据首页 2/3 位置），是为著名品牌量身定制的专属资讯发布平台，是为提升网民品牌搜索体验而整合文字、图片、视频等多种形式载体的创新搜索结果展现模式，能够打通线上、线下传播通路，推动受众对品牌的认知，提升企业营销推广效能，如图 6-5 所示。

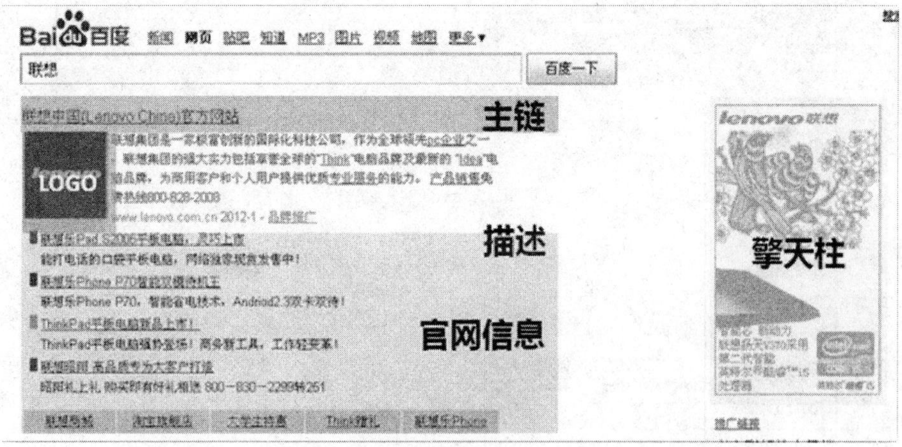

图 6-5　品牌专区

品牌专区针对的是特定的品牌词，当网民在搜索特定品牌词、产品词、活动相关词时，才会出现相关的品牌专区推广，即品牌专区按关键词精准触发。例如，联想公司为“联想”这个关键词购买了品牌专区。当网民在百度上输入“联想”时，百度出来的第一条信息就是联想的品牌专区；当网民输入其他词时，就看不到。

品牌专区的售卖方式和关键词推广不同，不是按点击收费的，而是根据关键词的搜索量定价，进行包月收费。包月期间价格不随搜索展现量变化而变化，每个行业的品牌专区的底价不同。

6.2.2　品牌专区展现样式

品牌专区的展现样式有 3 种：标准样式、高级样式和 VIP 定制样式。标准样式有 4 种固定模板，高级样式有 4 大系列，企业可以自行选择，同时也可以根据营销需要，申请 VIP 定制化的品牌专区。

1. 标准样式

品牌专区标准样式由左侧文字与右侧擎天柱组成，左侧文字区域由于排版不同，共有 4 款样式可选，分别为：栏目+表格、栏目+按钮、仅栏目、仅表格。4 种形式的示例如下。

（1）栏目+表格（如图 6-6 所示）

图 6-6　标准品牌专区样式（一）

（2）栏目+按钮（如图 6-7 所示）

图 6-7　标准品牌专区样式（二）

（3）仅栏目（如图 6-8 所示）

图 6-8　标准品牌专区样式（三）

（4）仅表格（如图 6-9 所示）

图 6-9　标准品牌专区样式（四）

通常 4 种标准模式已经基本能够满足品牌企业的推广需求，企业可以根据自身产品线特征或促销活动内容选择最美观且合适的表达格式。但在标准模式下，同样有一些功能是无法实现的，比如视频播放、微博植入等。如果企业在推广过程中需要类似的功能以便更好地达成营销目标，则需要开通品牌专区的高级样式或 VIP 样式。

2. 高级样式

品牌专区高级样式共有 4 大系列、9 款样式。

（1）视频系列

包括：左侧视频样式和右侧视频样式。

特点：是富媒体生动展示产品、线上宣传片展示基地。满足企业主视频传播需求，可无缝集成电视推广。

- 左侧视频样式，如图 6-10 所示。

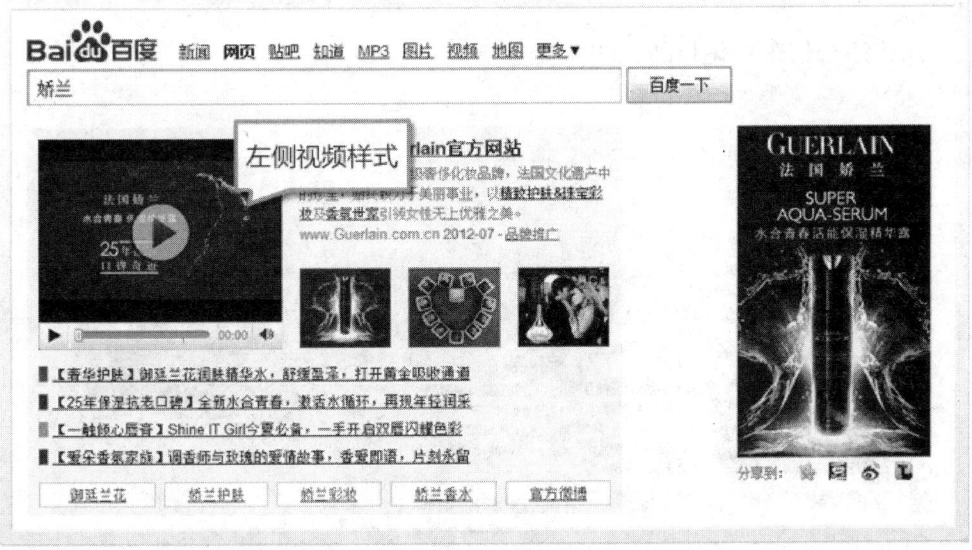

图 6-10　视频系列品牌专区（一）

- 右侧视频样式，如图 6-11 所示。

右侧视频样式下方集成的链接，可以很好地诠释视频中出现的内容。

（2）图文系列

包括：多标签页展示样式、图文展示样式、胶带展示样式。

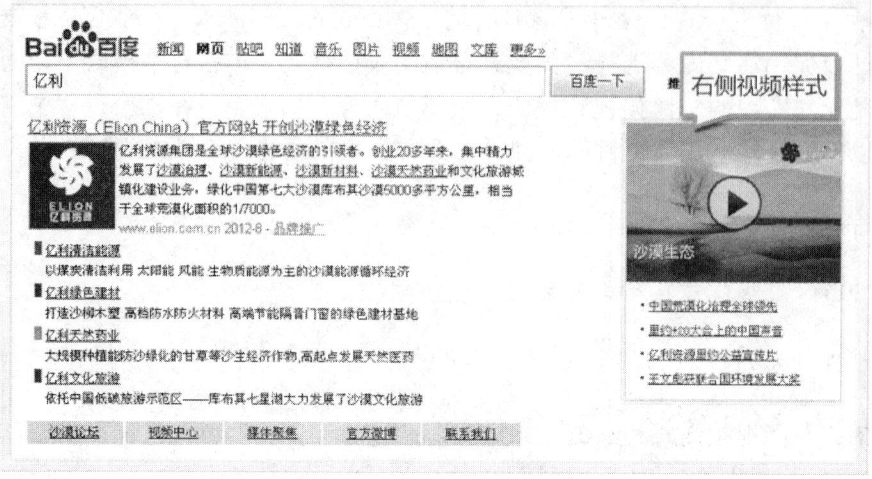

图 6-11　视频系列品牌专区（二）

- 多标签页展示样式，如图 6-12 所示。

特点：可提供多产品的图文展示。产品图片、产品卖点一目了然。

应用：适合汽车、化妆品、IT 类企业。

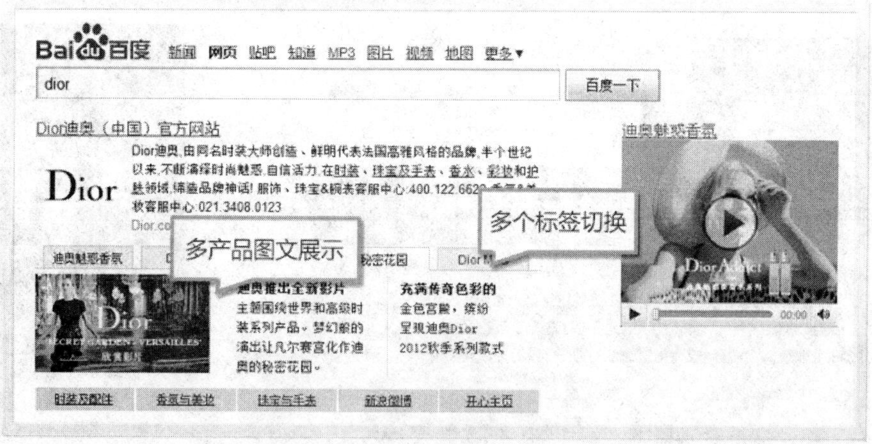

图 6-12　图文系列品牌专区（一）

- 图文展示样式，如图 6-13 所示。

特点：图文并茂，热销展现。下部可集成企业主站内搜索，点击直达。

应用：适合电子商务企业，适合促销。

图 6-13　图文系列品牌专区（二）

- 胶带展示样式，如图 6-14 所示。

特点：图片滚动播放，彰显品质感。

应用：适合多图片推广的企业需求，比如化妆浴室用品类、食品饮料类等企业。

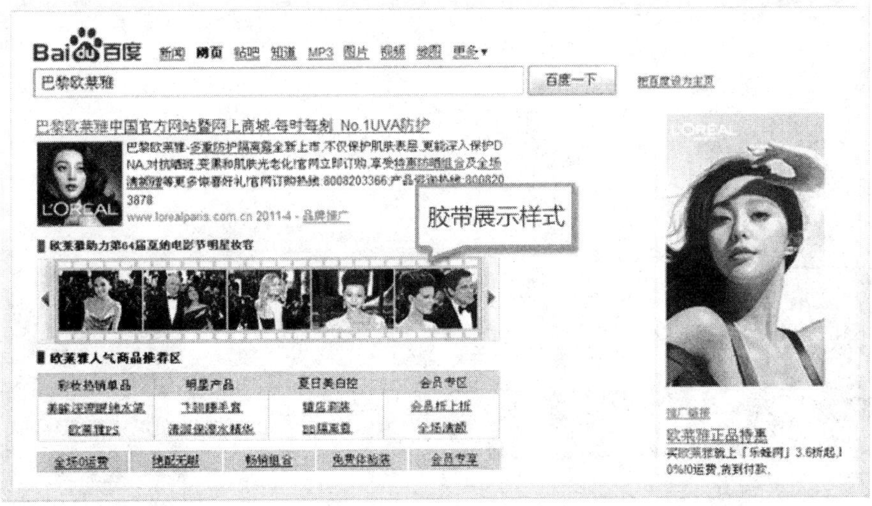

图 6-14　图文系列品牌专区（三）

（3）纯色加冕系列

包括：纯色加冕样式、普天同庆样式。

- 纯色加冕样式，如图 6-15 所示。

特点：个性色彩底纹，大图展现。

应用：适合汽车、奢侈品、化妆品类企业。

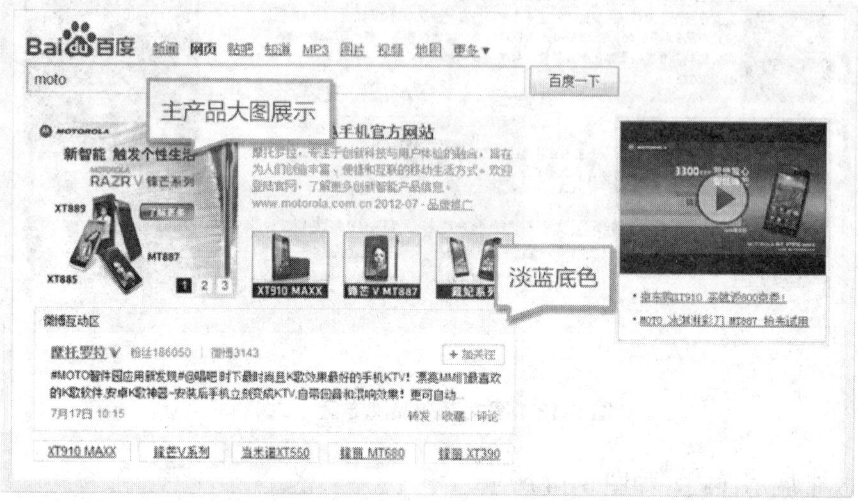

图 6-15 纯色加冕系列品牌专区（一）

- 普天同庆样式，如图 6-16 所示。

特点：喜庆底纹，民族风。

应用：适合节日促销。

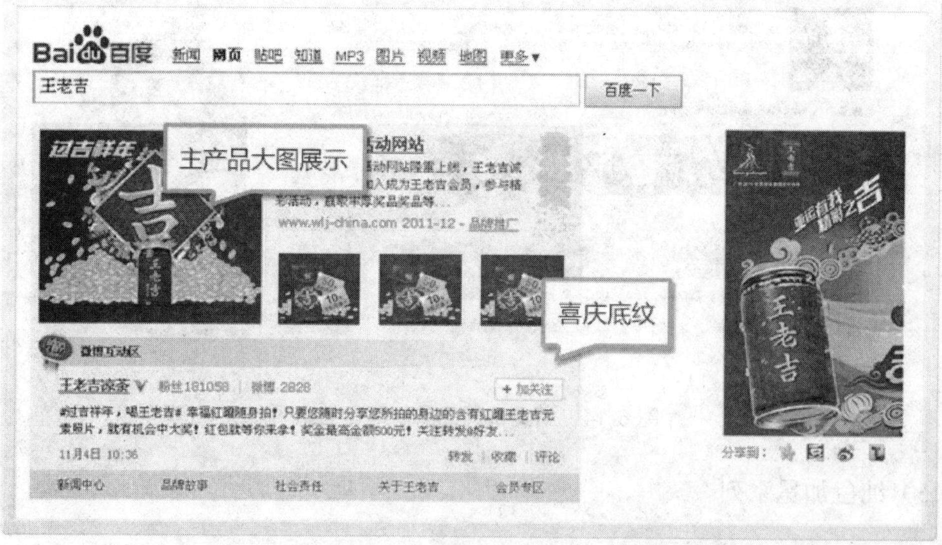

图 6-16 纯色加冕系列品牌专区（二）

（4）互动体验系列

包括：快速入口样式、标准微博样式。

- 快速入口样式，如图 6-17 所示。

特点：大按钮设计，常用业务直达。

应用：适合金融、通信、网游类企业。

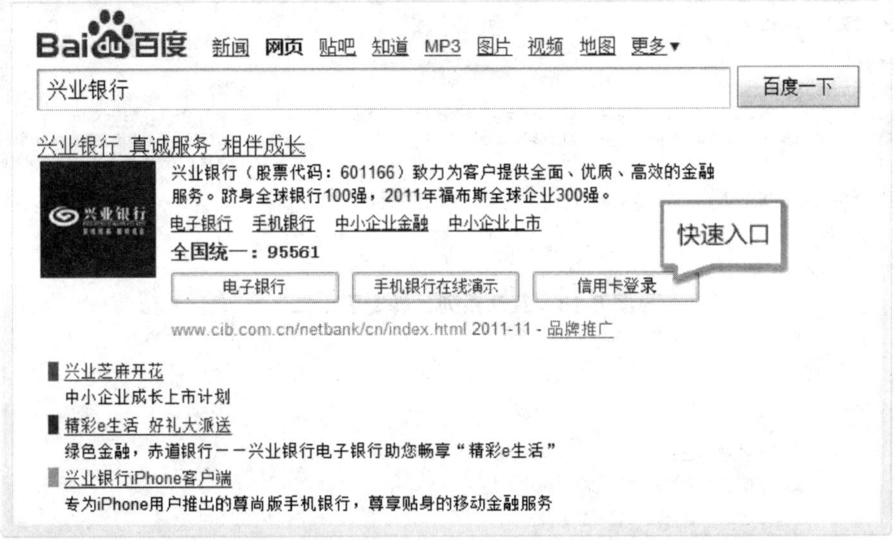

图 6-17　互动系列品牌专区（一）

- 标准微博样式，如图 6-18 所示。

特点：可同时集成多家微博、多通道传播。

应用：满足企业 SNS 传播需求。

3. VIP 定制

VIP 定制样式品牌专区打破已有样式限制，基于企业品牌及所在行业的需求，定制化设置品牌专区独特的展现形式。VIP 定制品牌专区没有固定的形式，完全以企业需求为出发点，以起到帮助受众形成品牌的区分度、加深品牌印象、增加交互效果的作用。

【案例 1（如图 6-19 所示）】

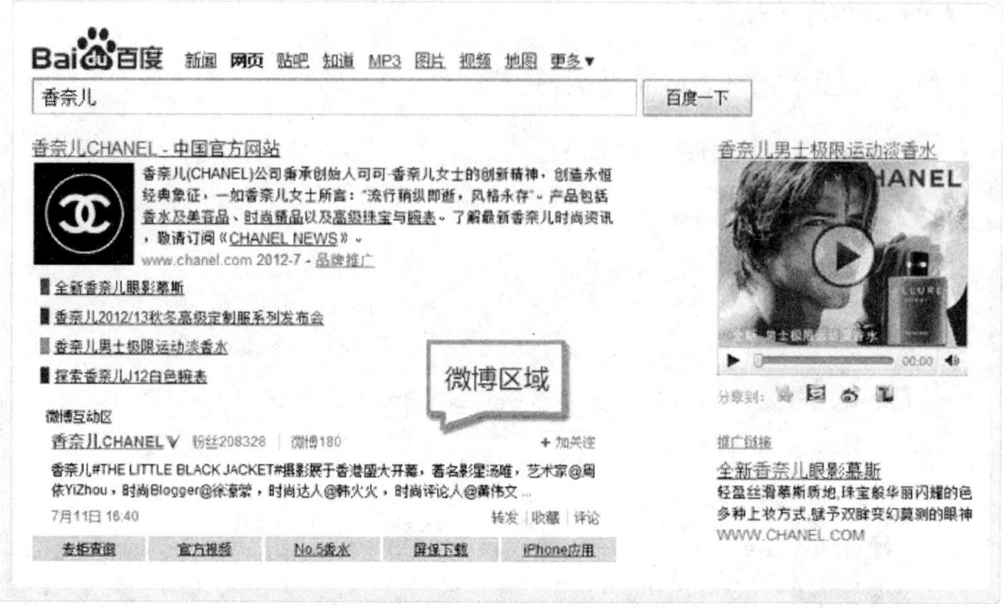

图 6-18　互动系列品牌专区（二）

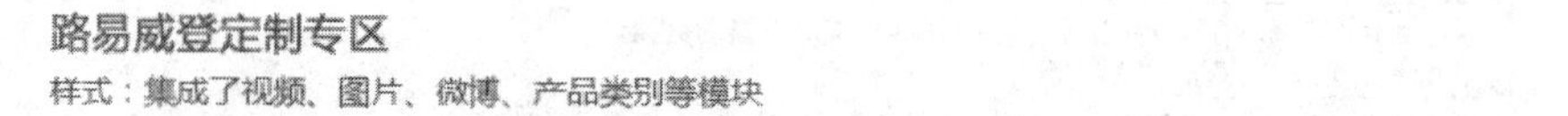

图 6-19　VIP 定制品牌专区（一）

【案例 2（如图 6-20 所示）】

图 6-20　VIP 定制品牌专区（二）

4．品牌专区样式总结

如表 6-1 所示，品牌专区的多种样式，分别可以满足不同品牌定位与功能诉求。相对于普通的搜索推广，品牌专区的形式更有利于体现企业品牌规模，彰显企业官网品质，能够传递给受众更准确的信息、更丰富的内容，有助于提升品牌美誉，提升用户信任感。

表 6-1　品牌专区样式对比

	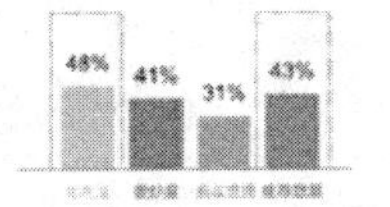	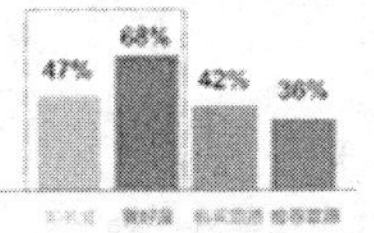	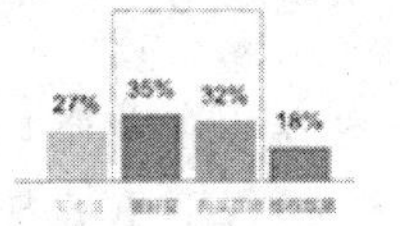	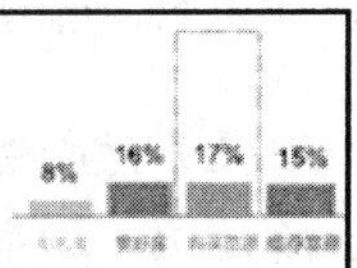
	左侧视频	纯色加冕	多 Tab 展示	图文展示
网民评价	显得品牌档次高，大气，有品位	像在看精品购物指南	像产品展示显示，挺方便	像促销活动页，感觉商家非常火
功能	营造大型品牌品质感，有利于品牌塑造	品质感大图，诱惑性的活动，适合品牌塑造、新品发布、活动推广	图片详细介绍，信息量大，动态吸引，适合深度品牌介绍	图片、价格、折扣等商品信息，强烈吸引；适用产品展示和售卖
高关注区域	视频区，互动功能区	焦点图区、文字链区	多 Tab 区、品牌描述区	图文展示区、表格区

6.2.3 品牌专区的营销价值

如图 6-21 所示，从 8 个维度对比普通链接、普通品牌专区和定制化品牌专区的优劣。

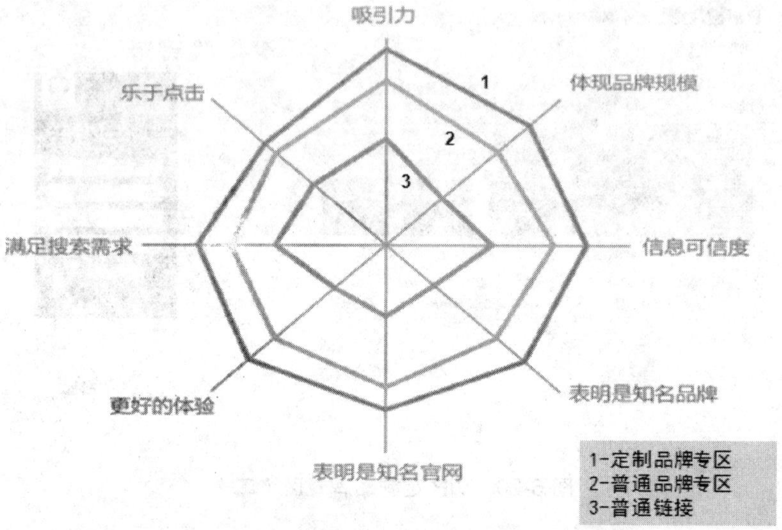

图 6-21 品牌专区类型特征

通过对比不难看出，品牌专区对于企业而言有着十分特殊的意义，它实现了在搜索引擎上的品牌传播效能最大化，其重要营销价值主要体现在以下几个方面。

（1）品牌专区位于首页首屏黄金位置，约占首页 2/3 的面积，能够获得更多关注，容易给受众留下最佳的第一印象。相比之下，文字式搜索结果因条数多，可能分散用户注意力，无法有效锁定用户，很容易导致用户流失。

（2）品牌专区内容和企业密切相关，往往也都是用户关注的内容，这对企业树立品牌形象、增强信任感有不错的帮助。

如下内容会让网民感到更可信、更可靠。

- 有“官网”字样：品牌专区首链可突出“官网”字样。
- 有品牌名：品牌专区首链可突出品牌名。
- 有产品描述：品牌专区首链可提供详细的产品描述。
- 有品牌 Logo：品牌专区有明确的品牌 Logo。

（3）品牌专区内容丰富，图文并茂，这种形式能够很好地缩短信息到达路径，为企业提供便捷的销售通路。品牌专区可以将网民所找的信息，以最短的路径传递到网民面前，减少因信息传播路径增多而带来的衰减。企业可以通过品牌专区，全面展现营销活动详情。

网民通过传统媒体或其他线上媒体获得企业活动的一些信息，往往会通过搜索寻找更多信息。这时候品牌专区就能很好地起到网络收口、放大线下营销效果的作用，甚至还能起到线下活动二次助推的作用，全面引爆营销活动。

目标受众只需记忆传统媒体上传播的关键词，有需求后会到百度上搜索相关信息，品牌专区能够很好地承接线下到线上的转换。

（4）品牌专区作为互联网时代企业重要沟通渠道，让官方信息的传递变得更加直达。

品牌专区的这种整个多种沟通方式的产品形式，整体看上去更像一个微型的企业 minisite，在传递给网民企业信息的同时，还非常好地传递了“官方”“权威”“真实”等隐性感受，让网民觉得更亲切、可信赖。

（5）品牌专区可以说是距离网民最近、最直接的企业信息发布平台。在企业的危急时刻，品牌专区能及时发布企业信息，做好正面引导。

例如，耐克最新的营销中有大明星 Ella 出镜，立即引来无数网民的热议。耐克公司通过品牌专区的一个小活动，不但拉近了网民和企业的距离，而且时刻正面引导，控制舆论导向。

6.2.4　品牌专区案例

下面是一个案例，关于 BMW1 系如何把品牌专区作为 IMC 收口。

1. 营销目标

如何有效扩大 BMW1 系在年轻新贵人群中的品牌影响力，将 BMW1 系打造成“多数人向往，少数人拥有”的奢侈品牌代表？

如何有效地通过网络平台，搜集到大量对 BMW1 系车有购买意愿的目标用户，邀请他们参加试驾活动？

2. 解决方案

基于品牌专区的整合营销：如图 6-22 所示，作为搜索营销的领导者，百度通过品牌专区，以富媒体化的视频+图片+文字+企业官方微博+APP 预约试乘试驾的整合搜索结果方式，充分发挥百度作为线上、线下整合营销传播收口的作用，在 BMW1 系传播推广期，有效提升在目标群中的品牌影响力，同时实现了大量搜索用户在搜索结果完成新车预约试乘试驾的目的。

图 6-22　BMW 品牌专区示例

3. 推广效果

- 定制品牌专区使用后推广位点击率提升 100%。
- BMW1 系等关键词检索量明显大幅度上升，知名度提升。
- 微博粉丝数一周内增加近 1 万，影响力大增。

6.2.5　常见问题 Q&A

Q1：如果现有售卖词包中不能满足企业主的推广需求，是否可以申请增加新的词包？

A1：可以。企业主可以提交想要购买的关键词 list，或者种子词（即想要购买的关键词类别），经审核调整后，会以一个全新的词包或者是对现有词包进行优化的老词包上线。

Q2：品牌专区对企业所处行业有限制吗？

A2：医药、博采类目前无法投放。

Q3：高级及定制样式比较适合哪类企业？高级及定制样式与标准样式定价有何不同？

A3：高级及定制样式适合任何有资质申请品牌专区的商家。

高级在普通样式基础上加价 20%，定制在普通样式基础上加价 50%。标准样式门槛为 10W/月，定制样式门槛为 50W/月。

Q1：品牌专区在哪里可获得报价？

A1：品牌专区在 ALB 系统中进行报价，报价需要选择投放企业的投放时间段。

Q2：企业是否可在上线期间更换物料？

A2：可以。框架下企业一周可更换 3 次物料，非框架下企业一周更换 1 次物料。

Q3：投放之后，会有报告展示么？报告的读取会在什么地方？会有 PDF 等纸质版本么？

A3：ALB 系统内会有提供相关的统计数据，指标包括活动展现次数、点击率，暂无纸质版本。

6.3　创新型品牌宣传平台——品牌地标

6.3.1　品牌地标是什么

品牌地标是展示在百度搜索结果右侧顶端的图文混排推广，原来有一个称谓，叫做“百度小专区”，作为百度品牌专区的一个补充产品，当网民在搜索特定通用词时即时展现，能够帮助企业提升品牌认知的推广内容。

和品牌专区针对品牌词投放不同，品牌地标针对通用词投放。所谓“通用词”，就是不包含品牌信息的商品概括词（笔记本电脑、汽车、女装等）和商品需求词（买房、手机报价等）品牌地标示例如图 6-23 所示。

6.3.2　品牌地标展现样式

品牌地标目前有两类样式：普通样式和新样式。

普通样式，也称为多链接样式：如图 6-24 所示，包含 Logo、标题、描述、官网 URL、文字链及表格按键，该形式主要以文字链接形式对推广信息进行展示，适用于活动或推广信息较多的企业主。

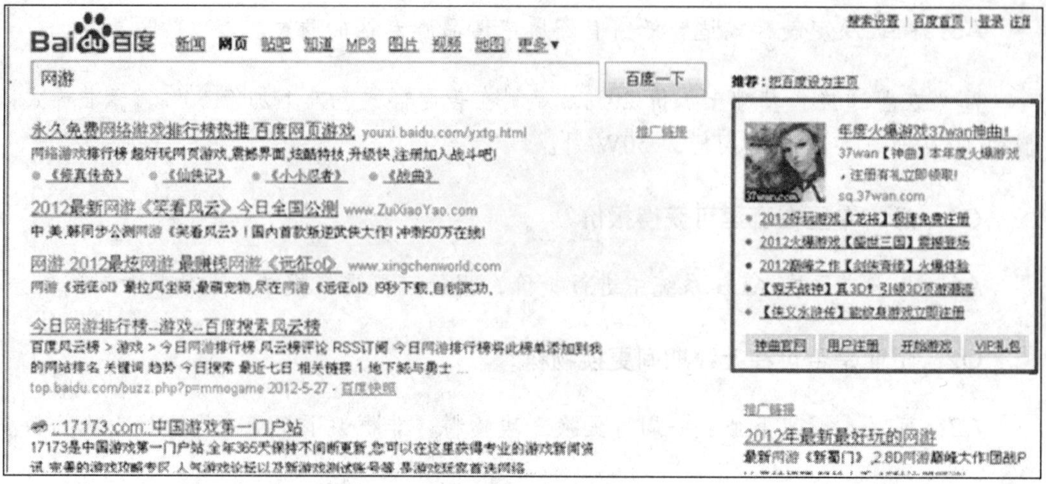

图 6-23　品牌地标示例

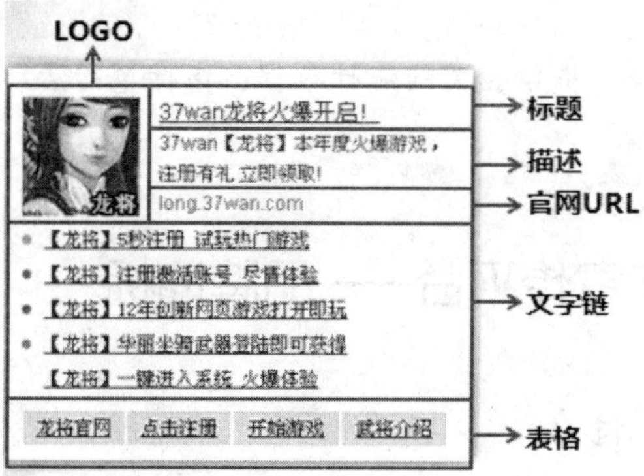

图 6-24　普通样式品牌地标

新样式则有三种。

第一种，大图+多 Tab 样式：如图 6-25 所示，除头部基本的 Logo、标题、描述、官网 URL 之外，在中间部分显示轮播大图片，图片右侧及下方还有多条可点击文字链。

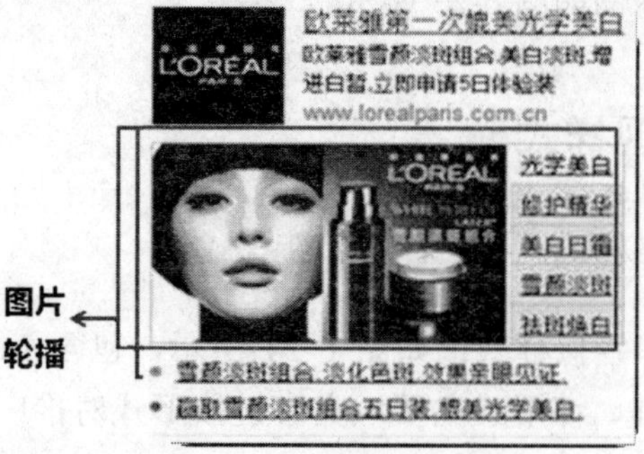

图 6-25　新样式品牌地标（一）

第二种，大图+浮层样式：如图 6-26 所示，除头部基本的 Logo、标题、描述、官网 URL 之外，在中间部分显示浮层大图片，点击图片后进入推广页面，下方为表格。

图 6-26　新样式品牌地标（二）

第三种，视频样式：如图 6-27 所示，包含标题、视频、描述、官网 URL 及表格。

图 6-27　新样式品牌地标（三）

这些新样式对于文本较多的搜索结果页面来说是一个相对显眼的元素，它能够带来更强的视觉冲击力，能够向网民传递更为丰富的信息，增强了推广视觉上的多样性和推广信息上的丰富性，便于企业主对其核心推广内容进行宣传。

一般情况下品牌地标的推广位点击率比右侧的常规关键词文字推广高出至少一倍。

6.3.3 产品特性及意义

品牌地标相对于普通的搜索文字链推广，有许多自己的独特优势，最突出的优势就是品牌地标有助于帮助企业的品牌塑造，在其用户做信息收集的阶段展示品牌力量，从而有效影响到用户的购买行为。

（1）品牌地标能够全面覆盖品牌未知人群，目标人群影响范围扩大。触发关键词为通用词。它能够很好地覆盖那些对某类产品感兴趣、但并未锁定具体品牌的目标人群。

（2）品牌地标有效吸引用户了解品牌，提升品牌认知度。搜索结果页右侧图文并茂展现，类似品牌专区样式，视觉上更加吸引眼球，同时向用户传达可靠信息，更好地提升品牌认知度。

在普通的搜索结果页面上，用户一般先浏览左侧排在前面的推广结果，再去浏览左侧中下方推广结果，最后才会去浏览页面右侧广告。但是当出现品牌地标推广结果之后，用户的浏览会被地标推广结果吸引，从而产生如图 6-28、图 6-29 所示的两种模式的访问。

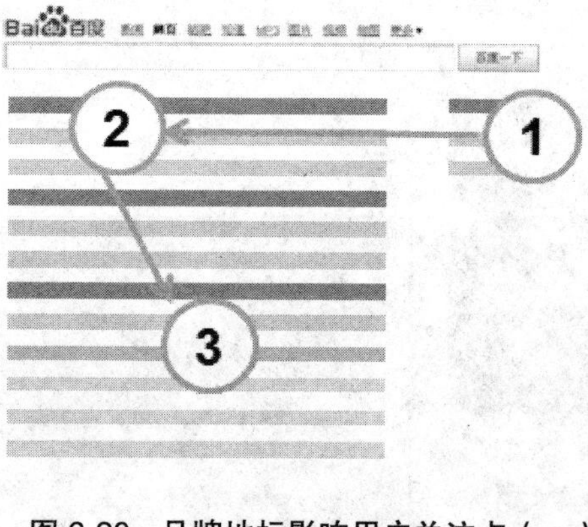

图 6-28　品牌地标影响用户关注点（一）

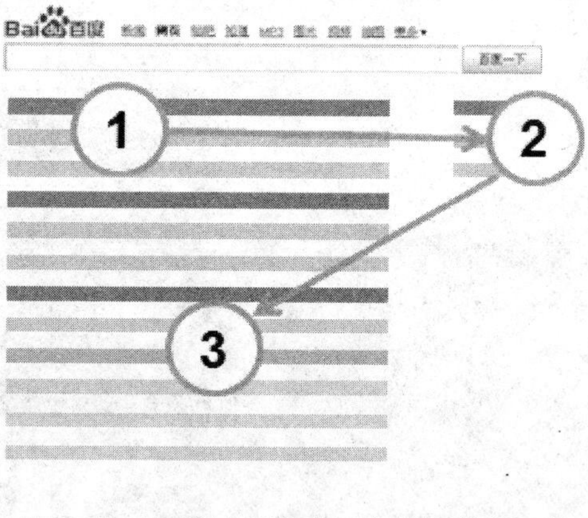

图 6-29　品牌地标影响用户关注点（二）

可以看出品牌地标能够有效吸引用户的注意力，并且提升用户对企业主品牌的关注。

（3）长期投放品牌地标，能够建立起品牌联想，让目标人群在对的时间想到企业的品牌及产品。投放地标产品的品牌回搜率较未投放过地标的品牌回搜率提高至少一倍。

注： 回搜率：浏览过推广内容的人群在之后一段时间内搜索品牌相关词的比例。

6.3.4　经典案例

【企业案例：芒果网】

购买词包：娱乐及消闲-酒店-酒店预订

客户行业：网络服务类-电子商务

营销目的：效果转化——订单量

芒果网品牌地标及数据趋势如图 6-30、图 6-31 所示。

图 6-30　芒果网品牌地标

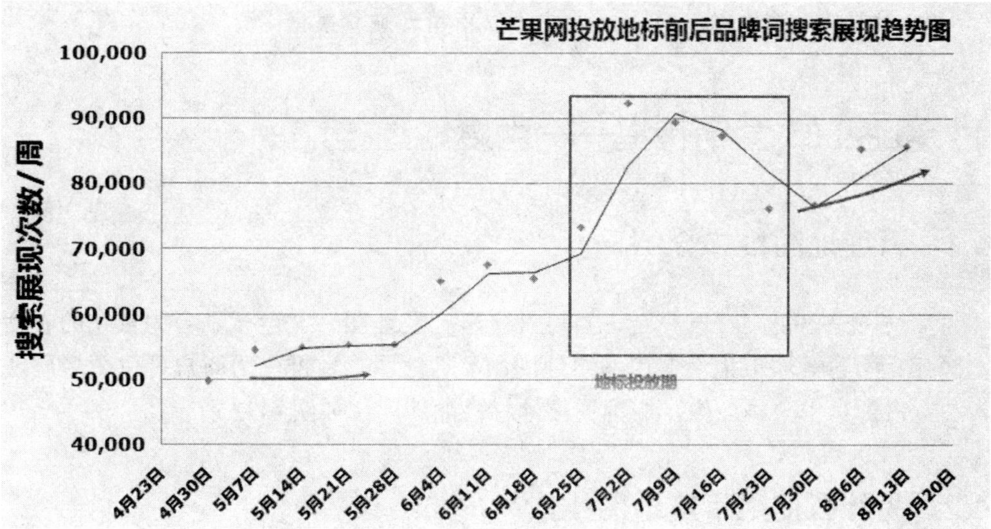

图 6-31　芒果网数据趋势

“酒店预订”是竞争热度很高的关键词，并且在该行业内有大量知名品牌企业主，芒果网相对于其他品牌并没有十分突出的竞争力，如果单一竞争左侧排名较好的推广位，从成本和品牌效应考虑，性价比并不高。对于这一情况，芒果网将投放的重点转移到品牌地标上，通过个性化的展示及高频次的曝光，获得了良好的效果。在品牌地标持续投放的35天中，平均点击率达到了1.10%，回搜率0.18%，较未投放品牌地标之前的回搜率增长了16.69倍，有效促进了酒店订单的转化。

6.3.5 常见问题Q&A

Q1：企业可以看到有几家在竞价吗？可以了解到其他家出价的情况吗？

A1：不可以。品牌地标的竞价应用的是暗拍机制，企业能知道自己的出价是否领先，但不能看到别人的出价。

Q2：如果现有售卖词包中不能满足企业主的推广需求，是否可以申请增加新的词包？

A2：可以。企业主可以提交想要购买的关键词列表，或者种子词（即想要购买的关键词类别），经过审核调整后，会以一个全新的词包或者是对现有词包进行优化的老词包上线。

Q3：是否可以先开通锦囊账号再签订合同？

A3：不可以，因为必须有合同号才可以申请开通锦囊账号。

6.4 激活LBS营销传播——百度地图推广

6.4.1 百度地图推广介绍

百度地图是以百度搜索平台、百度社区平台及地图数据运营平台为依托的衣食住行、医疗、教育等城市生活实用网络地图产品。地图频道推广为商户提供更多展现机会，在众多商户中脱颖而出，成为商圈地标性品牌店，如图6-32所示。

6.4.2 为什么使用百度地图推广

当用户在地图上完成搜索之后，地图中会显示推广的相关内容，如图6-33所示。通常推广结果具有以下特征：

- 当用户搜索企业名称或地址时，会在搜索结果页直接以地图形式显示企业的位置和信息。
- 展现企业地址、电话等信息，百度地图为商家提供了一张随时可以查询的电子名片，方便了用户的查询和使用。
- 百度地图驾车公交推荐，路线一目了然。

图 6-32　百度地图推广

图 6-33　百度地图推广展示形式

地图推广是在品牌效应产生后对受众的有效承接手段，也是线上与线下打通过程中不可缺失的一环，可以起到品牌宣传与促进最终转化的双重目的。

6.5 更精准的 SNS 营销——贴吧推广

6.5.1 什么是贴吧推广

贴吧是一种基于关键词的主题交流社区，通过用户输入的关键词，自动生成讨论区，使用户能立即参与交流，发布自己所拥有的所感兴趣话题的信息和想法。相比其他社区，贴吧“关键词”汇聚网民的特点无疑更加精准，具有更强的传播能力。

贴吧推广是以贴吧帖子的形式，结合多种展示手段，满足企业主社区营销需求的植入性社区推广产品，如图 6-34 所示。

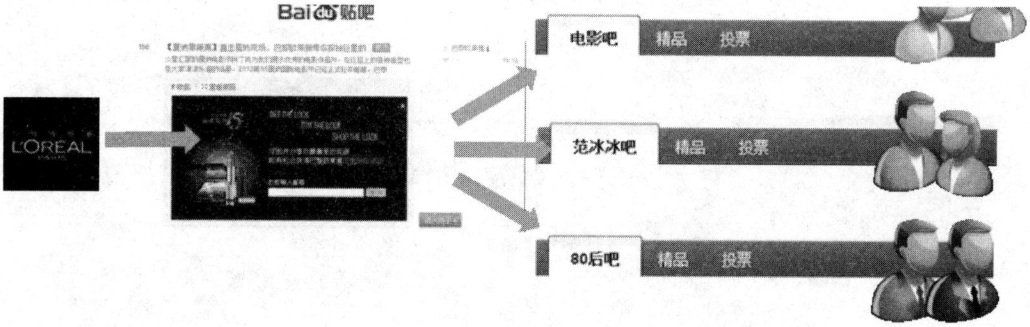

图 6-34 贴吧推广样式

贴吧推广包含资源有：软性植入、皮肤定制、读图贴吧、贴吧首页、官方贴吧等。

完整的贴吧推广流程分为 5 个步骤：

① 确定需求，明确的需求及人群描述，有助于精确地找到相关贴吧。

② 寻找贴吧，通过专业的人群分析工具找到相关贴吧。

③ 活动准备，针对活动撰写帖子内容，进行上线前的素材准备工作。

④ 推广投放，充分利用贴吧网民的活跃性，引导用户进行活动。

⑤ 运营监控，有针对性的运营能收到更好的效果，最终需要根据百度提供监控数据进行活动效果分析。

6.5.2　产品资源与特性

1．产品资源一：软性帖子

（1）基础样式。

内容强相关吧，以软性帖子形式展现在内容里，如图 6-35 所示。

图 6-35　贴吧推广基础样式

特点：沉降慢。帖子下沉速度比普通帖慢；智能推荐，精准选吧；软性植入，更易互动。

（2）除基础样式之外，贴吧推广根据活动传播的需求也提供其他多种样式的活动展现形式。

特殊样式一：视频或地图

通过视频、Flash、图片及文字等丰富的展示手段传递信息，彰显品牌感，同时可以将官网活动前置到贴吧，可实现数据与官网对接，如图 6-36 所示。

特殊样式二：互动投票

针对官方活动，结合贴吧平台的特点，定制化设计互动形式，使用户加深品牌印象，积极参与，单次活动达到理想效果的同时提升品牌知名度、认知度，如图 6-37 所示。

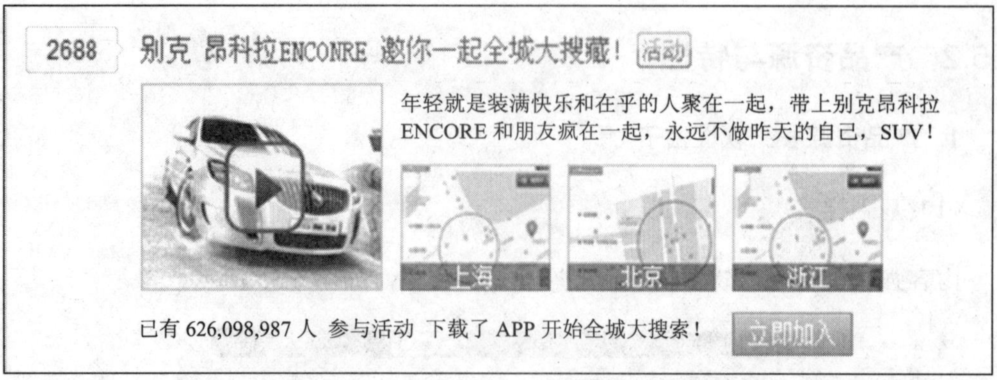

图 6-36 视频&地图推广

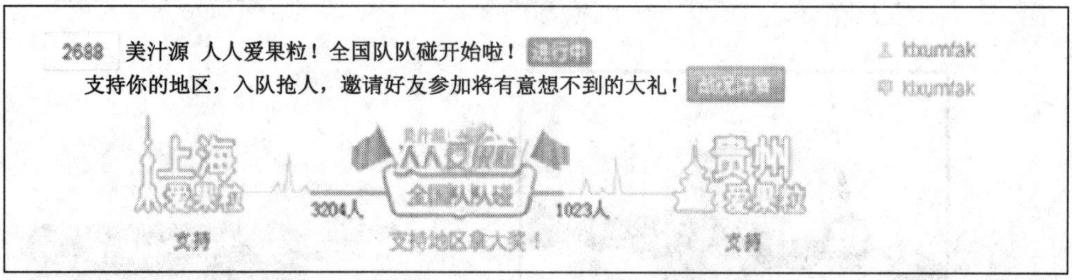

图 6-37 互动投票

特殊样式三：APP 嵌入

嵌入 APP，企业可以将自己的游戏或其他 APP 嵌入到帖子中，将最精彩的内容最直观地展示给用户，用户直接在帖子中玩游戏/使用 APP，如图 6-38 所示。

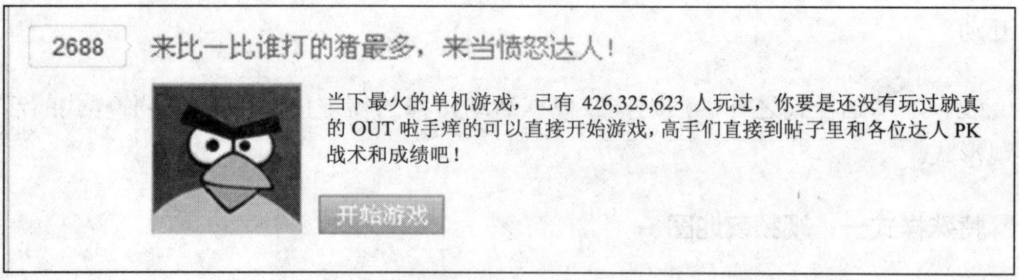

图 6-38 APP 嵌入

特殊样式四：活动直达

品牌展示、活动推广、官网导流多管齐下。多个 Tab 既引导用户直接在贴吧平台上参与活动，也可将目标用户直接引到官网，如图 6-39 所示。

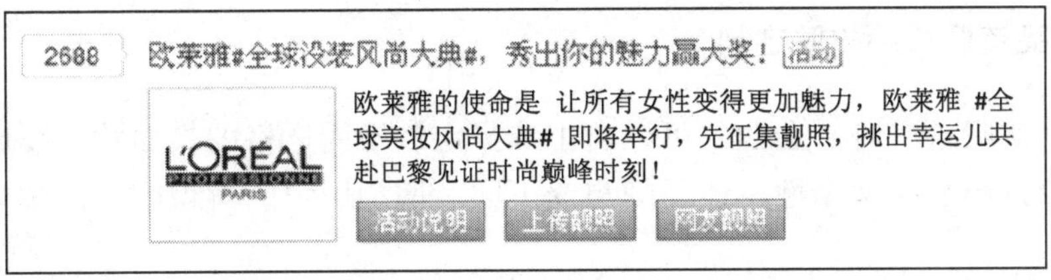

图 6-39　活动直达

特殊样式五：内容定向

利用内容定向、人群定向等多种技术手段，精准找到目标人群汇聚的吧，将商品和用户感兴趣的话题结合起来，让用户“高高兴兴买单”，如图 6-40 所示。

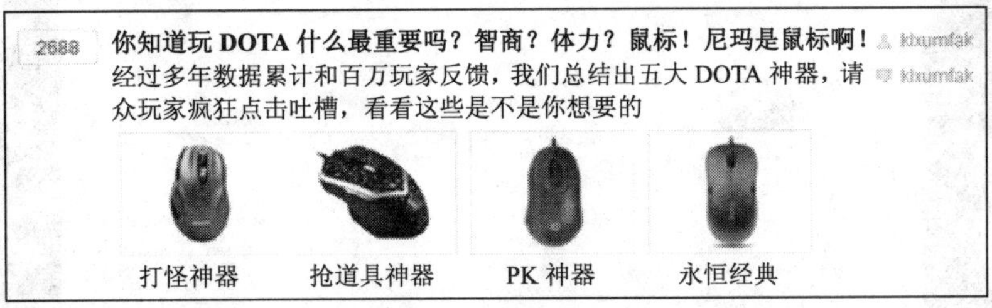

图 6-40　内容定向

多种推广样式模板方便企业主根据自身活动需求进行有针对性的投放，在增加用户互动性的同时起到提升活动效果的作用。

（3）对于内容弱相关的贴吧，推广可以以 Banner 样式展现在贴吧上部，对进入贴吧的用户进行曝光展现，如图 6-41 所示。

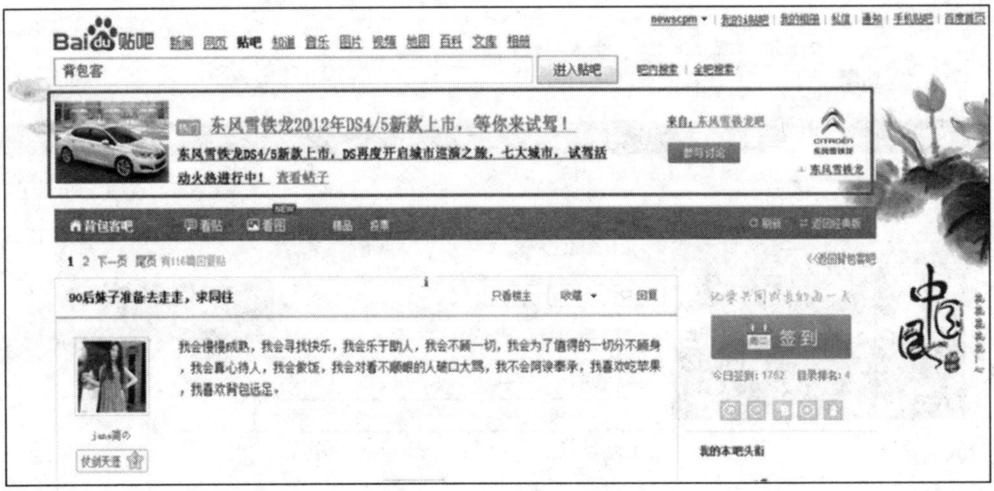

图 6-41　弱相关贴吧推广

2. 产品资源二：皮肤定制

在进行贴吧推广时，企业主可以自主选择定制不同风格的页面背景皮肤，打造品牌专属形象，彰显品牌个性，让品牌与众不同，增加用户的辨识度及品牌印象，如图6-42所示。

图 6-42　贴吧皮肤定制

3. 产品资源三：贴吧首页入口

将推广内容在首页贴吧看点文字链进行展示，可以有效地把用户导流至高热度推广帖，为软性植入带来巨大动力，增加活动帖的展现与点击，如图6-43所示。

图 6-43　贴吧首页资源

4．产品资源四：官方贴吧（贴吧品牌社区）

品牌社区是位于百度贴吧内的品牌咨询发布与互动平台，是国内唯一能够将“网页搜索”和“品牌社交”结合起来的品牌社交平台。品牌社区可以打通搜索与社交之间的联系，并且可以自主定制皮肤及模块，提升品牌影响力及辨识度，帮助用户在平台上产生更多的互动与交流；同时依靠百度强大的技术，通过关键词分析，有效形成品牌消费者塑像，如图 6-44 及图 6-45 所示。

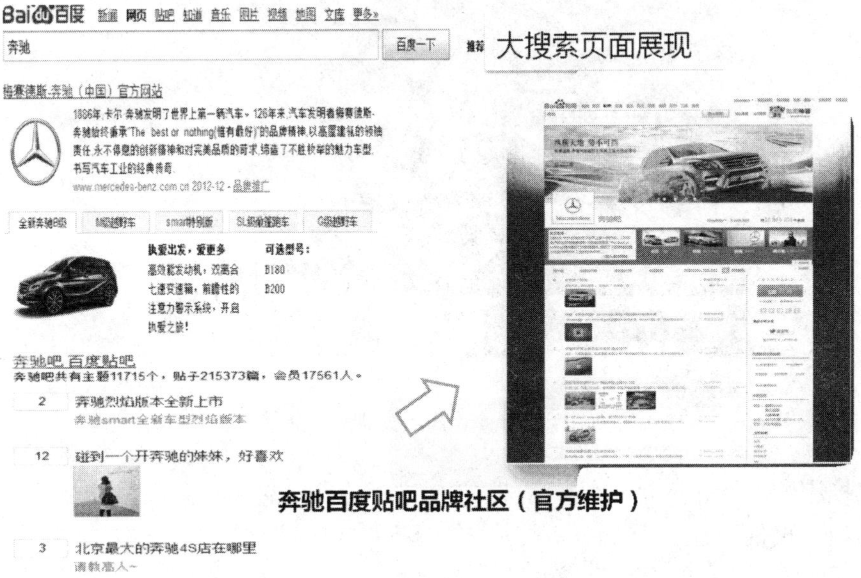

图 6-44　贴吧品牌社区（一）

图 6-45　贴吧品牌社区（二）

5．产品资源五：读图贴吧

在贴吧首页“图片广场”版块的热图推荐中进行推广内容的传播，通过有吸引力的图片将流量导入活动内容帖，完成对受众的收集，如图 6-46 所示。

图 6-46　读图贴吧

贴吧推广的软性植入活动帖均按照 CPC 进行计费，品牌社区则需要对流量进行核算后给出相应报价。

6.5.3　经典案例

【可口可乐奥运案例】

上线时间：7 月 25 日～8 月 21 日 28 天

总点击：189 940 次

支持次数：3 304 次

回复次数：7 792 次

总预算：180 000 元

所选贴吧：孙杨吧、何姿吧、刘翔吧、奥运会吧等 30 个吧

推广案例如图 6-47 所示。

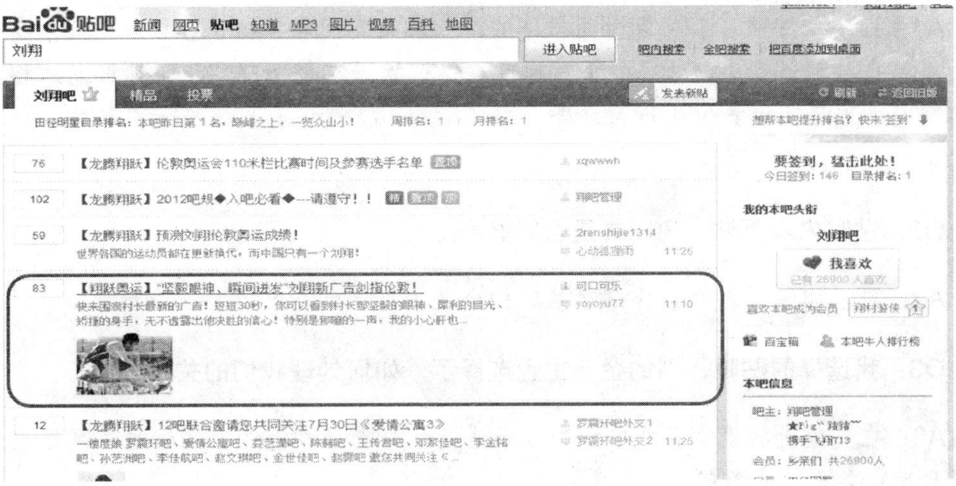

图 6-47　贴吧推广案例

（1）7 月 25 日，一期活动上线。受奥运会开始的影响，形成第一个高点。

（2）8 月 5 日，二期活动上线。上线后，可乐更换了物料并新增 10 个贴吧，因此日消费与 CTR 有明显增长，达到峰值（1.09%）。

（3）8 月 16 日，三期活动上线。再次更换物料及所选贴吧。

本案例贴吧推广数据趋势如图 6-48 所示。

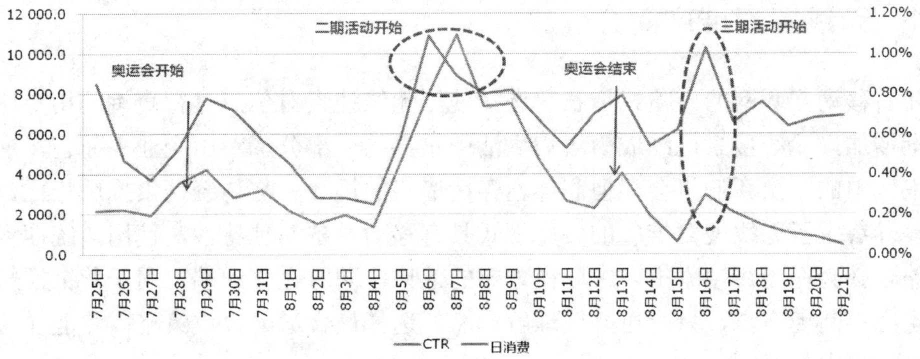

图 6-48　贴吧推广数据趋势

*活动效果受奥运会赛事影响很大。奥运会时间：7 月 28 日 ~8 月 13 日。

6.5.4　常见问题 Q&A

Q1：如果无人回复，企业活动帖子怎么办？

A1：贴吧是按照最新回复时间排序的，如果无人回复，帖子会自动下沉，我们会通过系统来控制企业活动帖子的下沉速度，保证帖子在每个吧的下沉速度基本相同。排除回复、顶等回到首位的行为之外，推广帖的下沉速度会显著低于自然帖。这其实也包含在点击价值中了。

Q2：贴吧内容页帖子的回复是否能够删除？

A2：可以删除，只有合作贴吧推广的企业主可自己在贴吧里操作删除。

Q3：我选择的贴吧，别的企业主也选择了，如何处理我们的关系？

A3：在一期上线期间，将在选吧阶段进行优先选择和控制，保证每个可投放的贴吧里只有一条生效的推广帖。

Q4：投放之后，我们会有报告展示吗？报告的读取会在什么地方？会有 PDF 等纸质版本吗？

A4：锦囊系统内会有提供活动相关的统计数据，指标包括活动覆盖人数、展现次数、点击次数、回复次数、支持数、投票数；暂无纸质版本。

6.6 移动时代的商机——无线搜索推广

6.6.1 无线搜索推广简介

随着移动互联网的井喷式增长，选择使用无线搜索对信息进行查询的用户比例正在逐渐增加，无线搜索已经成为人们生活中重要的一部分。对于企业主而言，这是在移动浪潮中的一次新的机会，但同样也存在诸多的挑战。与传统搜索推广相比，设备端的差异决定了无线搜索推广的展现形式具有移动设备的独特性，使用传统搜索推广的思路未必会在无线搜索推广中取得理想的效果，同时在移动端可用于营销推广的产品线也在不断地丰富，只有更好地理解产品，选择最合适的投放策略，才能在移动时代营销竞争中占得先机。

6.6.2 无线搜索推广展现形式

在 m.baidu.com 或 wap.baidu.com 对关键词进行搜索，会触发相关关键词的推广结果的展示，关键词的匹配方式、计费方式等设置均与传统搜索相似。需要注意的是，因为移动设备硬件条件限制，搜索结果页面可提供的推广位少于传统搜索推广，首页推广位的竞争热度相对较大。

- 普通样式：加框部分为无线搜索推广产品样式展示，无线推广创意与传统搜索创意结构类似，如图 6-49 所示。同样包含标题、描述、显示网址、访问网址部分，但考虑移动设备的特性，在无线搜索推广的创意展现针对用户使用习惯，提供了多种可选择的形式。
- 电话拨打样式：推广结果需要在推广计划中对企业主的电话号码进行设置，设置成功后，在创意展示时，会在普通推广结果的基础上增加企业主所设置的电话信息链接，如图 6-50 所示。当用户点击电话号码链接时，手机会自动进行拨号。这一展现形式充分利用移动设备的便捷性，简化了用户与企业主的沟通流程。

图 6-49　无线推广普通样式

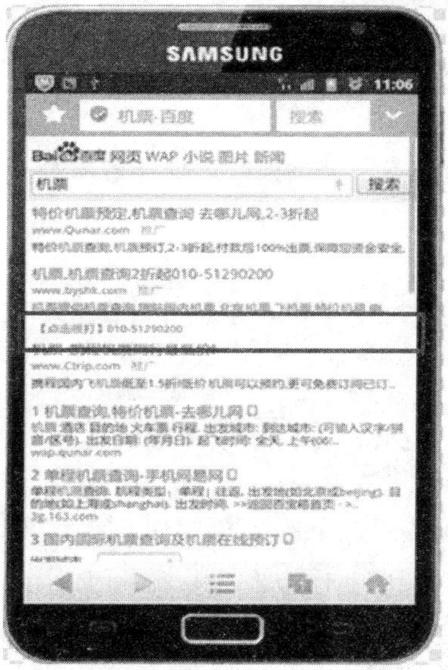

图 6-50　无线推广电话拨打样式

- APP 下载样式：推广需要在投放附加创意中进行相关设置后才可以正常展现。设置成功后，在创意被触发时，会在普通推广结果条下增加 APP 的下载按钮，用户点击按钮后可跳转进入 APP 下载页面，如图 6-51 所示。对企业主来说，无线搜索 APP 的成本比其他 APP 推广渠道低，同时用户质量比较稳定，是 APP 推广的重要方式。
- 在线咨询样式：在普通推广结果下增加了在线咨询按钮，通过点击该按钮可直接跳转到咨询对话框，用户可在移动设备上完成与客服的在线对话，如图 6-52 所示。与电话拨打样式类似，这两种创意展现形式都是在移动设备所具有的特性之上，减少了用户可能的流失环节，简化了用户信息获取流程，提升了创意投放效果。

图 6-51 无线推广 APP 下载样式

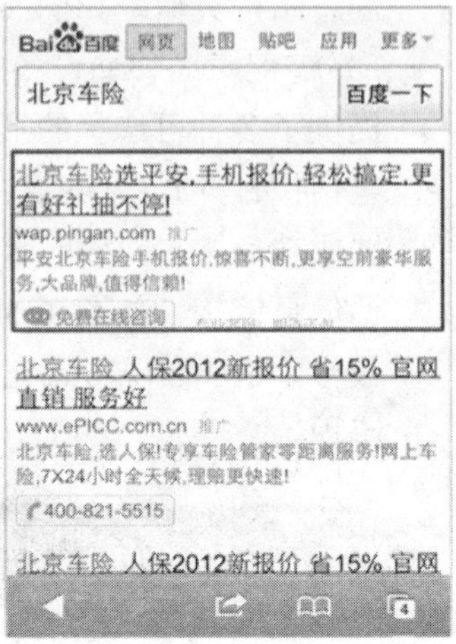

图 6-52 无线推广在线咨询样式

6.7 企业 APP 推广利器——无线搜索 APP 推广

6.7.1 为什么要做无线搜索 APP 推广

2012 年，中国手机网民规模达到 3.88 亿，3G 用户规模超过 1.92 亿，中国智能手机出货量超过 1 亿部，手机 APP 用户数超过 1.5 亿，APP 使用时间超过了网民上网时间的 1/3。种种数据表明，2013 年，是应用为王的一年。

早期的智能手机操作系统为 Windows Mobile 和 Symbian，那时网民会到手机软件论坛去下载 APP；目前的两大主流智能手机操作系统为苹果的 iOS 系统及安卓系统，未越狱的苹果用户在苹果官方 APP 市场下载 APP，越狱的苹果用户在 PP 助手等第三方市场下载 APP；安卓系统用户一般在 91 助手、安卓市场等第三方市场下载 APP。现在，网民的使用习惯逐渐回归，很多智能机应用下载已经重新回归到搜索端进行。

如图 6-53 所示，权威数据表明，目前约 45%的用户使用搜索引擎下载安装 APP。超过 10%的高端机流量具有 APP 搜索倾向。

APP 推广白热化，APP 搜索推广打破烧钱困局，具有费用低、流量大、质量高的特点。

百度是目前中国最大的移动搜索引擎，百度移动搜索引擎平台每天响应海量用户需求。

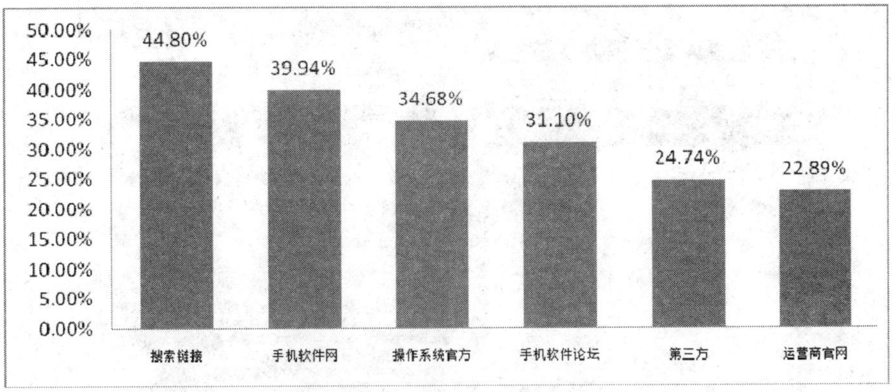

图 6-53　使用搜索引擎下载 APP 百分比

百度在移动搜索结果页面的推广链接结果中，直接显示 APP 下载按钮，一次点击即可完成下载，如图 6-54 所示。

推广结果排名原理与 PC 端搜索推广原理一致，按照价格和质量度进行排名。用户点击“立即下载”会直接跳转到 APP 下载页面。

跳转后的详情页示例如图 6-55 所示。

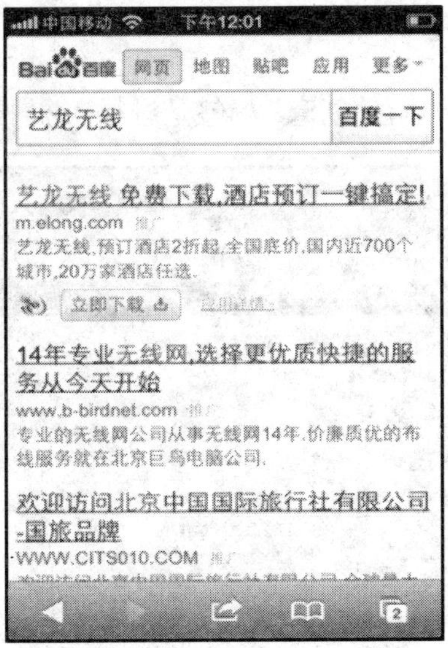

图 6-54　APP 搜索推广展现形式

用户在相关下载页面就可以直接进行 APP 下载和安装的操作。

图 6-55　APP 下载示例

6.7.2　如何加入无线搜索 APP 推广

1．如何设置 APP 推广

APP 推广入口：

（1）“推广管理”下新增“附件创意”标签是进行 APP 推广的入口，如图 6-56 所示。

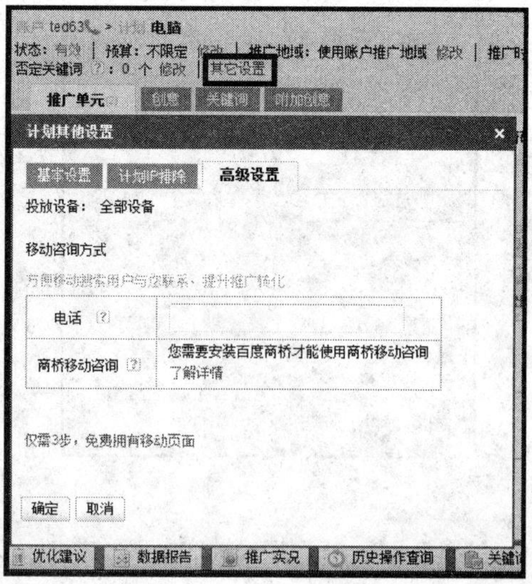

图 6-56　APP 推广设置

（2）投放设备中选择投放“仅移动设备”或“全部设备”的计划可用于 APP 推广。

（3）选择“仅移动设备”时，APP 推广仅展现在高端机上；选择“全部设备”时，APP 推广在 PC 和高端机上都会展示。

2．APP 推广操作流程

APP 推广操作流程如表 6-2 所示。

表 6-2　APP 推广操作流程

	账号绑定	应用提交	物料提交
目的	绑定百度搜索推广账号与百度开发者中心账号	在百度开发者中心提交所需推广应用及应用保证函	选择符合推广资质的 APP，完成剩余物料及买词
位置	百度推广平台	百度开发者中心平台	百度推广平台
耗时	10min	最多 2 个工作日	由企业主控制

6.7.3　常见问题 Q&A

Q1：如何看到 APP 推广的数据？

A1：展现、点击、消费等常规数据在账户推广后台可见，APP 推广细分数据及下载量，可向客服申请单独提供。

Q2：是否可以监控下载量？

A2：可以，但目前的监控数据不包括 iOS 的下载量与 Android 标题部分产生的下载量。

企业可通过选择安装百度统计 SDK 实现所有推广 APP 下载量的监控。

Q3：已经投放其他推广样式的企业是否可以参加 APP 推广？

A3：可以。建议企业根据不同的推广样式，优化买词。

Q4：企业买词规则遵循现有凤巢推广，不限于“客户端”、“APP”一类的词?

A4：行业相关的非 APP 类词也能形成有效的下载。

Q5：PC 端展现结果是否可以下载？

A5：PC 端可以通过点击标题进入企业主 Wap 站下载页的方式完成下载。若想呈现完整 APP 推广样式，建议推广计划选择仅投放移动设备。

Q6：Android APP 和 iOS APP 同时推广，不区分买词，是否冲突？

A6：不冲突，会根据不同终端属性进行适配。

Q7：推广 APP 在开发者中心有更新，是否需要到推广账户中更新物料？

A7：开发者中心的应用更新信息会自动同步到推广账户后台。若应用在开发者中心下线或删除，建议暂停其他单元活跃物料。

Q8：审核规则、品牌词保护是否和原有关键词审核规则一致？

A8：一致。

Q9：Android APP 和 iOS APP 是否可以分别监控数据？

A9：由于一个单元匹配一个应用，Android 和 iOS 视为两个应用。数据在 APP 列表中是区分的。

Q10：不同排位是否会影响展现样式？

A10：现阶段展现在推广位的位次不会影响推广样式。

Q11：绑定账户出错，如何解绑？

A11：目前企业不能自行解绑，需由客服提供要解除绑定的百度推广账号和开发者中心账号反馈至无线官方邮件组。

6.8 移动内容资源精准定位——无线联盟

6.8.1 移动网盟的发展及现状

随着移动 APP 应用及无线内容网站的发展，受众获取信息的渠道在不断向移动端倾斜。针对这一趋势，移动网盟从技术上实现了推广对于移动端设备上的内容覆盖，在移动应用和移动网页中进行文字链、图片、动画推广展示，企业主可以在推广后台对受众进行筛选设置，利用各种移动属性实现精准投放，从而满足企业主的无线推广需求。无线网盟使用 CPC 竞价的方式进行计费，通常每次点击价格的起价为 0.2 元。

产品样式如图 6-57 所示。

(图 1)应用 banner 文字　　(图 2)应用 banner 图片　　(图 3)WAP banner 图片

图 6-57　移动网盟展现形式

6.8.2　移动视频介绍

在移动应用或移动网站播放视频时，无线联盟同样可以进行推广信息的介入，展示视频贴片植入。移动视频推广前可以通过后台对相关受众进行筛选设置，同时结合移动网盟的使用，能够更加全面地覆盖移动端内容受众，丰富了创意展现的形式，如图 6-58 所示。移动视频在计费模式上与一般网盟有所区别，使用 CPM 的方式进行收费。

图 6-58　移动视频展现形式

6.9　营销产品整合运用

6.9.1　互联网营销发展背景

随着互联网的飞速发展，越来越多的电商网站开始崛起。电视、报纸、户外、各大网站中的Banner甚至连广播中也充斥着电商类的推广信息。电商企业之间的角逐将这片市场炒得异常火热，引得传统品牌企业也开始或准备开始加入这个战场。

品牌企业电商化是一个必然的趋势，Apple、Nokia、Sony、Canon 等国外企业很早已开始了网络零售的进程；苏宁、国美、海尔也先后开始加大了电商方面的投放力度。

为什么品牌企业明知这个市场竞争已经非常激烈，仍要涉足呢？在找出答案前，我们先来看几组数据。

（1）来自于 eConsultancy&Adobe 近期对电视是否依然是大众媒体的研究显示：有23%的被调查者认为，如果要接触到大众消费者用户，还是要靠电视。不过，有 52%的被调查者表示不这样认为。

（2）DCCI 调查显示：中国用户在工作日媒介消费时间占比中，互联网占 47%，手机 22%，电视仅占 12%。非工作日互联网占比达 44%，手机 22%，电视占 14%。而在互联网中，有 44%的消费者认为搜索引擎是其日常消费的重要信息来源。

（3）Forrester 研究表明，27%的受众在观看到显示类推广信息后，使用搜索引擎搜索了该产品、品牌或公司。

从以上这些数据不难看出，传统媒体在对受众的影响力方面已经越来越弱。互联网目前以 35 岁以下年龄段为主流人群，对网络形成依赖的一代人，即将陆续进入到购买力充沛的时期。未来市场的主力，将是这些在互联网环境下长大的受众。难怪摩根史丹利在 2010 年预测：2020 年，整个互联网的零售占比会占到整个商业零售的一半。

6.9.2 营销产品组合策略

互联网正在崛起，而互联网中的搜索在品牌传播及零售渠道中扮演的作用也越发显著。各大搜索引擎中也有着许多可利用的营销产品，如关键词、网盟、品牌专区、精准、掘金等。将这些营销产品进行整合，无疑会帮助品牌企业顺利地达成“品牌+电商”两手抓、两手都要硬的目标。整合营销的前提是设置合理的目标，其次才是在相应的目标下，如何将营销产品进行整合，以使其效果最大化。对于电商化的品牌企业网站来讲，在不同阶段需要有侧重点不同的目标。不同的营销产品都拥有着不同的特性，虽然企业的品牌知名度及推广物料的内容都会影响营销产品的表现，但它们还是会有些固有的特点和规律可循。

以下的矩阵法可以很快地帮我们挑选出所需的营销产品。

通过一些过往的经验（对于初期上线的推广，可以从同样行业企业历史投放情况进行参考），我们可以按照两种企业所关心的指标将营销产品用散点图标识出来。图 6-59 所示指标为点击量和转化量。也可用点击量、转化率或其他任意两组指标。若该企业已经对所有营销产品有一段较长时期的投放经历，则参考历史投放情况可以更好地帮助企业定位不同营销产品对自身网站的作用。这里所举的案例仅为某企业的情况，不同企业在投放时，营销产品在散点图中所处的位置会有所不同。

根据该企业各营销产品转化与点击的历史表现，我们得到四象限图，如图 6-59 所示。

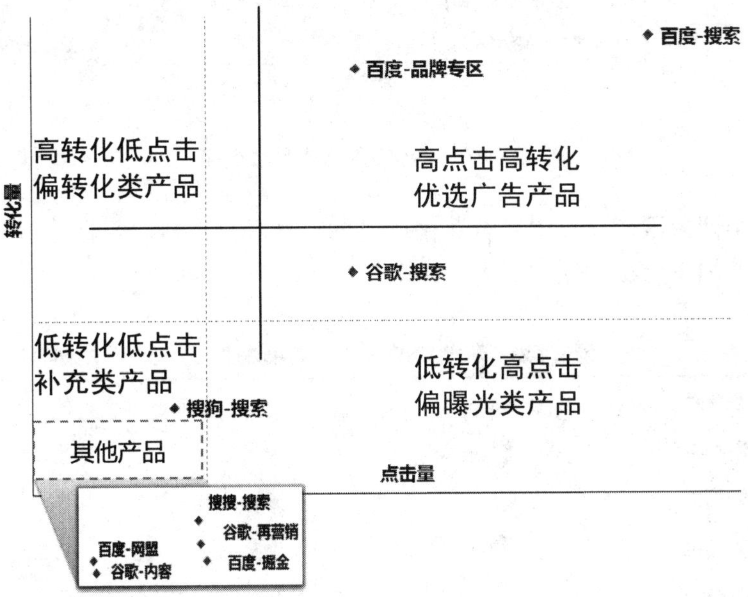

图 6-59　转化&点击产品散点图

从中可以看到，无论是偏流量还是转化的目标，关键词推广都是必选的形式。

但目前这种筛选判断方法足够严谨和科学吗？显然不是。因为在此案中，点击量、注册量都与预算有很大关系。所以，对于“量”的指标，我们在做散点图之前，需要进行一步换算。即我们已经知道这些营销产品的平均点击价格和转化成本，则在预算相同的情况下，看这些营销产品的点击量和转化量会有多少。

那么，“相同的预算”应该如何取值呢？因为我们知道，受到营销产品特性的限制（比如受众不足够多，或是售卖形式的不同），有些营销产品即使你出再高的预算，它也无法获得更多的点击量和转化量。因此，我们建议取这些营销产品中曾经花费较小的那个营销产品的预算作为参考值。用这个预算来推导各个营销产品的点击量和转化量。

如此计算后，可以得出与图 6-59 截然不同的四象限图，如图 6-60 所示。

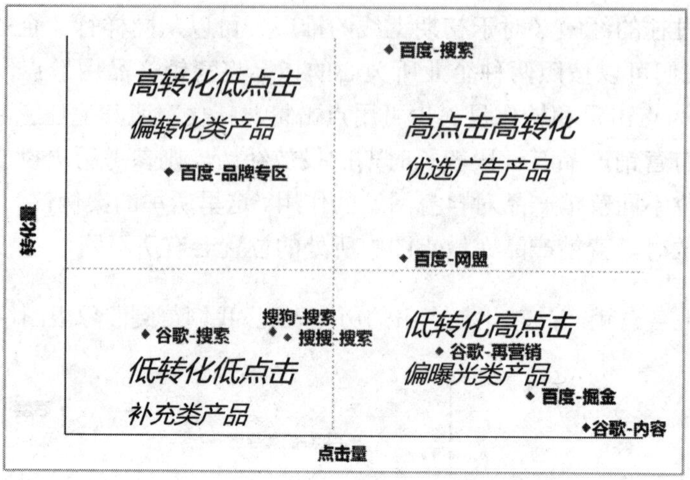

图 6-60　转化&点击产品散点图

根据这个四象限图，可以结合营销产品的特性及推广阶段目标，对营销产品进行组合，如图 6-61 所示。

	网站带流量&品牌树立	促销活动	在线订单
百度-搜索	必选	必选	必选
百度-品牌专区	必选		必选
百度-网盟	必选	必选	必选
百度-掘金	可选	必选	
谷歌-搜索	可选		可选
谷歌-内容	可选	必选	
谷歌-再营销	可选	必选	
搜狗-搜索	可选		可选
搜搜-搜索	可选		可选

必选广告产品　　可选广告产品

图 6-61　产品特征及组合

而无论哪种营销产品，都会有它自身的边际效应存在。因此，对于图 6-61 所得出的分析结果，还需根据经验和整体的预算情况进行微调。

至于是用平均数还是中位数来做区隔，可以根据自己对数据的理解取舍。一般情况下，平均数作为一组数据的代表，比较稳定，但会受到极端数据的影响。中位数虽然不受极端数据影响，但可靠性较差。因此我通常会使用平均数做区隔，遇到极其特别的极端数据时，通常会先将这个营销产品排除，再做散点图，因为往往拥有极端数据的营销产品，其特性也更鲜明，很容易判断在何时应该选用，无须再与其他营销产品一起进行分析取舍。

6.9.3　综述

总之，企业在不同发展阶段，需要运用不同的产品达到其营销目的，使企业连贯进入下一阶段的营销活动，并且在品牌效应形成之后使用相关产品产品对流量起到承接反馈。从现在的趋势来看，整合营销是大势所趋，而每一次整合营销的运作，都是建立在对媒体营销产品及企业营销需求进行透彻分析之后，只有这样才可能达到企业所希望的营销目标。

第 7 章

百度推广工具汇集

为了更好地帮助企业管理推广项目，实现营销目标，百度官方也有针对性地推出了一系列推广相关的辅助工具，如果可以熟练使用这些工具，那无疑会极大地提高工作效率，为推广效果的提升增加砝码。本章将重点对推广中的常用工具进行介绍，帮助大家熟悉工具的操作和用途。

7.1 网站流量分析工具——百度统计

7.1.1 百度统计简介

1. 百度统计研发背景

互联网营销其实就是数据营销，网民的一系列动作都会伴随着网站的运转和数据交互，对于数据来说很多人既爱又恨，大家都知道数据是了解营销情况和解决网站问题的基础，但是很多人并不清楚如何才能得到并运用这些数据，从而在竞争中丧失了先机，特别是对于 SEM 而言，如果没有数据的支持，就像无头的苍蝇，找不到方向，无法明确账户问题和优化方向，最终造成投放效率低下。

作为一名优秀的 SEM 优化师，必须学会用数据分析方法武装自己：充分运用流量分析系统、了解推广账户及网站的现状和趋势，具有“数据驱动营销”的运营思路和推广策略，有针对性地管理网站和账户，有效地达到既定营销目标。

百度针对当前国内互联网环境，总结国内外资深互联网人士的需求，结合国内用户的主要特征，开发出了专业的网站统计分析工具——百度统计。百度统计具有稳定、快速、专业、易用、免费的特点，能够准确反馈访客来源及在网站上的浏览行为。与传统的流量统计工具仅注重流量数量相比，百度统计更注重对流量质量和访客行为的分析，通过对更多维度和指标的展示，帮助分析人员更加全面地对网站流量及用户体验进行优化。同时，百度统计通过多种手段确保用户网站数据的安全性、稳定性和实用性，百度内部成熟的分布式计算框架、海量的数据存储引擎等互联网先进技术，加之冷热双备、大规模服务器集群的稳定性都是用户数据安全的保证。

2．百度统计监测原理

百度统计采用基于脚本的统计方式，这需要在网站检测的页面代码中嵌入一段脚本（JavaScript 等），如图 7-1 所示。整个工作流程如下。

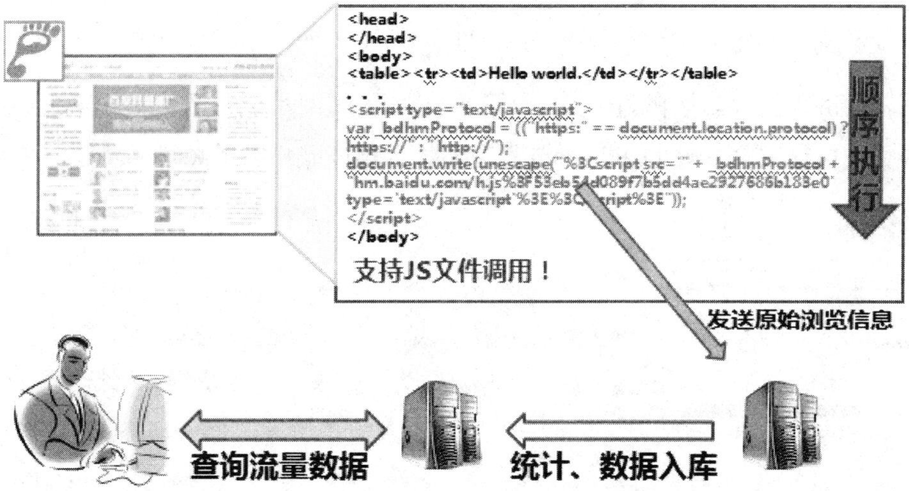

图 7-1　百度统计工作流程

① 访问者通过浏览器向 Web 服务器发送请求。

② Web 服务器响应请求，返回预选设置的 Tag 标记的 HTML 页面。

③ 浏览器执行 Tag 标记，向第三方数据收集服务器请求数据获取 JavaScript 文件。

④ 浏览器收集服务器响应请求，返回用于收集网页、浏览器和 Cookie 信息的 JavaScript 文件。

⑤ 数据收集服务器产生的点击流量日志，返回 1×1 像素的图片。

现在主流的分析系统绝大部分都采用这种方法进行数据收集，比如谷歌分析（GA）、51啦、cnzz等。

这种方法具有代码部署难度低、只需嵌入脚本代码、无须配置服务器、能够快速获取点击、相应数据并方便展现、无须担心缓存带来的影响、数据准确度较高等优点。但也存在一些缺点，比如，爬虫程序不会执行JavaScript，所以这类数据请求会被丢弃，数据获取JavaScript下载过慢或者执行性能不佳，若访问者的下一个点击动作非常快，则有可能会漏掉该页面的浏览记录，如果用户禁止JavaScript执行，将不会统计到任何数据。

在进行数据收集之前，需要明确产品的优势及劣势，才能使数据分析的针对性更强，准确性更高。

7.1.2 百度统计安装指南

1. 百度统计安装和设置

① 登录百度统计。

通过百度推广后台，找到“百度统计”点击进入，图7-2中两处都可进入。也可以通过百度统计主页tongji.baidu.com登录，输入推广账户和密码即可。

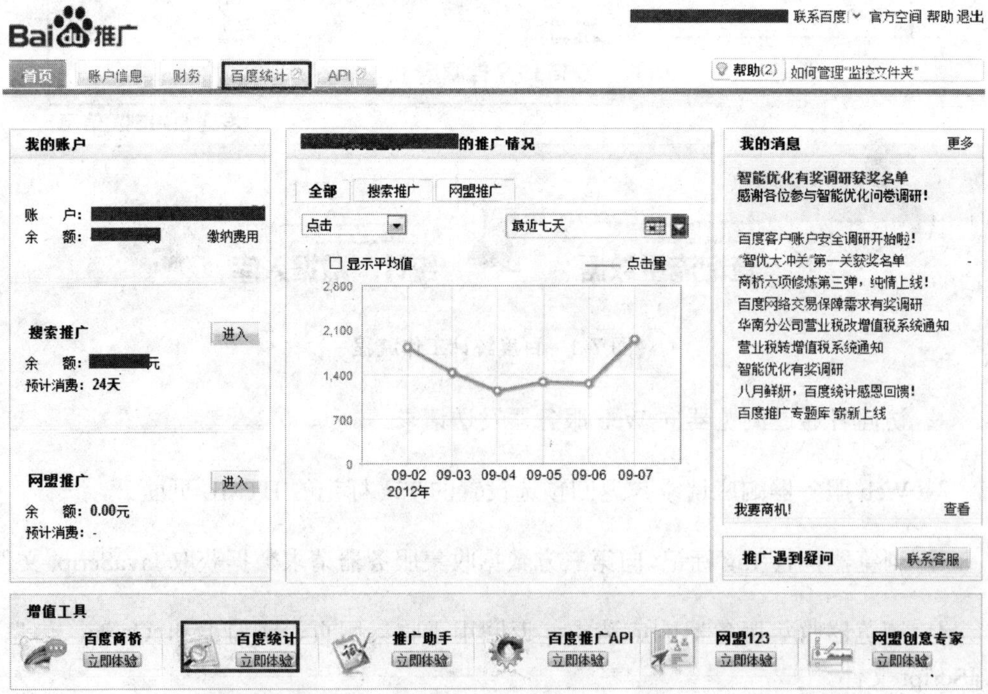

图7-2 百度推广后台

② 输入监控网站主域名并且确认协议，如图 7-3 所示。

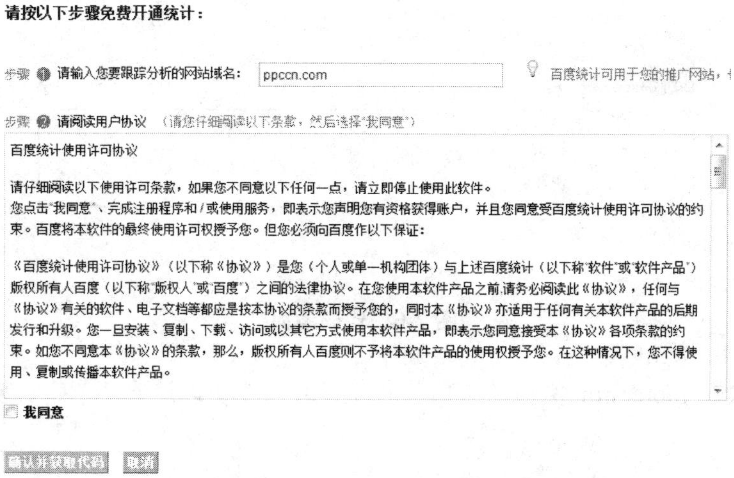

图 7-3　开通百度统计页面

③ 获取跟踪代码并进行跟踪。获取代码入口如图 7-4 所示。

图 7-4　获取代码入口

针对百度统计总共有三种代码可以选择安装。

第一种基础代码：主要用来统计访客来源行为属性的代码，也是必须要安装的代码，如图 7-5 所示。

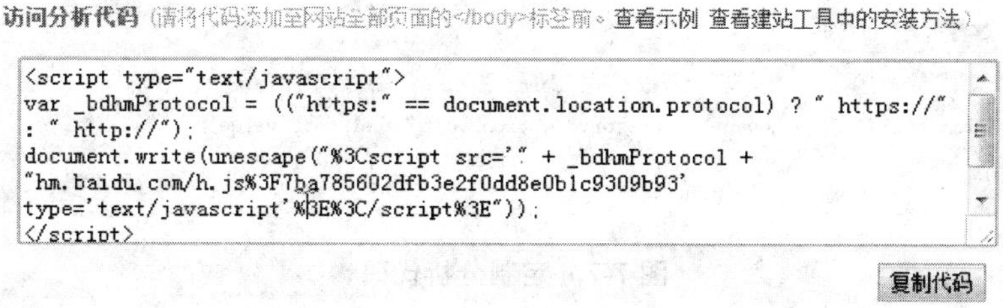

图 7-5　访问分析代码

安装步骤如下。

① 将代码添加至网站全部页面的</BODY>标签前，如果还使用了其他统计软件，请将百度统计代码放在其他代码之前，如图 7-6 所示。

```
<!DOCTYPE HTML PUBLIC "-//W3C//DTD HTML 4.0 Transitional//EN">
<HTML>
<HEAD>
<TITLE> New Document </TITLE>
<META NAME="Keywords" CONTENT="">
<META NAME="Description" CONTENT="">
</HEAD>

<BODY>
您的网站内容

<script type="text/javascript">
var _bdhmProtocol = (("https:" == document.location.protocol) ? " https://" : " http://");
document.write(unescape("%3Cscript src='" + _bdhmProtocol +
"hm.baidu.com/h.js%3F1fd30e24-8e39-0e75-50e7-da4c920a735d'
type='text/javascript'%3E%3C/script%3E"));
</script>
</BODY>
</HTML>
```

访问分析代码

图 7-6　代码添加

② 建议在 footer.htm 类似的页脚模板页面中安装，以达到“一处安装、全站皆有”的效果。

③ 若网站为框架式网站，请在框架集页面和子框架页面均安装统计代码，且框架集页面中，请安装在</BODY>标签前。

④ 如果代码安装正确，一般 20 分钟后，可以查看网站分析数据。

第二种定制分析代码：满足部分用户多元化的分析需求，比如，搜索品牌词来到网站以后，他们有什么样的访问行为习惯，有针对性地优化网站；网站某个下载按钮的被点击次数，有针对性地进行改善。定制分析代码如图 7-7 所示。

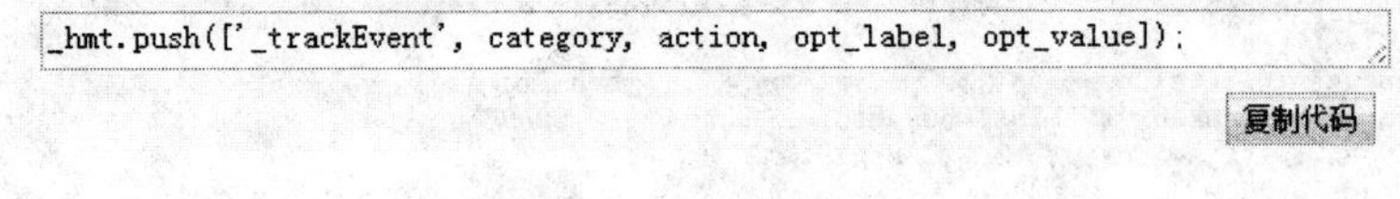

图 7-7　定制分析代码

安装攻略：

（1）定制分析代码的安装可能会需要技术人员的协助。

（2）自定义变量定制分析代码。目前，百度统计默认支持对 5 组自定义变量进行分析，请在部署代码时注意不要超过这个限制，以免影响数据的准确性。

（3）事件定制分析代码。目前百度统计默认支持传递的参数种类最大为 category 30 种、action 10 种、opt_label 30 种，如果部署代码时传递的参数过多，可能会造成报表数据不准确，请通过报表中的“指定参数”功能指定需监控的内容。

第三种页头访问分析代码：这是针对百度推广用户开放的高级功能，主要用来监控那些页面只打开了一半就离开的访客数据，如图 7-8 所示。

图 7-8　页头访问分析代码

2．百度统计安装注意事项

（1）若选择同时安装两段代码，需要注意。

- 两段代码的安装顺序不要颠倒：页头访问分析代码安装在页面顶部，访问分析代码安装在页面底部。
- 两段代码的安装位置要正确：为了不影响页面的加载速度，请将页头访问分析代码安装在</head>标签前，访问分析代码安装在</body>标签前。
- 两段代码均不要重复安装：重复安装相同的代码会导致数据重复统计，请删除多余的安装代码。

（2）不要对代码有任何编辑操作：随意编辑代码会导致代码无法成功执行，且可能影响到网站页面的显示。

（3）在所有推广目标 URL 页面添加代码：为了准确跟踪百度推广点击，必须在所有参与百度推广的目标 URL 页面安装两段代码。

（4）对于框架式网站，建议按以下方式安装。

- Frame 式框架：在框架集页面的</head>标签前安装页头访问分析代码和访问分析代码；在子框架页面的</head>标签前安装页头访问分析代码，</body>标签前安装访问分析代码。需要注意的是，如果需要尽量准确地跟踪百度推广点击，请务必在框架集页面安装百度统计代码。

- IFframe 式框架：在框架集页面和子框架页面的</head>标签前安装页头访问分析代码，</body>标签前安装访问分析代码。

（5）使用模板的网站，建议将百度统计代码封装在模板中，在合适的位置调用此模板便可获取流量数据。

（6）百度统计暂时无法跟踪网站中的纯 Flash 页面。

7.1.3 百度统计功能介绍

当网站代码装好之后，百度统计就会生成各种报告，访问者如何进入我们网站的？进来以后对哪些东西感兴趣？如何离开网站的？下面我们就来详细了解百度统计的报告功能。

百度统计分析分为：百度推广（百度推广用户特有）趋势分析、来源分析、页面分析、访客分析、定制分析和优化分析六大功能。

第一：趋势分析

有比较才能有进步，趋势分析就是基于时间序列对某一统计指标数值进行的排序，从而了解这段时间网站的运行情况，通过时间段的对比，来了解网站流量的趋势走向。

趋势分析有 4 个细分功能，分别是实时访客、今日统计、昨日统计和最近 30 天统计。

- 实时访客：了解最近 30 分钟内流量的变化，了解其地域、搜索关键词、来源、入口页面、停留页面、退出页面等一系列数据，帮助我们迅速了解网站现状。
- 今日统计：可以了解到今天以小时为单位的流量趋势变化，通过维度筛选与之前的数据做对比，做出各种分析，如图 7-9 所示。

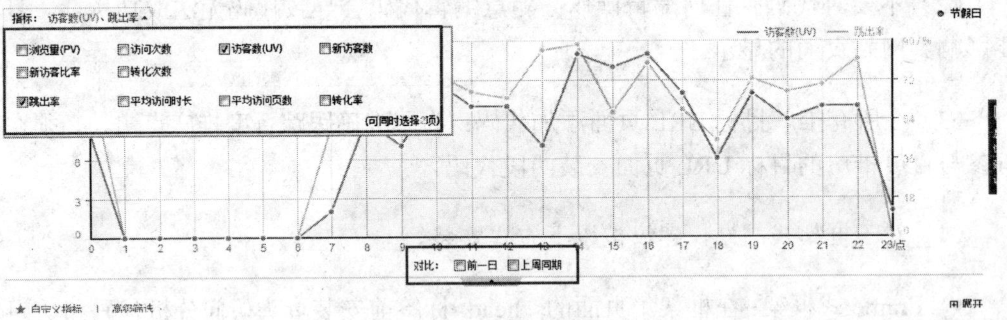

图 7-9 今日统计图

- 昨日统计：与今日统计一样，但是数据相比今天更加全面，能够更全面地进行数据展现。

- 最近 30 天：可以了解到最近 30 天以天为单位的流量趋势变化，了解各个维度指标的变化趋势，如图 7-10 所示。

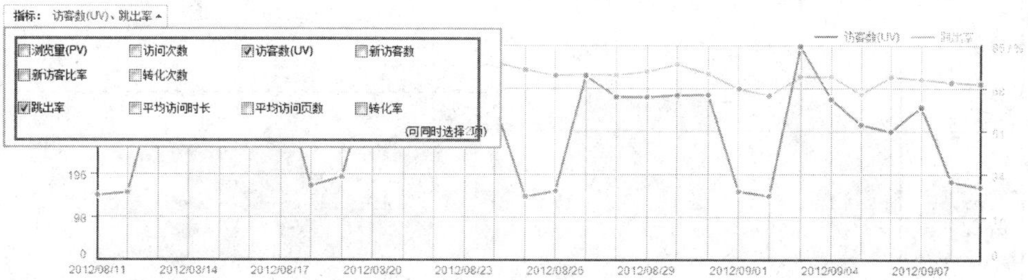

图 7-10　昨日统计图

第二：数据来源分析

在网站监控中，最重要的一环莫过于推广。要了解推广的效果，首先要了解其根源，也就是流量来源，而百度流量来源分析很好地解决了这一问题。

从网站角度来看，流量分为三种：直接流量、搜索流量和外部链接。进入网站的渠道除去直接和搜索引擎进入以外，其他所有的渠道都可以称之为外部链接。在我们日常的网站分析中，搜索引擎来源流量和外部链接流量是最重要的两部分，这两部分的流量质量直接关系到网站整体的运营。网站流量来源类型如图 7-11 所示。

◉按来源类型　○按来源网站　　转化目标　全部页面目标

来源类型	浏览量(PV)↓	访客数(UV)	跳出率	平均访问时长
1 搜索引擎	8,132	5,722	76.2%	00:07:23
2 直接访问	4,223	2,543	59.08%	00:12:14
3 外部链接	1,442	1,278	95.92%	00:06:50
当页汇总	**13,797**	**9,543**	**74.44%**	**00:08:36**

图 7-11　网站流量来源类型

百度统计可以区分所有的主流搜索引擎，并对各种搜索引擎不同类型的搜索行为做出细分，该部分数据可以作为判断搜索推广或 SEO 优化程度的依据，帮助分析人员发现网站在搜索引擎运营中所存在的短板和机会。

在清楚了搜索引擎整体数据之后，我们需要了解用户具体是通过搜索什么关键词来到网站的，搜索关键词是用户需求最直接的表现，能够反映出用户需求与我们的网站业务是否一致。了解用户最根本的动机是展开优化工作的前提。

通过百度统计进行搜索引擎流量来源分析时，首先要了解并分析搜索引擎总流量，然后细分每个搜索引擎流量，最后细分重要的关键词带来的流量，“不断细分”是搜索引擎优化过程中的重要思路。各搜索引擎数据如图 7-12 所示。

转化目标 全部页面目标

	搜索引擎	浏览量(PV)↓	访客数(UV)	跳出率	平均访问时长
1	百度	7,033	4,836	73.21%	00:07:13
	百度网页搜索	7,033	4,836	73.21%	00:07:13
2	Google	1,004	812	91.71%	00:07:54
	Google网页搜索	1,000	809	91.8%	00:07:51
	Google视频	4	3	66.67%	00:22:41
3	搜狗	49	39	90.48%	00:15:51
	搜狗网页搜索	45	35	89.47%	00:17:28
	搜狗知识	4	4	100%	00:00:23
4	谷歌	20	15	88.89%	00:05:41
	谷歌网页搜索	20	15	88.89%	00:05:41
5	网易有道	10	9	100%	00:10:56
	有道网页搜索	10	9	100%	00:10:56
6	搜搜	7	6	100%	00:00:11
	搜搜网页搜索	7	6	100%	00:00:11
7	360搜索	5	4	75%	00:01:03
8	Yahoo	2	2	100%	00:30:53
9	bing.com	2	2	100%	00:15:13
	当页汇总	8,132	5,725	76.2%	00:07:23

图 7-12 各搜索引擎数据

通过外部链接可以了解到除搜索引擎以外的媒介对网站流量的贡献。在进行外部链接流量分析时，首先需要灵活运用相关维度的指标排序，根据相应的维度，快速找到最有影响力或最值得关注的外部链接；其次，除对外部链接进行个体化分析外，还要善于对链接进行归类分组，以便进行链接组的比例和平均值分析。相对于搜索引擎，外部链接的来源组成会更加复杂，更需要提高对数据的敏感性，才能及时发现外部链接中存在的问题和机会。

第三：页面分析

通过来源分析报告，了解了各种来源的流量及转化情况，可以通过优化流量渠道提高网站的推广效果。那么网站的好坏如何分析？这就需要对页面进行分析。

网站的内容是其具体的价值之一，内容依靠页面承载，访客来到网站不全是因为网站的名气和品牌，更多地是体验网站的内容和服务，所以需要站长通过分析不同类型的页面对网站进行优化。百度统计页面分析报告就可以帮助站长实现这一目标。

（1）通过入口页面报告可以了解访客进入网站后首要访问和次要访问的页面是哪些。这些页面影响访客对网站的第一印象，对于访客是否继续关注网站，以及最终是否选择产品或服务起着决定性的作用。我们可以从界面美观性、操作方便性、内容专业性等多方面提升页面质量，以促使访客保持对网站的继续关注。

（2）通过受访页面报告可以了解访客进入网站后对哪些页面最关心或者最感兴趣。通过这些页面，可以了解访客在网站上最关注的内容，并根据这些内容，及时更新或调整页面信息与布局，以促进访客尽快完成转化目标。

（3）通过页面上下游报告，可以了解访客的访问轨迹，抓取用户的访问规律并从中发现问题，比如，网站在某一些页面流失大量的用户，就需要对这类页面进行分析优化，以免丢失可能的商机。

（4）页面点击图报告通过热力图的形式直观展示网站访客的点击行为。热力图反映用户在页面上的浏览特征，从中可以发现页面中可能存在的问题，善于运用页面点击图报告进行分析，对于有效提升网站的用户体验十分关键。

对于热力图报告的分析思路，需要结合具体场景实施，以下几个案例可以作为热力图分析方法的参考。

【场景一：如何对用户的误点击进行分析？】

透过热力图发现，有的图片没有链接，但是用户的点击很多，为什么？这很可能说明用户以为这个位置是个链接，但实际点击却没有，这就是网站设计的问题，浪费了用户的感情，也丢掉了网站的流量和银子。这对用户体验影响很不好，可以在这样的位置增加链接，满足用户需要。有了热力图，不可点击区域发生的事情也一目了然。你将发现访客经常会点击那些不是链接的地方，也许你应该在那些地方放置一个资源链接。比如，如果你发现人们总是在点击某个产品图片，你会想到他们也许想看大图，或者是想了解该产品的更多信息。同样，他们可能会错误地认为特别的图片就是导航链接。

【场景二：业务联系电话、推广创意应该放在什么位置，既让用户点击，又不影响美观？】

通过热力图，看用户关注的页面版块区域是什么。热点区域（红色部分）的周围，是最“车水马龙”的位置，也是适合放置关键信息的位置。在不影响美观的前提下，将业务联系电话、推广创意等放在这些黄金位置的附近，能够大大提高用户体验。

【场景三：多个链接点击后到达同一页面，用户更喜欢哪一个？】

如果有两个链接被点击后跳转到同一页面，用链接点击图无法衡量它们的点击情况，而热力图精确到每个像素，哪个点击多可以一目了然，去掉或优化点击少的链接，让界面更整洁有效。

第四：访客分析

“访客”这个词后面是一群活生生的网民，每个网民都有自己的特点，通过百度统计工具，他，就像异地的水珠，汇聚在一起成了互联网的这个河流，我们称之为“流量”。所以，虽然网站分析的任何对象指标都是以流量为表征的，但理解访客，才能理解流量的本质。我们不能真的亲眼见到网站访客，但是通过百度统计的报告数据，能够了解到访客的一些信息，通过调整网站的链接位置和内容等方式，提高网站的转化效率。

在访客分析报告里面有 4 种维度报告帮我们了解网站的访客：地域分布报告告诉我们访客来自哪里，以及各地域来源访客的比例；系统环境报告帮助我们了解用户使用操作系统和浏览器的情况，以及使用不同浏览器的访客表现；新老访客报告对新旧访客区分分析，了解两种访客类型之间不同的访问特征，比如来源、网站的使用情况等；忠诚度报告通过对用户访问页面数等黏度指标的解读，反映用户对网站的认可程度。

第五：定制分析

针对不同的用户，会有一些个性化的需求，定制报告为帮助企业了解其个性化需求主要分为两种。

（1）子目录报告：针对某一特定目录或者特定页面，通过这些报告可以告诉我们，页面流量来自哪里，访客在这个页面的一些行为表现，以及访客人群的属性。把这些数据放到一起，整体地进行综合分析，让我们能够了解到推广效果及用户的访问情况。

（2）转化路径报告：提供了访客在目标的各个步骤上的访问行为数据。进入网站的访客中究竟有多少最终完成转化？访客在进入某个转化目标后，通常在哪些步骤放弃了继续访问？目标或路径页面是否足够吸引访客？这些问题都可以在转化路径报告中找到答案。

百度统计支持三种转化目标的设定，分别是页面转化、访问时长转化和事件转化。方便不同类型用户根据自己的需求选择。

- 页面转化，如图 7-13 所示。

图 7-13　页面转化

- 访问时长转化，如图 7-14 所示。

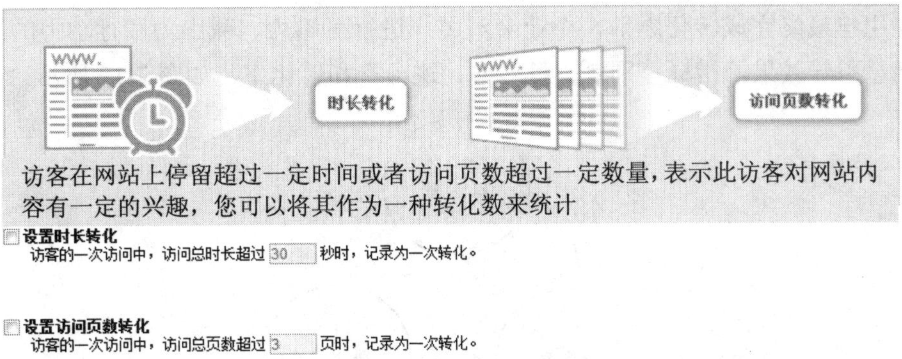

图 7-14　访问时长转化

- 事件转化，如图 7-15 所示。

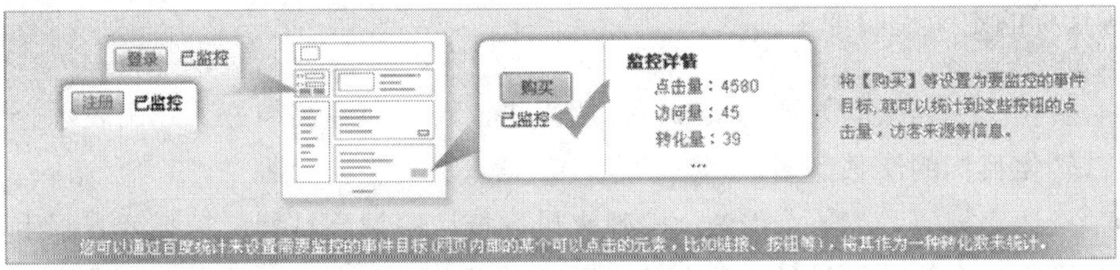

图 7-15　事件转化

虽然不同网站的转化目标大相径庭，但转化路径却具有极高的规律性，都可以概括为由接触到行动的过程，如图 7-16 所示。

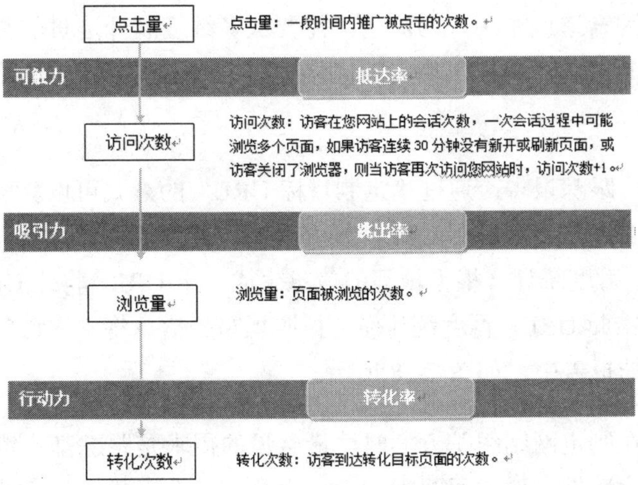

图 7-16　转化路径图

在用户最终完成转化之前，企业会对用户进行可触力、吸引力和行动力的决策引导，衡量引导效果的指标分别是：抵达率、跳出率和转化率，如图 7-17 所示。

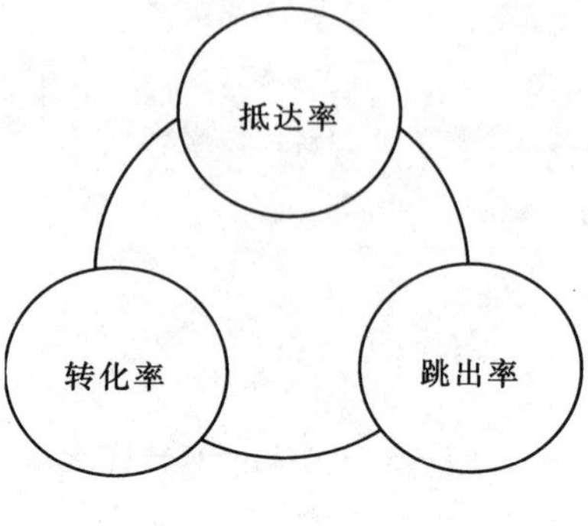

图 7-17　三个重要因素

各指标的定义说明如下。

- 转化率=转化次数/访问次数：一般来讲，转化率越高越好，越高表示企业完成转化目标的次数越多。
- 抵达率=访问次数/点击数：一般来讲，抵达率越高越好，越高就表示用户通过推广创意到达网站的次数越多，说明有更多对百度推广的点击被转换成了对网站的访问。
- 跳出率=浏览一个页面的访问次数/总访问次数：一般来讲，跳出率越低越好，越低就表示有更多的访客留在网站继续访问，网站对访客有一定的吸引力。

这三个指标在用户转化过程中都有着十分重要的意义，但在整个转化路径中，往往不是只有一个因素造成了用户的流失，需要从多维度展开连贯的数据分析，才能帮助我们发现并诊断问题，并提出相应的优化方案，以达到降低转化路径的用户流失率的目的。

（3）制定推广跟踪报告：通过“定制目标 URL”的方式可以获取不同媒介的推广数据。推广上线前，需要对目标 URL、媒介来源、计划名称、关键词和推广创意等信息进行描述设置，百度统计会根据填写的信息生成一个 URL，将此 URL 作为推广目标 URL 后，访客点击此 URL，百度统计便会按照填写的信息将本次访问进行归类并限制在制定推广跟踪的报告中，如图 7-18 所示。

事件跟踪：在制定网站跟踪方案时，最常见的需求是跟踪基于锚链接、按钮等网页元素的用户行为数据，例如跟踪视频播放次数、文件下载量、商品购买次数等，百度统计事件报告则是为了解决这类需求应用而生的功能。

第六：优化分析

网站分析的核心目的就是针对网站流量来源和内容进行优化，而百度统计中为广大站长提供了强大的网站诊断优化工具，可以提供实用的优化建议。

（1）SEO 分析报告

众所周知，自然排名是一种免费而且高效的流量来源，通过一些优化手段可以让我们的网站在搜索引擎中被更好地抓取，我们简称为 SEO（搜索引擎优化），而在这个报告中，百度会利用自己的搜索平台功能给出网站一些关于 SEO 的建议，帮助大家改善网站。

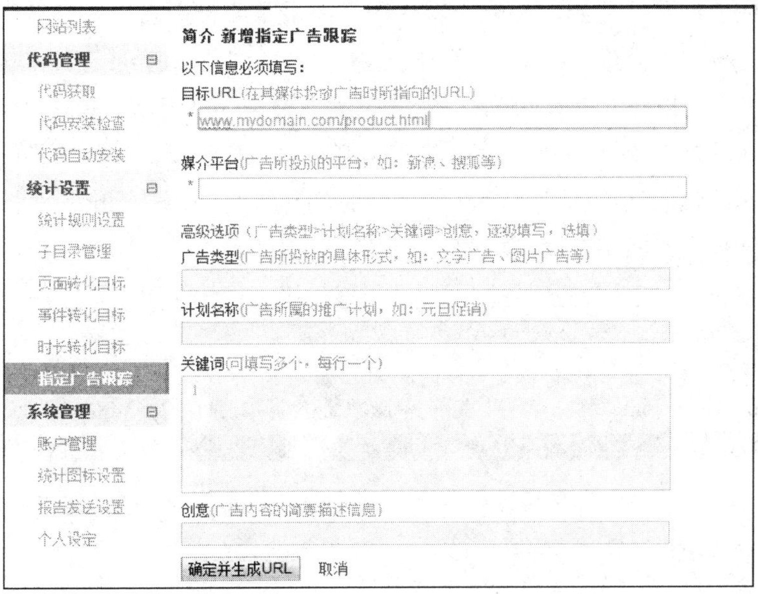

图 7-18　新增制定推广来源跟踪

（2）搜索词排名报告

这个功能主要是针对用户搜索引擎上的搜索行为，帮助大家了解用户搜索中的重点关键词趋势，可以作为营销策略制定的参考。包含的维度：搜索词百度排名、百度指数、浏览量 PV、UV、跳出率和访问时长。

（3）百度自然排名索引量

这也是 SEO 相关的一个重要指标，要想关键词排名靠前，首先要保证网站被百度抓取，网站的索引量（收录量）也可以从侧面衡量网站在搜索引擎中的表现。如果有一天自然流量骤降，就需要检查是不是因为网站的索引量下降造成的。百度索引量如图 7-19 所示。

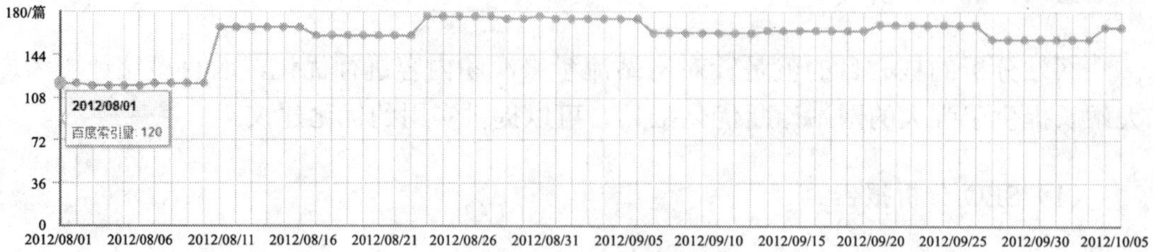

图 7-19 百度索引量

（4）网站速度诊断

网站响应速度是关系到网站能否留住用户的最重要指标之一。通常网页加载时间超过 4 秒，25%的人会放弃；手机网页超过 10 秒，50%的人会放弃，60%的人不会再返回；搜索引擎结果提交慢 0.4 秒，一天的搜索量减少 800 万次；40%的移动购物者会放弃加载时间超过 3 秒的网站。网站响应速度是网站建设及优化中常见的问题，百度统计的网站速度诊断功能帮你了解网站页面的打开速度，并会给出针对性的技术优化方案，帮助站长提升网站性能，如图 7-20 所示。

图 7-20 网站速度诊断及建议

（5）升降榜

类似于趋势分析，这里主要是对访问来源进行不同时间段的对比，对比类型包括来源类型、搜索引擎、搜索词和外部链接等，可以使用环比或同比的对比方式，帮助网站优化人员更加明确流量变化的根源。

7.1.4　网站分析维度

浏览量：用户每打开一个页面就被记录一次。一个浏览量就是电脑从网站下载一个页面的请求。当页面上的 JS 文件加载后，统计系统会统计这个页面的浏览行为，有如下情况需要注意：（1）用户多次打开同一个页面，浏览量的值累计。（2）如果客户端已经有缓冲文档，甚至是不是真有这个页面（比如 JavaScript 生成的一些脚本功能），都可以记录为一个 PV（Page View），即页面浏览量，但是如果利用网站后台日志进行分析（因为缓存页面可以直接显示而不经过服务器）那么就不会记录为一个 PV。

访问次数：访问是指访客从进入网站到与网站的交互过程。访问次数反映了统计期间发生了多少次网站访问，是评价网站流量的常用指标。如果访客连续 30 分钟，没有重新打开或刷新页面，或者访客关闭浏览器，则当访客下次访问网站时，访问次数加 1。反之，访问离开后半小时内再次访问，则算同一次访问，以上对访客均以 Cookie 为准。

访客数（UV）：即唯一访客数，一天之内网站的独立访客数（以 Cookie 为依据），同一访客多次访问网站只计算为一个访客。技术解读：当客户端第一次访问某个网站服务器时，网站服务器会给这个客户端的电脑发一个 Cookie，记录访问服务器的信息。当下次再访问服务器的时候，服务器就可以直接找到上一次放进去的这个 Cookie，如果一段时间内，服务器发现两个访问次数对应的 Cookie 编号一样，那么两次访问就算做一个 UV。

新访客数：一天中的独立访客中，历史第一次访问网站的访客数。

新访客比率：新访客比率=新访客数/访客数，即一天中新访客数占总访客数的比例。

IP 数：一天之内访问网站的不同独立 IP 个数之和，从 IP 角度衡量网站的流量。

跳出率：跳出率=只浏览一个页面便离开网站的访问次数/总访问次数×100%–跳出率，主要用来衡量访客黏性指标。跳出率越低，说明用户质量越高，表明访客对网站内容越喜欢。

平均访问时长：平均访问在网站的停留时长。公式：访问时长/访问次数=平均访问时长。一般统计工具是统计不到用户离开页面的访问时长的，而百度统计却可以精确统计到，能让我们精确地了解到用户在网站的停留时间。

平均访问页面：平均每次访问浏览的页面数量。公式：浏览量/访问次数=平均访问页数。

转化次数：访客完成期望动作的次数，用来衡量网站推广效果或者网站可用性。

转化率：转化数占总访问的比例，公式：转化次数/访问次数×100%=转化率。

维度应用案例。

访客甲：

10:00 进入网站页面 A

10:02 进入网站页面 B

10:06 进入网站页面 C

10:45 访问网站页面 A，并离开。

访客乙：

10:30 访问网站页面 C，然后关闭页面。

此时在百度统计上产生的数据为：

浏览量=5

访客数=2

访问次数=3

平均访问时长=2 分钟

平均访问页面数=5/3

跳出率=2/3=66.67%

如果访问 C 页面算一个转化，则转化次数为 2，那么转化率为 66.67%。

7.2　搜索推广帮助利器——百度推广客户端

7.2.1　百度推广客户端简介

在百度推广的账户管理过程中，经常会碰上这些问题：

- 我是新户，如何快速新建账户？
- 账户里物料很多，怎样才能快速找到关键物料，快速了解优化的办法？
- 想要将一批关键词价格统一上调 10%，怎么批量操作呢？
- 我是网盟用户，常常要替换物料，费时费力，有没有什么快捷的办法？

……

这些问题，都可以利用百度推广客户端解决。

百度推广客户端是高效、智能的平台，包含搜索推广和网盟推广两大推广系统，账户管理人员可以利用百度推广客户端进行 5 项主要工作，以满足日常推广操作中的常见需求。

（1）批量操作：可以对大量物料进行批量新增、编辑、删除、复制和粘贴，大幅提高推广效率。

（2）关键词推荐：可以以核心词为词根，大量拓展关键词，提升流量。

（3）快速定位：可以通过筛选功能、物料定位系统等功能，快速定位关键物料，节省操作时间。

（4）智能分析：可以直观了解账户数据表现，多角度了解账户现状，直观了解推广效果。

（5）账户优化：可以直接获取优化建议，便捷地批量修改待优化的问题物料。

7.2.2 百度推广客户端操作指南

百度推广客户端安装流程很人性化，用户可以选择在线安装或者下载安装包的方式，如图 7-21 所示。

图 7-21 百度推广客户端安装

客户端支持主流的 Windows 系统，暂时没有 Mac 版本，同时需要注意，Windows XP SP3 和 Windows Vista 系统的用户需要安装.NET 框架。在安装百度推广客户端的过程中，安装程序将自动检测是否安装.NET 框架，为尚未安装的用户自动下载并进行安装。如果网速较慢，自动安装过程失败，则需要手动下载.NET Framework 3.5 SP1 的完整安装包再进行安装。

推广客户端具有版本自动检测的功能，如果有新版本更新，客户端会提示选择是否进行升级。建议将客户端保持最新版本，否则有可能会影响正常使用。百度客户端自动检测功能如图 7-22 所示。

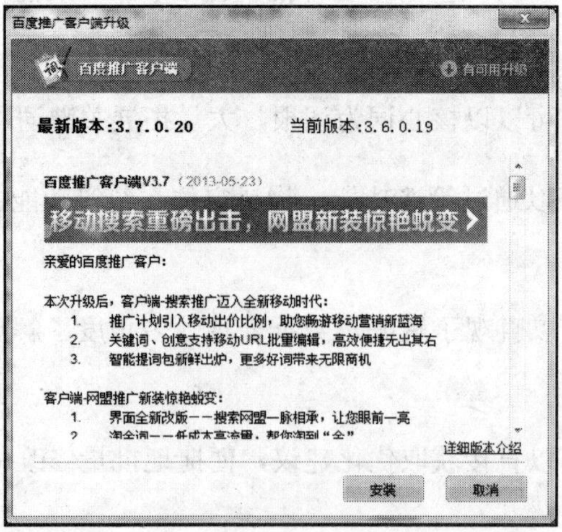

图 7-22 百度客户端自动检测功能

7.2.3　百度推广客户端使用指南

【学习说明】

注意研究百度推广客户端的页面功能结构，理解相互之间的逻辑关系。注意区别和总结百度推广客户端各部分功能与百度推广平台的差别。多实践，熟能生巧，提高工作效率。

1．界面

账户树：显示账户结构，定位物料。

监控文件夹：快捷监控重点关键词。

物料定位标签：推荐模板+高级搜索模板，快速定位关键物料。

百度推广助手管理界面如图 7-23 所示。

2．关于账户

账户相关功能可以操作添加账户、打开账户、切换账户等。

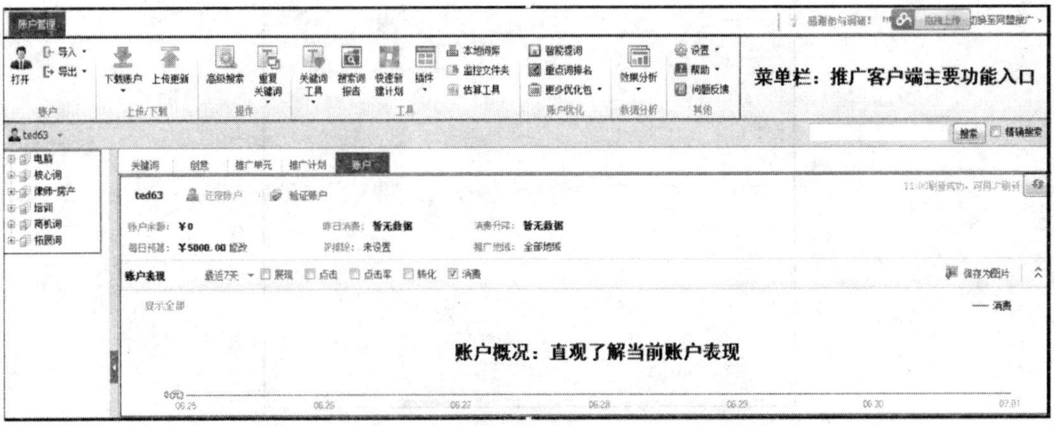

图 7-23　百度推广助手管理界面

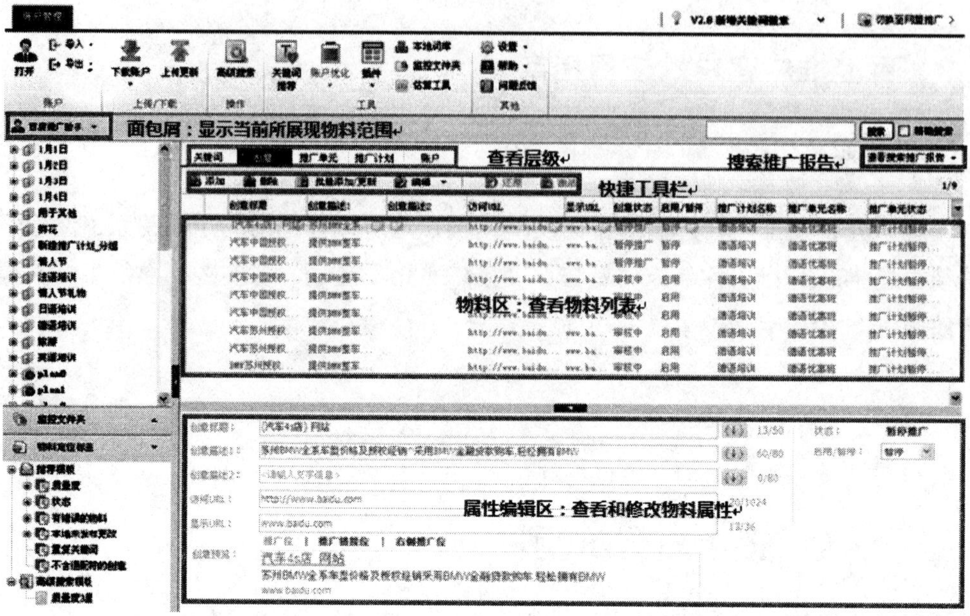

图 7-23　百度推广助手管理界面（续）

这些功能的使用都非常简单。在这里举例介绍“打开账户”的使用方法，如图 7-24 所示。

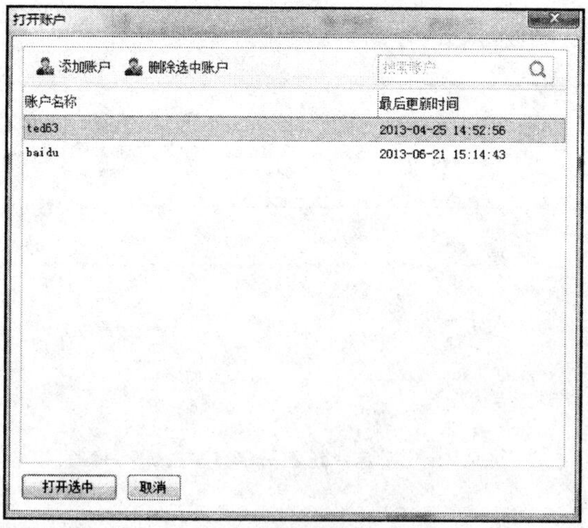

图 7-24　打开账户界面

3．关于计划、单元、关键词、创意

这部分内容，每一个模块都有添加、删除等相似的功能。

这些功能使用起来都不难。在这里重点介绍“还原”“批量”“编辑”功能的使用方法。

（1）还原功能：以“还原计划”为例，如图 7-25 所示。

图 7-25　还原账户界面

【学习说明】“还原”功能是百度推广客户端特有的功能之一，也是最能体现百度推广客户端作为“离线编辑器”的功能。

（2）批量功能：以“批量添加/更新推广单元”为例，如图 7-26 所示。

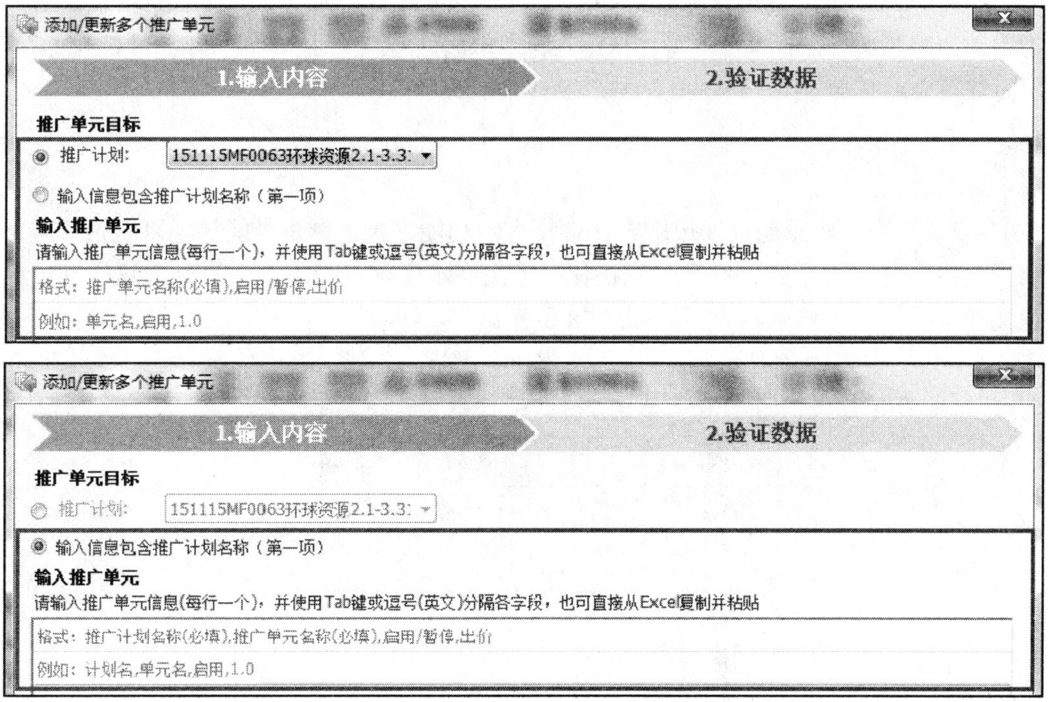

图 7-26　批量操作界面

【学习说明】“批量”功能是百度推广客户端特有的功能之一，也是最能体现百度推广客户端作为“高效管理工具”的功能。学习这部分时，注意理解体会编辑器与 excel 之间的关系，实践时，多练习两者之间的配合。

（3）编辑功能：这部分功能很多，例如文字替换、出价更改、网址更改、前后缀插入等。这里举例介绍“关键词文字替换”功能，如图 7-27 所示。

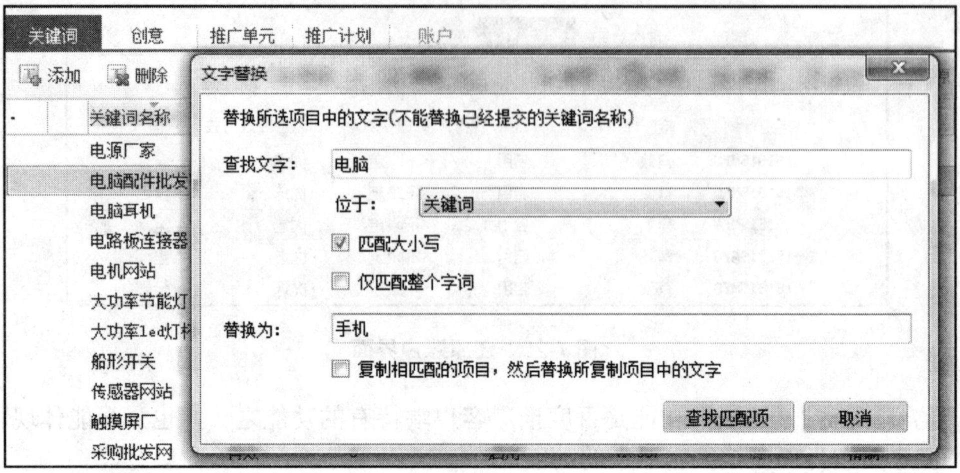

图 7-27　编辑界面

【学习说明】“编辑”功能是百度推广客户端特有的功能之一，也是最能体现百度推广客户端作为“编辑神器”的功能。这个功能在“关键词”和“创意”里都有，学习时注意总结体会。

4．账户下载

“下载账户”功能是百度推广客户端特有的功能之一，也是最能体现百度推广客户端“离线”特点的功能。这个功能在使用上没有难度，学习时要重点体会这个功能的意义和重要性。账户下载界面如图 7-28 所示。

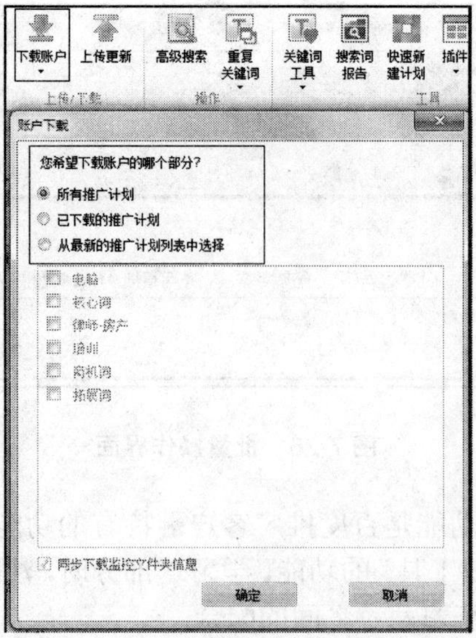

图 7-28　账户下载界面

5．高效定位

这部分功能很多，例如快速搜索、表头筛选、高级搜索、物料定位等。所有功能的目的只有一个，那就是“高效”——高效管理账户。我们举例介绍“高级搜索”功能，如图 7-29 所示。

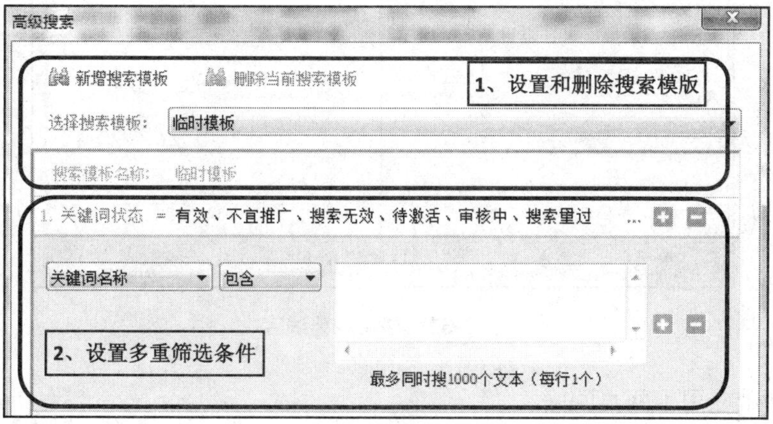

图 7-29　高级搜索界面

6．其他

百度推广客户端还集成了“智能工具”“数据分析”等功能，为企业提供更加方便快捷的管理服务。在这里，我们就不一一赘述。想进一步学习的同学可以登录 editor.baidu.com，下载最新的《百度推广客户端用户手册》来仔细研究。

7.3　电话商务沟通工具：百度离线宝

7.3.1　百度离线宝简介

百度离线宝是国内领先的提升电话转化效果的**营销应用平台**，集网页回呼、400 增值、媒体追踪等丰富的营销应用于一体，全方位分析、提升推广的电话转化效果，百度离线宝如图 7-30 所示，移动端离线宝如图 7-31 所示。

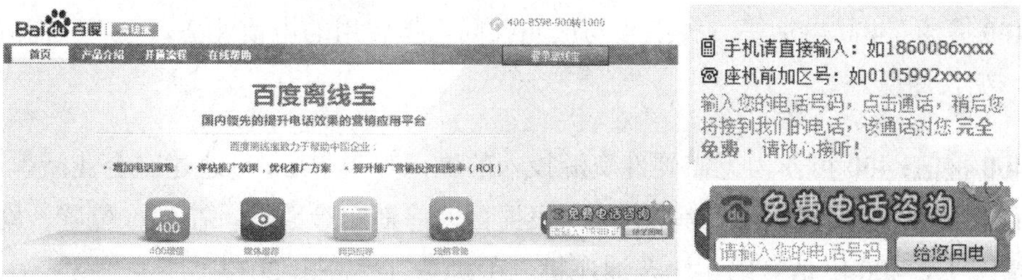

图 7-30　离线宝

图 7-31　移动端离线宝

（1）基础应用：网页回呼

产品功能：网民在网页上输入手机/电话号码，单击回呼按钮，百度离线宝会自动先后接通网民和企业的电话。

产品价值：此服务对网民免费，网民更爱拨打。调研数据表明，免费的网页回呼可显著提升企业来电量高达 30%。

典型应用：

安先生是电子电工行业某类设备的一级代理商，他的客户平均年龄较大，不太习惯在线沟通，使用了离线宝网页回呼后，网络推广的日均电话转化量迅速从 2 个提升到 3 个。安先生表示，对他所在的行业来说，大概 10 个电话咨询可以成功 1 单，每单成交金额至少过万，这样算下来网页回呼每个月可以为他增加 2～3 笔订单，有数万元的收入。

（2）基础应用：400 增值

400 概念：400 电话是一种主叫与被叫共同承担费用的电信业务，主叫只需承担市话费，免长途费。

400 价值：400 可作为无需硬件资源投入的虚拟呼叫中心，迅速建立企业品牌形象，彰显企业综合实力，赢得消费者信赖。根据百度前期实验数据，在同一位置、同一样式的情况下，400 电话号码相比普通座机、手机拨打率高出 20%。

产品功能：只要 400 供应商与百度完成了技术对接，百度离线宝即可免费提供多项高价值的 400 相关增值服务，包括但不限于电话详单报表、地域分析（如图 7-32 所示）、时段分析报表（如图 7-33 所示）、漏接电话追踪（如图 7-34 所示）、电话录音、网站电话浮窗等，电话趋势分析如图 7-35 所示。

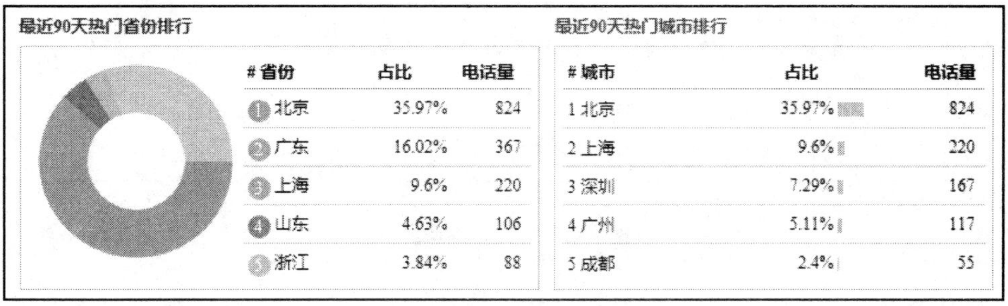

图 7-32　地域分析

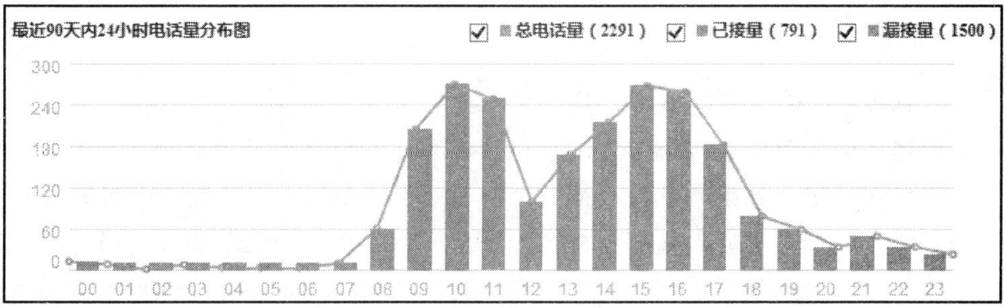

图 7-33　时段分析

图 7-34　漏接电话追踪

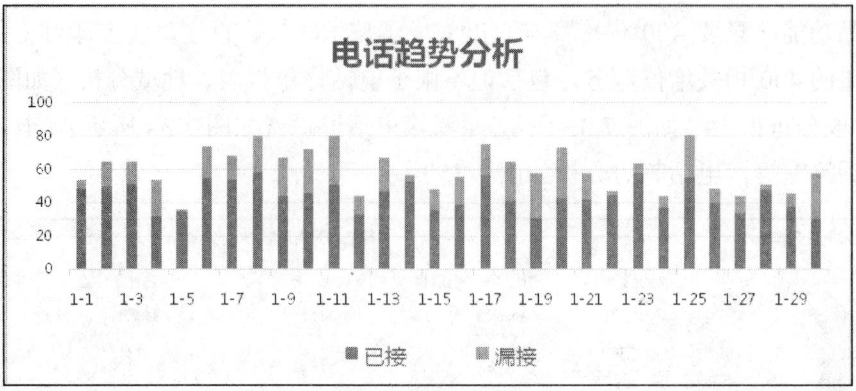

图 7-35　电话趋势分析

产品价值：专业网站电话浮窗样式提升访客用户体验，各类报表数据全方位、多角度解析企业的电话转化数据分布。

典型应用

- **数据报表：**高经理的公司主要经营中央空调业务，面向大型工程和别墅公寓等住宅。近几年发展极快，在华东地区有着强劲的行业地位和出色的客户口碑。高经理使用离线宝 400 增值应用 1 个月后，仔细阅读了时段分析报告，发现有 15%的商机量分布在每天的 18～21 点，而公司业务员通常在 18 点前就下班了。这些电话无人接听，导致商机白白流失。高经理立刻调整了 400 的接听策略，在此时段由值班销售人员手机接听，保证客户咨询时有人响应，使公司业务能够持续发展。
- **电话录音：**周小姐 3 个月前刚刚接手公司网络推广的数据分析与效果优化的相关工作。有心的她充分利用了离线宝电话录音功能：将成单率高的金牌销售员的录音进行了梳理与研究，总结出优秀“售卖话术”，与全体员工分享；分析新员工的通话录音，指出其沟通中存在的问题并进行针对性技巧指导。这套新的销售员工培训方法，不仅快速提升了电话咨询的整体成单率，也让周小姐得到了老板的高度赏识。
- **网站浮窗：**张先生的网站主要推广他的小吃品牌的加盟项目，原有的网站设计较为杂乱，电话信息难以寻觅。他使用了离线宝网站浮窗，并专门选择了招商加盟专用浮窗模板，使网站电话展现更专业、更美观、更醒目，得到了访客的喜爱。

（3）高级应用：媒体追踪

产品功能：离线宝媒体追踪应用，拥有国内领先技术，可以追踪到电话咨询来自于哪个推广媒体。

百度电话效果追踪：搜索推广（精确到推广单元）、网盟推广、百度快照等。

其他媒体线上、线下全面追踪：其他搜索引擎、门户、行业网站，电视广播、报刊杂志、灯箱路牌、名片单页等。

产品价值：衡量各推广媒体的 ROI（投资回报率），让推广预算分配更加合理。监控百度搜索推广各单元的电话转化效果，账户优化更加有的放矢。媒体电话转化效果对比如图 7-36 所示。

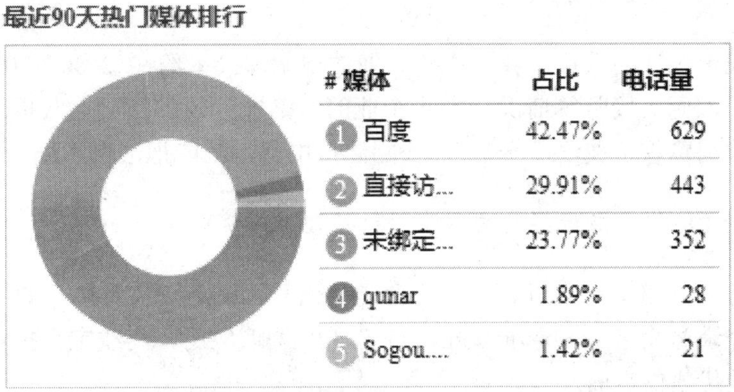

图 7-36　媒体电话转化效果对比

典型应用：

- K 酒店是一家位于首都机场附近的经济型酒店，公司的主要亮点是方便快捷的机场接送服务和经济实惠的房间价格。该酒店在离线宝小规模邀约客户体验阶段就开通了离线宝媒体追踪功能。通过百度各单元点击、消费及电话转化数据的对比分析，该酒店迅速发现了投入少、转化高的高性价比单元，并调整策略以此为重点进行投放，开通后仅一个月的时间就在整体账户消费水平不变的前提下，将日均电话咨询量提升了一倍。
- 黎小姐是华南一家著名电动车企业的网络推广负责人，进行网络推广已有 6 年多的时间。以往，每到年底都是黎小姐最繁忙的时候，因为要总结评估过去一年的各家网络媒体的推广效果，以向总经理申请新一年的预算。黎小姐过去都是采用客户问卷回访的方式收集效果数据，不仅消耗人力、劳心费神，而且用户也并非 100%配合。2012 年离线宝的推出为黎小姐解决了这一难题，作为离线宝媒体追踪的首批客户，黎小姐可以随时查阅对比不同媒体的电话转化数据，不但可以更及时地向总经理汇报，也方便了她及时对各媒体的投放策略进行优化调整。

7.3.2 百度离线宝使用指南

详情请登录 http://lxb.baidu.com/lxb/open/。

7.3.3 百度离线宝常见问题 Q&A

（1）漏接电话真的有那么重要吗？

根据离线宝统计的数据，我国中小企业的电话漏接率约在 20%～30%。换言之，占线、无信号、无人接听等情况让中小企业的网络推广效果打了七八折。在行业里面有句老话“营销费总是被浪费一半”，找回漏接电话，就能把浪费压缩一半。

（2）哪些 400 供应商已经与离线宝进行了技术对接？

如果已有 400 电话，可以咨询供应商是否已与百度离线宝对接。如果没有 400 电话，也可以登录离线宝 lxb.baidu.com，点击 400 增值应用，离线宝会推荐所在城市可以提供服务的优质供应商。

这一名单在不断扩大中，暂不在教材中一一列出。

（3）网页回呼支持手机、平板等无线设备吗？

用户使用智能机型访问企业主网站时，可以正常展现回呼浮窗和体验回呼服务。

离线宝在 2013 年会更好地把回呼与无线产品整合，系列无线相关产品正在陆续推出，敬请关注离线宝官网 lxb.baidu.com。

（4）媒体追踪应用可以直接开通使用吗？

媒体追踪是离线宝的高级应用，在使用该应用前需开通离线宝基础应用（网页回呼和 400 增值至少开通一个）。

（5）离线宝还有什么其他的应用吗？

离线宝以帮助广大百度推广企业提升电话转化为使命，是一个响应企业需求不断更新的电话营销类应用平台。更多应用正在火热开发中，欢迎已开通的企业订阅离线宝短信日报，持续关注。如图 7-37 所示。

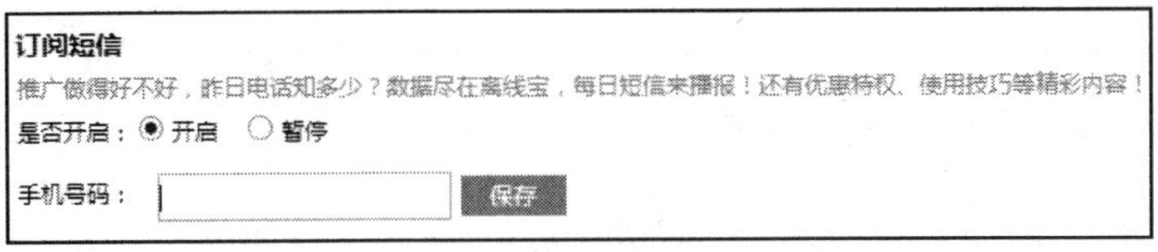

图 7-37　离线宝短信日报

注意，由于产品不断更新，教程中的配图仅为教学示意，与开通后的实际使用界面不一定完全一致。

7.4　百度指数

从没想过一个工具可以做这么多事，百度指数可以帮助我们回答下列所有的问题：

- 我在网上推广了这么久，究竟对我的品牌有多大帮助？
- 我和竞争对手的品牌差距有多大？
- 想进入一个新的领域，新领域网民的需求潜力有多大？
- 自驾游的需求旺季快来了吗？我是否应该加大推广力度？
- 樱桃小丸子和蜡笔小新谁更受欢迎？
- 哪些城市的观众更喜欢看江苏卫视的“非诚勿扰”？

7.4.1　什么是百度指数

百度指数可以反映关键词在过去 30 天内的网络曝光率及用户关注度。它能形象地反映该关键词每天的变化趋势。百度指数是以百度网页搜索和百度新闻搜索为基础的免费海量数据分析服务，用以反映不同关键词在过去一段时间里的“用户关注度”和“媒体关注度”。可以发现、共享和挖掘互联网上最有价值的信息和资讯，直接、客观地反映社会热点、网民的兴趣和需求。

百度指数刚推出的时候功能非常简单，只提供一个简略的用户关注度和媒体关注度的时间段查询，并不具备更细分的查询功能，2009 年百度指数推出了 2.0 版本，在很大程度上提高了用户体验，并且也开始支持按地区或者时间段进行更加细化的查询。

7.4.2　百度指数的价值

百度的使命是让人们最便捷地获取信息，找到所求。互联网上的信息爆炸已经让人们迷失方向，越来越多的用户迫切需要从海量的信息中发现和挖掘有价值的知识。百度指数将这个过程变得简单和可依赖。

百度指数以全球最权威的中文检索数据为基础，通过科学、标准的运算，并且以直观的图形界面展现，帮助用户最大化地获取有价值信息。通过百度指数，您可以：

- 开放式检索、发现和追踪社会热点和话题。
- 跟踪新闻事件点，预知媒体热点。
- 获取行业关键词指数，掌握商机。
- 开放式获取互联网权威数据，进行科学研究。
- 监测网站关键词变化数据。

7.4.3 百度指数的两个重要概念

（1）用户关注度：是以数千万网民在百度的搜索量为数据基础，以关键词为统计对象，科学分析并计算出各个关键词在百度网页搜索中搜索频次的加权和，并以曲线图的形式展现。

很多人会将用户关注度这个指标和百度的日搜索量划等号，这种看法是片面的。我们来看下百度指数的官方定义：百度指数用以反映关键词在过去30天内的网络曝光率及用户关注度。从指标描述上可以看出，两者只是高度相关，但并不一定等同。

百度指数可以提供用户关注度的具体数字，Google也有一个类似的工具叫Google搜索解析，其不提供具体数字。

（2）媒体关注度：是以过去30天内百度新闻搜索中与该关键词最相关的新闻数量为基础，经过科学地加权计算得到的最终数据，并以曲线图的形式展现。

7.4.4 注册版百度指数

百度指数是一个可以公开使用的工具，同时它还有一个注册版，注册版百度指数配有一个账户，在这个账户里可以更加轻松和批量地跟踪、管理百度指数。

注册版百度指数最初是面向记者用户群以邀请码的形式发放的，在2008年之前，办理一些银行和百度的联名卡也可以获取到百度指数的邀请码，后来慢慢就没有渠道可以得到邀请码了。

在注册版百度指数里，每个账号可以设置三个榜单，每个榜单可以加100个关键词。

7.4.5　百度指数的引用

百度指数的引用功能是在百度指数后期改版时新增的，在页面的时间选择框下方有一个“添加到您的网页”的标签，点击这个链接，只要添加一段特定代码到自己的网站上，即可方便地查看和引用指数数据。根据不同用户网站的不同需求，该功能支持自定义区域大小和时间范围，系统可将基于用户定义的参数生成图片，并实现每天自动更新。

7.4.6　百度指数的注册

注册使用百度指数获得更多信息，同时能够享受到更多百度指数的服务：

- 建立个性化的关键词榜单，自定义监测关键词。
- 将个性化关键词添加到百度指数数据库中。
- 开放、共享个人榜单数据，为科学研究建立数据基础。
- 传播公开的榜单数据，对关键词数据进行评论和分析。

想要注册成为百度指数用户，需要获得百度指数邀请信。如果收到邀请信，点击邀请信中的注册链接即可申请注册。注册完成后即可享受百度指数的全部服务。

如果已经拥有了一个百度账号，并且想开通百度指数权限，需要通过好友获得百度指数邀请信。点击邀请信中的注册链接，登录并验证注册序列号。

如果未收到邀请信，但拥有 16 位注册序列号，则点击“请点击此处”进行验证，验证成功后，即可成为百度指数用户。

7.4.7　百度指数功能详解

百度指数的主要功能有下面一些。

（1）洞察网民搜索习惯

比如，“瑜伽”和“瑜珈”哪个写法更加流行？

（2）挖掘网站采用的营销和公关策略

通常来说，网站品牌词在百度指数上的用户关注度这个指标与网站的访问量是成正比的。因为总有一定比例的人，他们习惯于不直接使用域名或者收藏夹，而是去百度搜索进入某一个自己熟悉的网站，所以从概率上讲，网站流量越大，这个网站的网站名的搜索量也会越大，从百度指数上就能够大致看到网站的流量走势。

如果网站流量对百度指数的影响可以看做是“内因”，那么媒体环境对网站百度指数的影响就可以理解为“外因”。如果一个网站在某个时段非常受媒体关注，或者某个时段自己做了大量的营销和公关行为，那么这些动作也会清晰地体现在百度指数上。在百度指数界面用户关注度表的下方，有一个媒体关注度指标的趋势图，这个趋势图可以对应着看，百度指数有个很贴心的功能，是在用户关注度变化的一些关键节点上，都会列出当时的一些新闻和媒体报道，可以了解到在这些节点都发生了哪些事情。百度指数如图 7-38 所示。

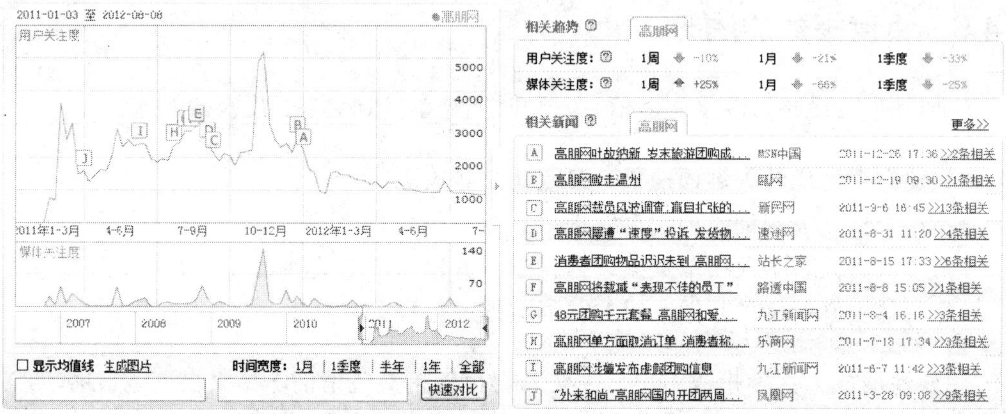

图 7-38　百度指数

（3）洞悉网站用户组成

比如晋江文学网，如图 7-39 所示。

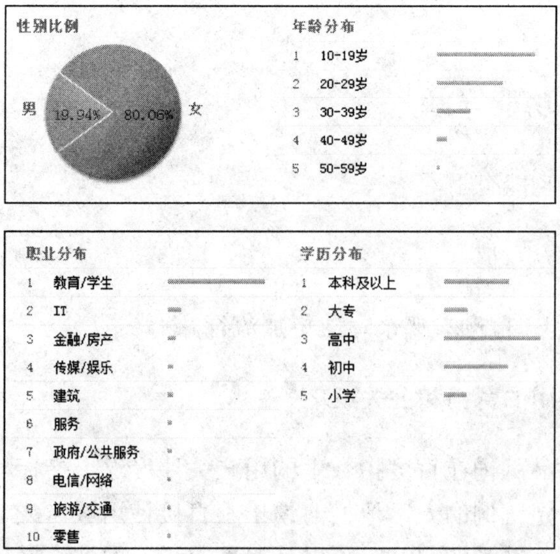

图 7-39　百度指数

7.5 百度风云榜

7.5.1 什么是百度风云榜

百度风云榜是百度网页搜索中事件、娱乐、生活等十几种类型的热门搜索内容的集合。百度搜索风云榜能够实时更新当前网友最关注、搜索最热门的内容，保证用户以快速便捷的方式对自己感兴趣的热门内容进行关注。

搜索量数据来源：

- 男歌手、女歌手的搜索量来自百度音乐搜索。
- 美女、帅哥、风景名胜的搜索量来自百度图片搜索。
- 其他关键词的搜索量数据来自百度网页搜索。

发布时间：

每天发布的关键词风云榜，系统根据前一天 0:00～24:00 的搜索量统计自动计算生成，每天早上自动更新。

7.5.2 百度风云榜相关指标解释

- 排名：该关键词搜索量在该分类中的当天排名。
- 关键词：用户搜索所用关键词，点击可以在新窗口中打开该关键词搜索结果页。
- 今日搜索量：当天早上自动统计的该关键词前一天 0:00～24:00 的搜索量。
- 历史总搜索量：该关键词进入中文搜索风云榜后的每天搜索量相加的总和。
- TOP50 上榜天数：该关键词进入该分类 TOP50 排行榜的天数。
- 日平均数：该关键词的历史总搜索量的日平均数。
- 上升最快：取当天搜索量排名前 5000 个关键词，用它们的当天排名与前 1 天的排名比较，上升变化最快的关键词。前 1 天排名低于 5000 的关键词排名记为 5001。

7.5.3 搜索风云榜主要功能介绍

1．百度搜索风向标

滚动显示的关键词是百度用户正在搜索的关键词，系统定期自动从日志记录中抽取关键词，滚动显示在显示屏上。当鼠标移动到搜索风向标时，图片会放大预览，让用户能够从图片中判断自己是否对该部分内容感兴趣。搜索风向标以 Flash 动画的形式将热点内容滚动着显示在网站首页，让用户更加便捷快速地找到所求。

2. 实时热点

实时更新的热点词汇以列表的形式展现在网页最主要的部分，这部分热点多为新闻热词或搜索热词等，用户可以点击热词开始网页搜索，或者在百度搜索风云榜中浏览相关详细介绍。

3. 七日关注

这个板块展示了七天之内搜索热词的搜索频率，并且可以关注这些词的热度是上升了还是下降了。

现有内容版块实时热点排行榜 TOP50、七日关注排行榜 TOP50、今日热门搜索排行榜 TOP50 和世说新词。

4. 排行榜 TOP50

排行榜 TOP50 有事件、人物、娱乐、生活、奇艺、汽车、游戏、电脑、教育、金融、手机、小说。

5. 风云榜评

每周网友都会对本周热门词汇进行评论，并发布在百度搜索风云榜的百度空间。

6. 年度搜索风云榜

据介绍，百度搜索风云榜以中国网民某年在百度的搜索行为作为依托，不设专家评委，不进行线上投票，完全靠网民使用百度搜索时的关键词检索量统计而来。

例如 2011 年搜索风云榜：

2011 年 12 月 21 日，百度发布 2011 年度搜索风云榜，在年度最热门搜索关键词榜单中，天宫一号、乔布斯、卡扎菲、地震、食品安全、个税起征点、房价等关键词均上榜，折射了 2011 年中国网民整体舆情关注热点。

7.6 百度品牌探针

7.6.1 品牌探针的由来

对奉行以顾客为中心的市场营销工作人员来说，发现、理解、抓住顾客的需求至关重要，许多相关的决策都以此为基础。因而我们要进行市场调研和分析，希望从中获得关于顾客与市场的有价值的信息，对这项工作的需求如此巨大，以至于它已然成为一个庞大的产业。传统上，市场调研公司或学术机构的营销研究多使用问卷、访谈、实验等方法获得数据，然后进行挖掘分析。这些方法存在周期长、成本高、样本数据有限、数据质量无法保证等问题。

幸运的是互联网行业的日臻成熟和大数据时代的到来较好地解决了这个问题。中国整体 5.38 亿（其中无线网民 3.88 亿）的网民每天在网络上的行为留下了丰富的数据库（预计 2020 年全球数据容量可达 35.2ZB，1ZB=10 亿 TB）；更为可贵的是，这些数据都是网民主动做出的曝光，其背后是人们真实或潜在的意图表达。

尤其是用户的搜索数据，每一次关键词的输入、浏览、点击、留言等都反应了用户的性格、偏好和意愿。因此，从这些海量的数据中运用一定的分析方法，可以解读出用户的各种需求，勾勒出用户的概貌，而且既保证了样本量，又可确保信息的准确性和真实性。百度作为国内使用最多的搜索引擎无疑可担此任。对想要了解企业需求的市场营销人员来说，这无异于一个巨大的宝库。

但是，如何从这个宝库里获取想要的信息并解读出顾客的需求？为此，百度开发出品牌探针这一强大的数据抓取、分析工具。

品牌探针基于百度独有的海量搜索数据，帮助企业主洞察消费者线上、线下行为，透过互联网建立消费者与品牌的联系，制定品牌沟通策略。品牌探针共由三大模块组成：品牌分析、消费者画像和危机管理。通过这三大模块，企业主可以深入了解消费者，准确把握竞争态势，从而不断优化品牌宣传。

7.6.2 品牌探针的组成部分

模块 1：品牌分析

随着互联网的普及，越来越多的消费者会通过互联网认识品牌、了解产品、购买、分享心得等。如何利用互联网大数据认识行业现状和趋势，了解自身品牌的市场地位和线上口碑，从而制定品牌沟通策略？品牌分析为您解决这一问题。

品牌分析通过对搜索大数据地整合和挖掘，准确呈现指定行业和品牌、在互联网世界中的知名度、讨论度、聚焦点等，为企业主解答以下问题：

- 这个行业在互联网上的关注度如何？趋势怎样？有越来越多的消费者在关注它吗？
- 市场集中度如何？消费者们最关注的品牌都有哪些？
- 消费者对我的品牌的关注度怎么样？他们都关注哪些方面？
- 我的竞争对手都有谁？他们口碑如何？

模块 2：消费者画像

消费者每天花在互联网上的时间与日俱增，互联网成为企业主与消费者沟通的重要平台之一。那么应该在什么渠道，对怎样的一群人，传达什么信息？答案就在消费者画像中。

消费者画像通过对消费者在互联网上的行为分析，洞察关键词背后的真实需求，刻画指定的消费者群体的全方位特征，为广告主解答以下问题：

- 这群消费者是谁？他们在哪里？
- 这群消费者和我的品牌关系怎样？
- 这群消费者都有什么兴趣爱好？
- 这群消费者在互联网上的生活形态是怎样的？

模块 3：危机管理

互联网传播信息的速度和广度，让人惊喜也让人担忧，对公关管理工作的及时性提出了更高的要求。危机管理可以帮助企业主在第一时间发现并监控热点话题，采取针对性沟通措施，积极打造并维护品牌形象。

危机管理通过对互联网海量信息的梳理监控和深度探索，精准捕捉焦点话题，实现舆情监控，为企业主解答以下问题：

- 我的品牌最近有什么热门话题？话题关键词是什么？
- 这些热门话题有多“热”？是在继续白热化，还是已经在冷却阶段？
- 某宣传活动在互联网上传播情况如何？很多人关注吗？

7.6.3　品牌探针的工作原理

1．词包

词包可以看做是一组搜索关键词的集合，这些搜索关键词代表了使用品牌探针的企业主想要关注用户的哪一方面。例如，想要抓取对品牌 A 关注、感兴趣的顾客，那么就将这些顾客有可能搜索的关键词尽可能准确、全面地找到（这个工作称为拓词），集合在这个词包中。同样地，如果想要看顾客对哪些线上媒体感兴趣，就将想要观察的几家线上媒体分别进行拓词集合在词包中。

2．拓词

对于同一个主题的搜索词往往不止一个，而是有多重表达方式，即有多个关键词，不同的网民可能用不同的搜索词来搜索，将这些可能的搜索词都找到，即为拓词。例如，想要抓取品牌 A 的顾客群体，那么词包内的关键词如果只包含“品牌 A”这一个词恐怕并不全面，还要添上“品牌 A 好不好”、“品牌 A 多少钱”、“品牌 A 怎么样”等类似的关键词更为全面地定义这个群体。因此，词包的定义离不开拓词。品牌探针内置了一些词包可供企业主选择，省去大部分的拓词工作。然而，如果企业主有个性的需求，也可以自行制作词包，此时就需要利用其他的拓词工具来完成。

7.6.4　品牌探针的使用步骤

- 企业主在品牌设置里定义品牌的词包，以抓取对某些品牌关注的顾客群体。
- 在消费者画像设置里定义想要观察的某一维度的词包，包括消费者兴趣、消费者属性、媒体分析、地域分析等。这些设置里已有现成的词包可供企业主选择，也可以自己添加或删减制作新的词包。
- 在进行某项分析时（如消费者兴趣），在探针里选取相应的品牌和消费者兴趣维度的词包，设置时间区间，提交给探针。
- 探针在后台从全网抓取数据，得出在设置的时间段内同时搜索过两个词包关键词的 Cookie 总量；并使用统计上的“对应分析”方法进行计算，得出一张二维图，形象地展示出各个品牌与某一消费者画像维度之间的对应关系。
- 对二维图解读得出消费者画像。某品牌对某兴趣点（或地域、媒体、人口属性等）的关注偏好程度在二维图上以点之间的距离来表示，距离越近，表明该品牌相对于其他品牌更受偏好。通过对各个维度的解读，可以综合得出消费者画像的概貌。

7.6.5 案例

消费者画像报告可以从人口属性、地域分布、媒体接触、兴趣爱好、生活形态等多个方面完整刻画消费者特征，帮助您深入了解消费者人群。更支持定制化消费者细分，进一步认识各细分人群的喜好习惯，需求驱动。如图 7-40 所示。

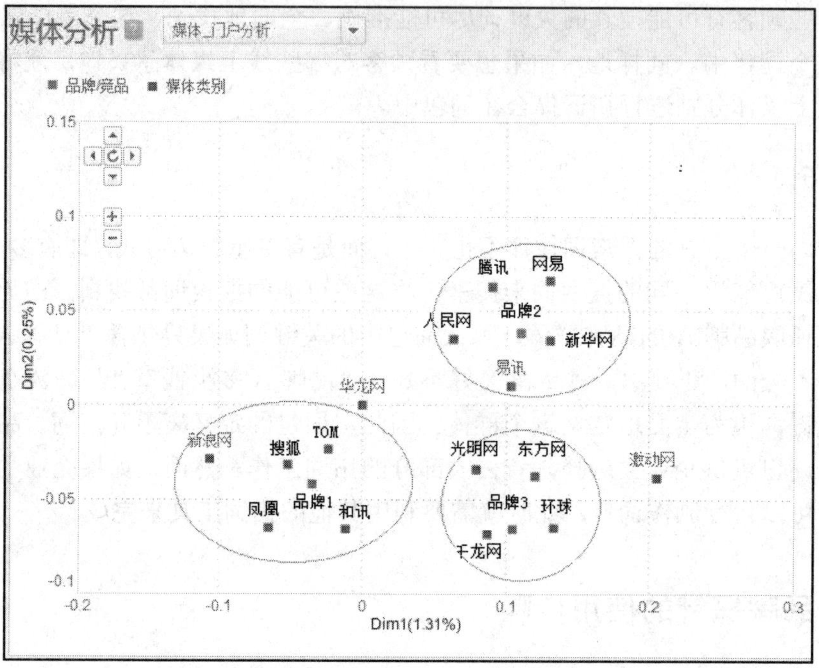

图 7-40 品牌探针：消费者画像 1

比如，关注我的品牌的消费者，他们平时都上什么网站？我应该去哪些网站推广营销，才能更好地接触到我的消费者人群？

不仅仅是线上媒体的选择，品牌探针还可以解读消费者人群的其他生活形态，例如我的消费者人群最近在看什么电影？看什么电视剧？他们最关注哪些明星？我应该选择哪些线下渠道对目标人群进行品牌宣传？

如图 7-41 所示，品牌 1、品牌 2 和品牌 3 是某行业细分领域的三个竞争品牌，通过品牌探针可以看出，他们各自的消费者在关注明星上，有明显不同的兴趣偏好。关注品牌 1 的消费者更喜欢孙燕姿、周杰伦、杨丞琳，关注品牌 2 的消费者更喜欢萧亚轩、吴奇隆、蔡依林，而关注品牌 3 的消费者更喜欢李霄云、艾薇儿。这些信息，对于企业主选择品牌代言人，或者明星都有很强的参考意义。

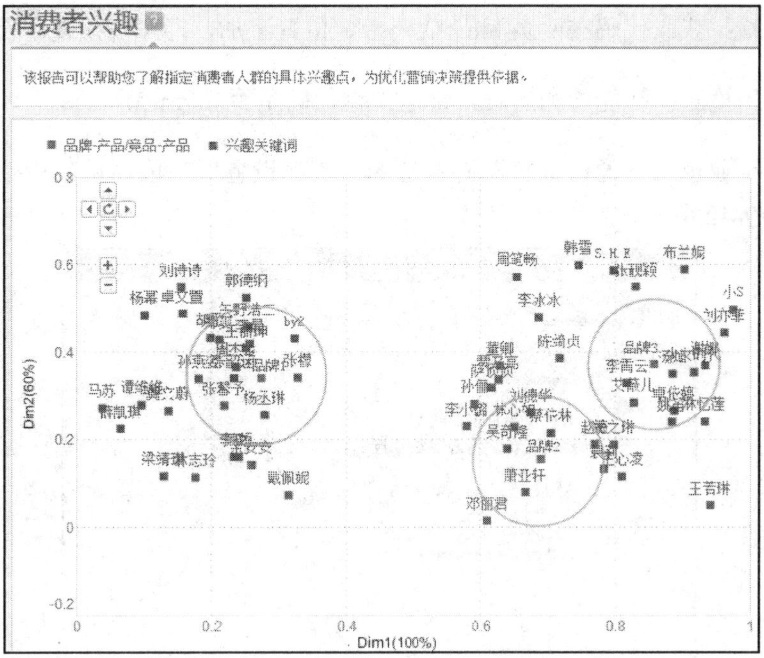

图 7-41　品牌探针：消费者画像 2

7.7　百度商桥

7.7.1　百度商桥简介

1. 什么是百度商桥

百度商桥是百度大力开发的一款网站商务沟通工具，具备访客沟通、客户管理、客服管理、和效果统计四大功能，带动整个营销过程良性循环。

2. 百度商桥的安装

百度商桥 3.0 安装主要有两个步骤。

① 获取和安装软件

（1）登录商桥主页 http://qiao.baidu.com/，下载软件。

（2）双击打开软件，点击“我同意”按提示完成自动安装。

② 添加和检测代码

（1）登录商桥：输入百度搜索推广账号，登录百度商桥。

添加网站：获取代码在网页 html 代码指定位置添加，即可开始使用百度商桥。

（2）代码检测：智能检测工具，快速检查代码是否安装正确。

另外，企业也可以通过商桥贴心打造的“快速设置”完成商桥的初始安装，省心省力，如图 7-42 所示。

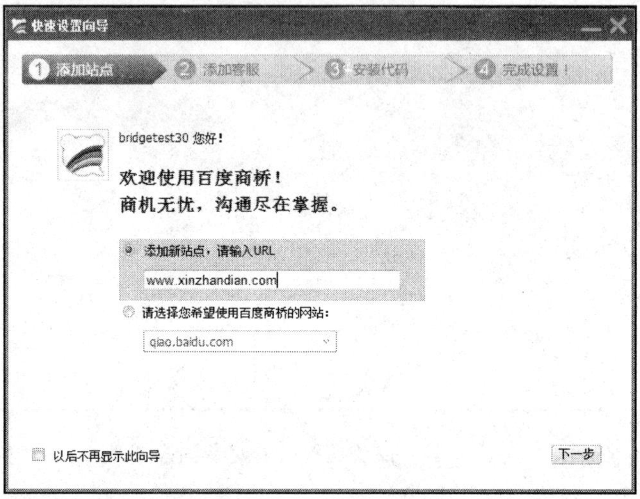

图 7-42　商桥快速设置

3．百度商桥界面

网页会显示咨询图标，弹出邀请框和直接对话小浮窗；皮肤、大小、位置等均可进行自定义设置，如图 7-43 所示。

图 7-43　百度商桥界面

4．百度商桥的原理

网民进入企业网站点击商桥图标/邀请框开始咨询，于是网站主与访客进行在线沟通，促成交易，使网络推广效果显性化，变成订单。再辅以网站点击和沟通数据统计，优化网络营销投放，形成良性循环。

7.7.2　百度商桥的主要功能

客户的接待和管理端：一站式工作台界面，沟通、监控、管理、设置各项功能一目了然，使用便捷，如图 7-44 所示。

图 7-44　百度商桥管理界面

商桥的四大功能及价值致力于打造在线营销利器，提高访客沟通、客户管理、客服管理、效果统计效率，为企业在线营销助力。

1．访客沟通

（1）功能

在线沟通：网站客服上班时，可以使用商桥和网站访客在线聊天。来到网站的访客只须点击网页中的商桥图标，就能直接和网站客服人员进行即时交流。客服也可以主动发起对话，访客无须跳转，即可在当前页面的小浮窗中沟通，如图 7-45 所示。

留言板：客服下班后，访客还能通过留言板给客服留言。

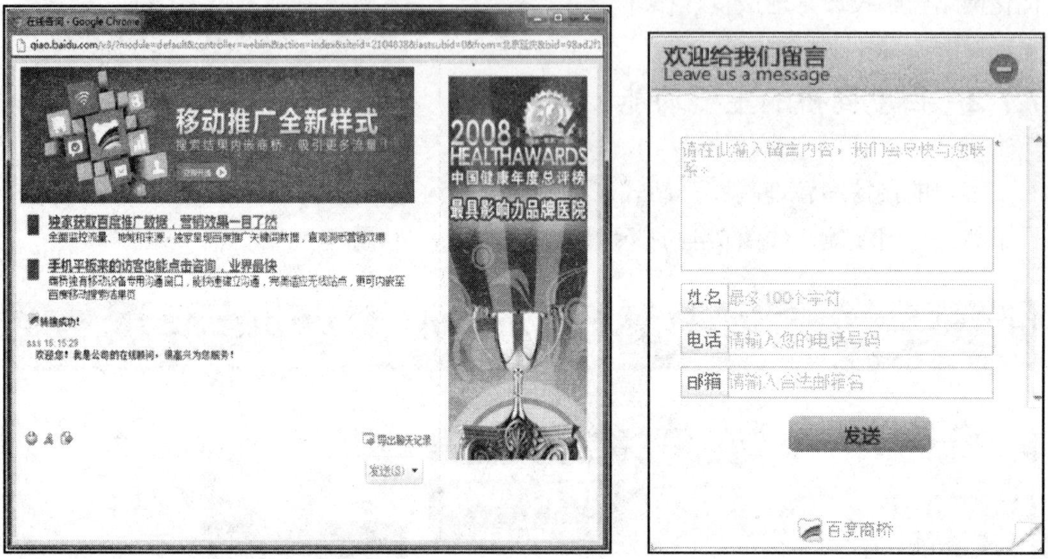

<在线沟通> <留言板>

图 7-45 在线沟通

（2）价值

为企业创造与访客在线商谈的桥梁，顺畅交流，沟通无成本，促成交易，商机无遗漏。让访客不再流失，流量变为销量。百度营销漏斗如图 7-46 所示。

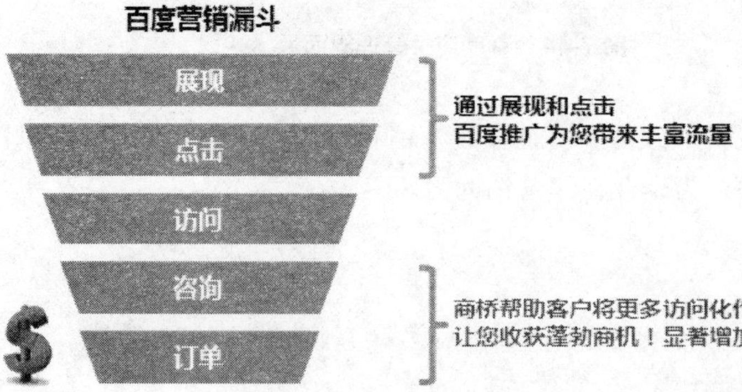

图 7-46 百度营销漏斗

2．客户管理

（1）功能

访客实时监控：了解每个访客的来源网站，来自哪个搜索词、哪个地域、正在查看哪个页面，如图 7-47 所示。

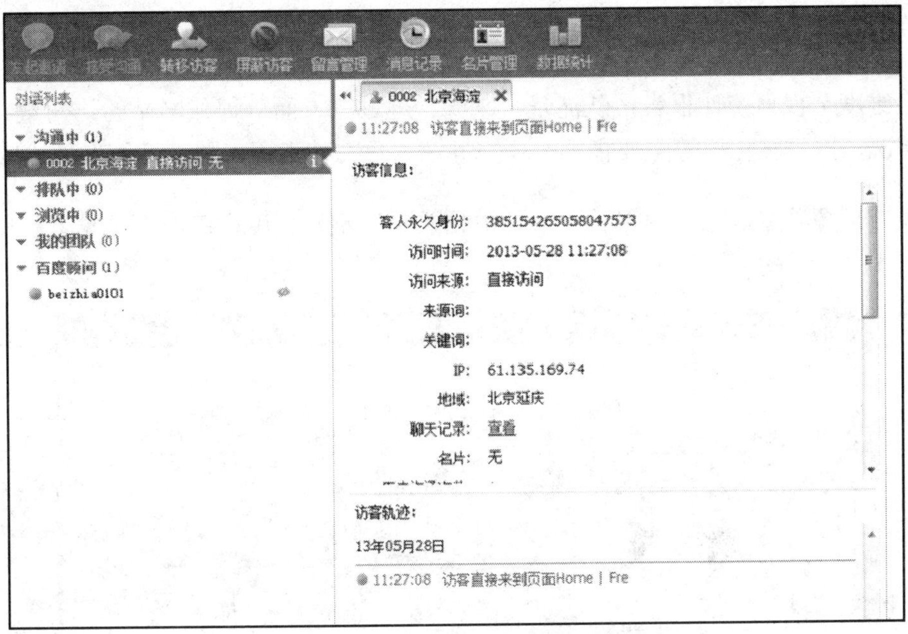

图 7-47　访客实时监控

消息记录管理：沟通记录云端永久存储，自动建立客户档案系统，实现访客数据管理，如图 7-48 所示。

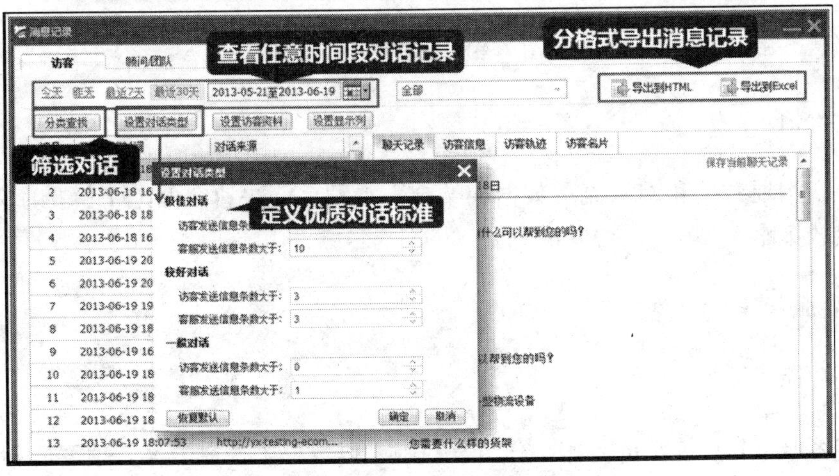

图 7-48　消息记录管理

（2）价值

知晓访客来意，沟通时有的放矢，从而提高成单率，记录访客信息和沟通历史，为二次营销提供弹药。

3．效果统计

（1）功能

多维度全视角统计报告：从流量、来源、地域三方面，评估网站的访问量、访客沟通情况、网站转化率等重要指标，图文并茂，更有搜索词、关键词等多种维度。

权威来源独家数据：内嵌百度统计数据，独家整合百度推广内部数据，权威可信赖，如图 7-49 所示。

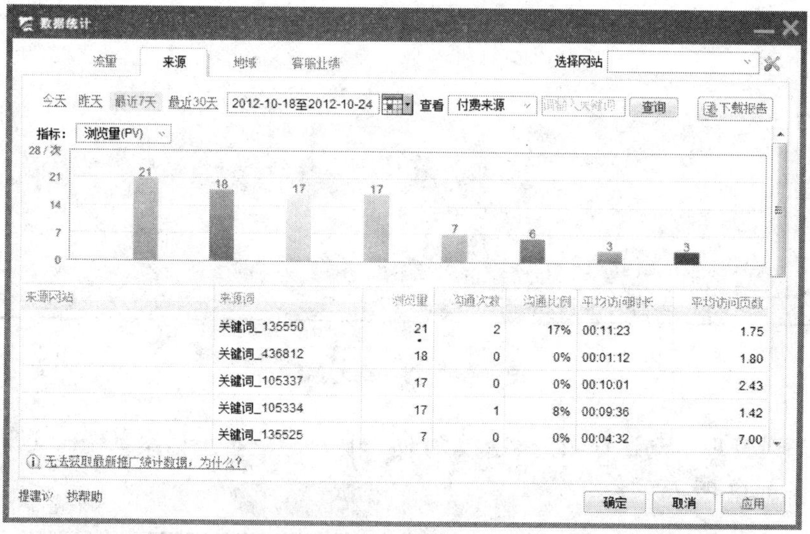

图 7-49　百度统计数据

（2）价值

将咨询沟通数据和网站流量数据相结合，帮助企业快速全面地了解推广效果，从而优化投放策略。

4．客服管理

（1）功能

安排客服工作：灵活的客服工作分配机制，以及权限控制方案，使客服各司其职，高效有序地配合工作，如图 7-50 所示。

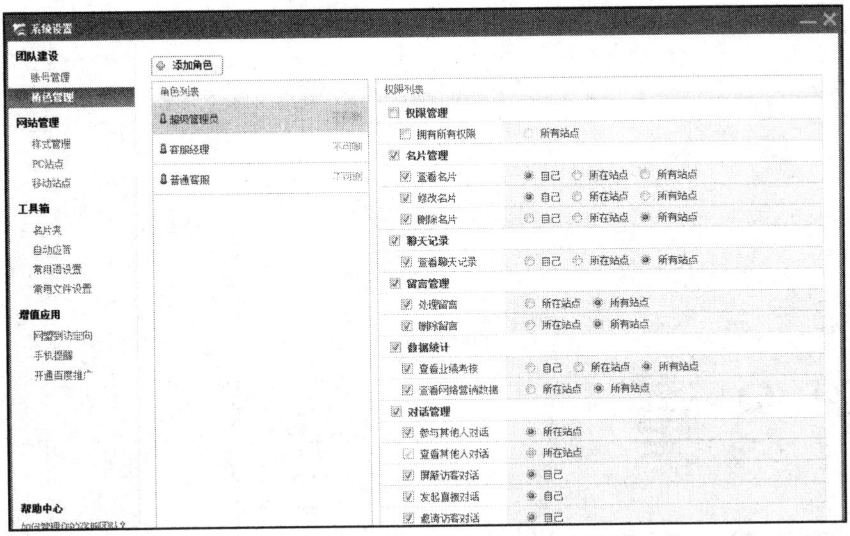

图 7-50　安排客服工作

监控客服绩效： 商桥为解决在线客服绩效统计，实时查看员工接待访客情况，如图 7-51 所示。

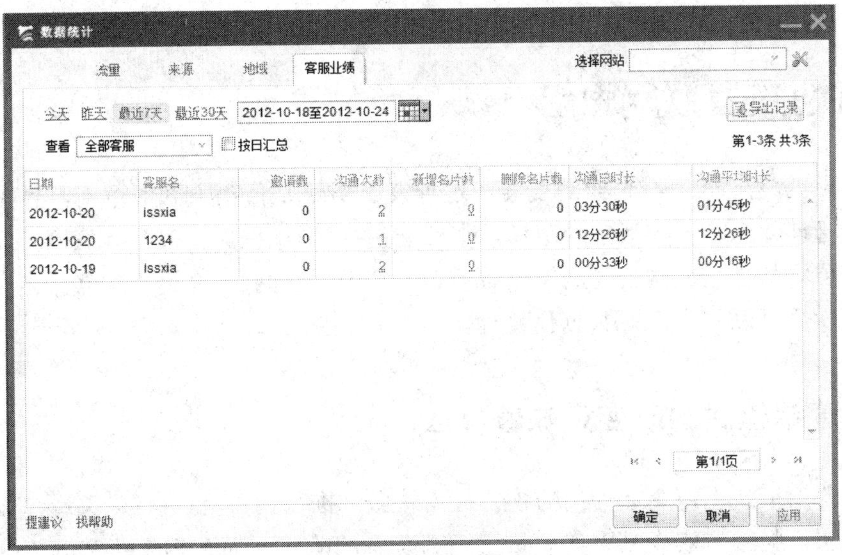

图 7-51　监控客服绩效

（2）价值

- 帮助企业实现客服权限契合业务需要，用沟通情况反映工作绩效，客服管理更加轻松。
- 访客分配、客服接待权限的设置，从自身业务出发安排客服人员工作。
- 实时监控客服人员的沟通情况，查看一段时间内的表现，对其工作绩效一目了然。

第 8 章

企业实施搜索营销概述

8.1 企业的互联网思想

互联网的发展推动着企业的发展，这种发展不仅是营销方式的革新，也是企业组织构架、管理体系、管理战略的革命。李彦宏说：“十年以后就没有互联网公司了。因为，每家公司都是互联网公司。无论做什么，都用互联网。”在这样的背景下，任何企业都需要学会互联网生存，数据化管理。

8.1.1 营销模式的改变意味着什么

传统营销模式下，企业营销的核心行为就做“推和拉”，推——以渠道建设推动消费者的购买，拉——依靠品牌的力量影响消费者的购买。而在搜索营销的模式下，消费者的行为改变了，他们不再被动地接受信息，而是主动地通过“搜索”获取购买前的决策信息。

当一个企业的市场人员每天在做“推和拉”的事情，而这个企业的目标客户每天都在“找”——企业做企业的事情，消费者做消费者的事情，这两者在很多时候就可能没有“交集”，企业的营销就成了“自娱自乐”。

企业的营销工作如何适应消费者的这种主动“找”的行为？企业只能围绕消费者“找”的行为主动去“送”信息，帮助消费者做好购买决策。在百度，企业可以“送”什么呢？可以送文字、图片、视频和 Flash。这些就构成了百度关键词推广、品牌专区、品牌地标、网盟和鸿媒体等产品形式。

企业要适应这种主动“找”的消费者，就必须安排专人给消费者做“推送”，从而让消费者选择你。这种营销模式的改变也就意味着企业市场部组织构架的改变——市场部里要有专职的网络营销人员。这不是简单的人员增加。由于消费者行为模式的改变，不仅需要企业更深刻地洞察消费者，也需要企业在整体的管理构架和营销战略上做一次改变。

8.1.2　传统企业做互联网营销的选择

来自 CNNIC（中国互联网络信息中心）2012 年 5 月做的《中国中小企业电子商务调查报告》显示：44.3%的中小企业拥有独立网站或网店，过去一年使用了电子商务的受访中小企业，均认可电子商务为企业的经营带来了一定的好处。其中认同的主要原因在于：缩短了交易花费时间，帮助企业拓展了销售范围和区域，以及能买到更加丰富的产品。

互联网发展到了一个新阶段，就不再有“互联网公司”，而是“利用互联网的某某传统行业的公司”。互联网公司要么做实体，要么做媒体。传统企业在选择做互联网式公司时，首先要解决一个问题：是做实体，还是做媒体？

所谓“实体”，就是通过互联网实现产品销售，类似于做电子商务企业。“媒体”则是建立一个基于某一方面的信息平台。CNNIC 的报告中阐述：使用过在线销售的受访中小企业中，其在线销售额占总销售额的比例平均仅为 21.2%，而企业网站或网店的主要功能是形象展示、品牌树立和客户服务。也就是说，我们的很多企业做网络营销时，“实体”公司的销售职能不够充分、不到位，没有很好的销售达成，太偏向信息的传递，背离了作为一家经营性公司的定位。

传统企业在实施网络营销时，要对自己的官方网站有一个清晰的定位，网站的核心价值是为企业增加效益。实现销售，还是只是一个信息发布的平台？对于多数企业，实施网络营销必然是实现销售，增加收入。所以，企业的网站必然建设成为一个营销型的网站，实现电子商务的职能。

8.1.3　传统企业是做电商化还是网络营销化

传统企业在选择实施网络营销战略时，是一步做成电子商务公司还是先实施网络营销，再逐步实现电子商务化？以笔者对多数公司的了解，建议选择后者。

目前的电子商务企业大致可分为平台类电商，如淘宝、京东等，其次是垂直类电商，如当当和凡客等。这些企业还处在电子商务模式探索阶段，多数还没有实现盈利。对于一个不具备太多互联网基因的传统公司，一步到位实现完整的电子商务还不现实，可以在组织模式、业务模式调整的过程中，逐渐实现网络营销化。

8.1.4 企业的营销选择和战略部署

企业在实施营销中，常用的营销手段基本是推广、促销、公关、推销和直销，如图 8-1 所示。

广告	销售促进	事件/体验	公共关系	人员推销	直接营销
印刷和广播广告	竞赛、游戏	运动	报刊稿子	推销展示	目录销售
外包装广告	对奖、彩票	娱乐	演讲	销售会议	邮购服务
包装中插入物	奖励和赠品	节日	研讨会	奖励节目	电话营销
电影画面	样品	艺术	年度报告	样品	电子购物
宣传小册子	展销会	事件	慈善捐款	交易会	电视购物
招贴和传单	展览会	工厂参观	出版物	展销会	传真
工商名录	示范表演	公司展览馆	商务关系	展示	电子信箱
广告复制品	赠券	街区活动	游说		语言信息
广告牌	回扣		确认媒体		网络营销
陈列广告牌	低息融资		公司杂志		
售点陈列	招待会				
视听材料	折让交易				
标记和标识	连续 活动				
录像带	商品搭配				

图 8-1 常见营销方式

这是一个企业所能用到的全部营销手段，但是不会有一个企业会全部使用这些营销手段，我们只能做一些有针对性的选择，来保证营销目标的实现。一个电商企业基本上会做如下 4 类营销。

（1）线上推广：主要包括竞价广告、SEO 优化、渠道合作、EMAIL 营销、软文、网络活动。

（2）线下推广：主要包括平面广告、行业展会、媒体公关、线下活动和 DM 直投。

（3）事件营销：围绕公司年度规划，做一些大事件的活动和传播。

（4）口碑营销：微博和博客营销、免费资源和免费注册等活动，以达到口碑传播的目的。

在电商企业从线上走向线下，传统公司从线下步入线上的今天，企业在营销手段的选择上基本是三大类——地面营销、媒介营销和网络营销。在网络营销上，企业除了网络广告、SEO、论坛营销，更多地是做搜索营销。

8.2　消费者行为探究到营销型网站建设

8.2.1　客户消费行为流程分解

任何一个企业都希望消费者看到企业传递的信息就来咨询，咨询后就支付。这只是一种理想状态。

企业通过三种营销方式，吸引消费者来咨询。在这个过程中有一个黑匣子，消费者为什么一看到信息就来咨询？这个黑匣子就是消费者了解的阶段，消费者会自问："这家公司的产品能否解决我的问题？"如果企业的传播到位，能打动消费者，消费者就会以三种咨询方式前来向企业咨询。从咨询到支付，还有一个黑匣子，消费者要评估："有没有比这个产品更好的？""我买这个产品值不值？"——这是消费者在这个阶段需要解决的核心问题。如果销售人员足以说服消费者，消费者就采用三种支付手段之一来购买，如图 8-2 所示。

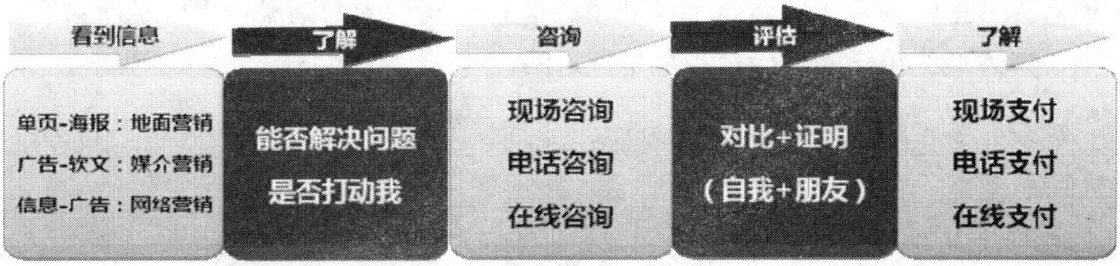

图 8-2　客户转化流程

在这样一个客户购买过程中，要考虑是否可以打造一个网络平台，在这个平台上实现咨询、对比、证明和支付，如图 8-3 所示。这样的平台通过建立企业营销型官网是完全可以实现的。所以，客户不选择我们，但可以对比我们。在网络营销时代，企业要成为客户的对比项，而不是选择项。

图 8-3　企业推广平台

8.2.2 打开从搜索到购买的黑匣子

传统营销模式下，消费者的行为模式是注意——兴趣——欲望——记忆——行动，即 AIDMA 模型。在互联网影响下，消费者行为模式发生了改变，注意——兴趣——搜索——行为——分享，即 AISAS 模式，如图 8-4 所示。

图 8-4　互联网消费者行为特征

8.2.3 从消费者行为模式到营销型网站的建设

消费者从搜索到购买的黑匣子打开了。能否在我们的网站平台上把这个黑匣子建立起来，实现最终转化的目标？答案是肯定的。

我们要在自己的官网和第三方网站上分别把这六大平台建立起来，如图 8-5 所示。

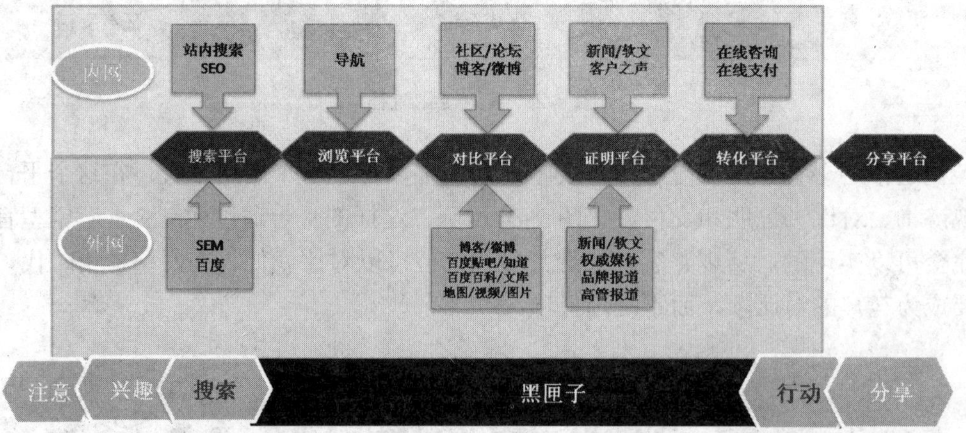

图 8-5　网站平台建设

内网也就是企业的官网必须有站内搜索、导航条、社区和论坛所营造的对比平台、公司的新闻报道和客户之声形成一个证明平台，在线咨询和在线支付形成最后的转化环节。企业官网的分享平台也就是内部的对比平台。

外网就是除官网之外的第三方网站，如百度、搜狐、新浪等。基于消费者的搜索行为，企业必须在搜索引擎上部署外网的搜索平台，这样才能让消费者更容易找到你。同时，企业还要在第三方网站上建立对比平台和证明平台，让消费者在对比和证明阶段，认可企业的产品和服务。

8.3　企业搜索营销的实施框架

8.3.1　企业搜索营销准备要素

“成功的企业是相似的，不成功的企业各有各的不成功。”现在的很多企业都知道了搜索营销的重要性，不是在“要不要做搜索营销”的阶段，而是“如何做好搜索营销”的阶段了。图 8-6 向我们展示了企业要做好搜索营销所要具备的要素。

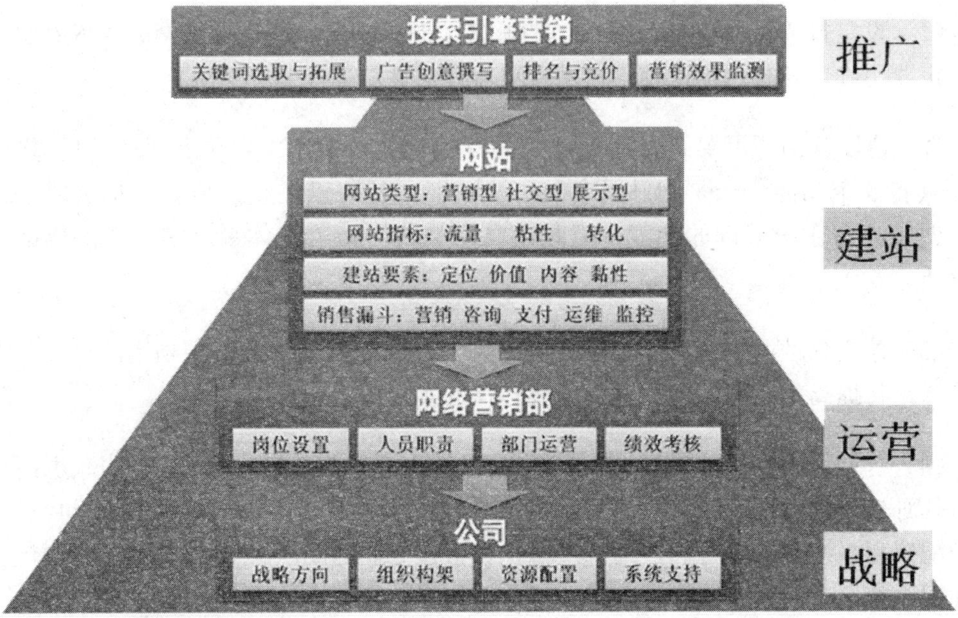

图 8-6　企业搜索营销要素

搜索营销是市场推广的一种手段，做好搜索营销的关键是企业官网必须是一个营销型网站。营销型网站的重要指标是流量、黏性和转化，营销型网站具备定位、价值、内容和黏性 4 个要素。同时，营销型网站就像一个销售漏斗，要有营销的功能、咨询的功能、支付的功能和运维监控的功能。

这样一个营销型网站有可能需要几个人甚至一个团队去建设，或者需要企业重新设立一个新的部门——网络营销部——运营。这个部门要有完整的岗位设置、人员职责、部门运营和绩效考核体系。

网络营销部门的建立往往需要公司的决策层做决定，决策人会围绕战略方向、组织构架、资源配置和系统支持 4 个方面，决定是否增设部门和增加人员。

所以，一个企业要做好搜索营销，不仅要有会操作搜索营销的个人，也需要有一个企业的营销型网站，而这个网站势必需要一个独立的部门去运营，这个部门的产生需要领导层的决策。也就是说，一个企业的搜索营销要做好，往往来自领导的决策和战略部署，而在整个搜索营销投放的过程中，可以总结出三个具有代表性的阶段。

8.3.2 筹备期——准备投放 SEM

此阶段，企业需要做好如下 4 个方面的工作。

（1）设定投放目标：是为网站增加流量、提高注册，还是增加网络收入？这个目标一定要明确。只有这样，搜索营销才更有针对性，才能有的放矢。

（2）建设营销型网站：营销型网站的核心价值是实现“转化”，要实现转化网站必须具备 5 个功能：一是网站具备核心价值；二是可以在线注册；三是实现在线注册；四是具备在线咨询的功能；五是建立完整的网站监测体系，实施提供数据监测和分析。

（3）建立黏性网站或频道：在企业官网上建立为网民提供某种功用的交互型网站或频道，将提高企业网站的黏性，促成转化的实现。

（4）营销型网站的建设需要一个团队组建网络营销部去执行，这个团队少则 3~5 人，多则 50 人以上。而这样一个部门的成立，需要公司决策层从战略方向、组织构建、资源配置和系统支持等方面去综合考虑是否组建专业的团队去做网络营销。只有这样，才能用系统运营的力量做好搜索营销。

8.3.3 上线期——开始投放 SEM

有了完整的执行团队和可带来转化的营销型网站，搜索营销就可以实施了。

搜索营销的上线主要包括：关键词方案、搭建账户、创意表现、账号设置和账户管理，前文有大篇幅讲解，此处不再赘述。

8.3.4　优化期——持续投放 SEM

为保证投放效果，搜索营销要不间断地实施优化。优化主要包括关键词优化、创意优化、账户优化等，在一个企业持续进行搜索营销，未来还要进行管理优化、媒介优化、流程优化，甚至是人员优化。

企业要实施搜索营销战略，一定是一个系统的工程。当下的发展趋势使得搜索营销对于企业越来越重要，而开展一次完整的搜索营销活动，并不是一蹴而就的，企业需要进行周密的准备和分析，通过循序渐进的投放策略使搜索营销能够健康、有效地开展，充分挖掘搜索营销给企业带来的价值。

第 9 章

关于百度认证

9.1 百度认证背景

9.1.1 百度认证诞生的背景

根据百度营销研究院联合前程无忧发布的《中国互联网营销职业发展白皮书》显示：2012 年企业对网络营销人才需求量约为 116 万，2012 年互联网营销人才缺口全年预计高达 55～65 万，且紧缺状况缓解困难，平均每位求职者拥有 2.4 个选择机会。占网络营销近半壁江山的搜索营销更是炙手可热、风景独好。

作为互联网营销市场的重要参与者，百度近年来不断通过专业、实战、权威的营销知识库和培训体系，以期为整个营销行业输送合格人才，有效缓解因人才不足而带来的供需矛盾。2012 年 7 月 31 日，全球最大的中文搜索引擎百度，隆重推出了中国互联网营销领域首个职业认证品牌“百度认证”，百度副总裁王湛表示：要将百度认证打造成为行业内最具含金量的认证。

对此，中国传媒大学广告学院院长黄升民认为：“预计通过各方面的共同努力，在 5～10 年后，百度认证将基本满足企业对互联网营销人才的需求，促进产业经济繁荣。”

9.1.2 百度认证简介

百度认证是中国互联网营销领域首个职业认证品牌，是百度公司推出的一套具有完整体系的培训计划和认证计划，由百度营销研究院设立并运营。旨在集结产业链智慧，沉淀、固化搜索营销、互联网营销深度探索及行业课题研究的宝贵经验与成果，输出产业标准与规范，构建全行业知识传播体系并加速人才供给，从而推动互联网营销生态圈健康有序的发展。

目前百度认证主要有三大体系：个人认证、师资认证和企业认证。

9.1.3 百度认证执行机构——百度营销研究院

百度营销研究院是由百度公司投入并建立的创新产业平台，自建立以来汇聚了知名广告主、4A广告公司、知名媒体研究与咨询机构、全球顶级商学院等产业链各领域资源，并拥有自身强大的营销及大数据研究专家团队，旨在通过创新的大数据营销等课题研究，输出产业标准与规范；通过创新与整合的力量，推动互联网营销生态圈健康有序发展。目前，已先后推出了“百度 moments”大数据营销方法论体系、“百度认证”互联网营销职业资格认证体系和服务品牌。

2011年，百度营销研究院创立了“百度认证”——依托百度作为全球最大中文搜索引擎的权威影响力和丰富资源，提供搜索营销理念、策略制定和效果优化等方面的知识分享。面向搜索营销专业人才，帮助他们迅速提高营销理念、投放策略、数据分析、账户执行与管理、效果优化等方面的知识和技能，深入了解成功的营销工具和行业经验，并及时分享先进的业界理念和方法。为整个行业梳理规范、储备潜在人才、构建积极健康的搜索营销生态圈，进一步促进搜索引擎营销的繁荣和可持续发展。

2012年，百度营销研究院携手享誉世界的“整合营销之父”唐•舒尔茨教授，以及来自美国西北大学、北京大学等学术机构的专家组建了联合研究团队，并以舒尔茨教授颠覆传统4C理论的最新营销理念SIVA为基础，共同输出了首个大数据时代下基于消费者行为的营销方法论：“百度 MOMENTS”，以指导品牌企业洞察、把握消费者决策的每个“关键时刻”。

百度营销研究院将积极提升中国互联网营销环境，构建起完善的营销服务平台和流程样本，进而为搜索营销、网络营销的产品和服务创新提供高效、科学的建议。我们的使命是让商业决策更简单！

9.1.4 百度认证未来发展目标

百度认证将打造成为行业内最具含金量的认证。伴随着网络营销特别是搜索营销的快速发展，与之相随的产业研究和教育等方面的问题也逐渐凸显。由于没有成熟的样本做支撑，不仅现有的营销产品和服务平台都有待完善，同时企业主对搜索营销的专业认识都有待提升。与此同时，作为一个全新的营销领域，面对庞大的用户市场需求，培养一批专业素养高的网络营销人才也是亟待解决的问题。在这种情况下，基于开放的理念来构建一个良好的网络营销环境，实现健康良性的搜索营销环境已经成为行业的一个重大课题。

百度认证促进国内网络营销环境的提升将被作为研究院今后的一个重要目标。为此联合第三方咨询研究机构及业内领先企业对网络营销的诉求展开深入分析实践，构建起完善的营销服务平台和流程样本，为搜索营销、网络营销的产品和服务创新提供高效、科学的建议。与知名商学院推行高级认证培训，启动行业研究报告发布，组建营销创新联合实验室，以及搜索营销奖项的评选工作。将会有效改善和解决目前搜索营销及网络营销产业高速发展过程中产生的一系列问题，对打造一个健康共赢的网络营销生态圈产生有力的推进作用。

9.1.5 百度认证合作伙伴

1．考试合作伙伴：普尔文（Prometric）

普尔文公司是全球最大的计算机化认证考试服务公司，每年可以用 25 种不同语言为全球 600 多家合作伙伴提供涉及 IT 类、学业类、职业类等全球认证的 2500 多种考试。

目前，普尔文认证考试项目涉及多个领域，包括微软、思科等 IT 类认证，GRE、MAT、TOFEL 等学历认证及职业类认证。

2013 年开始，百度培训与认证中心正式授权普尔文公司作为百度认证初级、中级考试中心，为广大考生提供更加专业、更加权威的考试服务。

2．培训合作伙伴

百度签约客户可以参加由百度营销研究院、百度直营分公司、百度代理商组织的培训；社会人员可以参加由百度授权的第三方培训机构组织的培训。培训机构查询请登录网址 edu.baidu.com。

9.1.6　联系方式

百度认证官网：http://sem.baidu.com。

百度认证新浪官方微博：http://e.weibo.com/baidurenzheng。

官方邮箱：renzheng@baidu.com。

官方微信号：请查找公众账号 baidurenzheng。

官方答疑 QQ：5705070。

官方 QQ 群：百度认证初级交流群：109145382，百度认证中级交流群：145329104。

9.2　百度认证（个人认证）体系

百度认证的个人认证部分，分为 4 个级别：基础级认证、初级认证、中级认证和高级认证，分别适合不同经验和资历级别的互联网营销行业的从业人士，如图 9-1 所示。

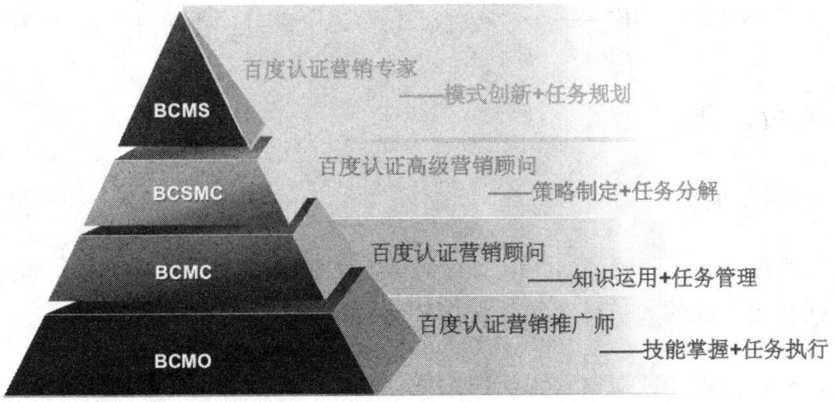

图 9-1　百度个人认证 4 个级别

9.2.1　基础级认证

1. 基础级认证概况

百度基础级认证——营销推广师（BCMO：Baidu Certified Marketing Operator）

认证层级：凡通过百度认证基础级考试的人员可获得“百度认证营销推广师”的

称号和证书。

认证目标：评定搜索引擎营销账户操作人才。

认证对象：邀请制，仅对百度推广客户开放，不对社会个人开放。

认证要求：申请认证者要掌握搜索引擎营销的基本概念和知识，了解搜索推广的账户操作和管理，有初步的账户操作经验。如不符合此认证资格，可加入“百度推广——企业英才计划”参加百度为新签约客户提供的认证培训。

2．基础级认证考试方式

基础级认证考试为在线考试。考试地址为 http://peixun.baidu.com。考试时间为 90 分钟，70 分及以上为合格，题型为选择题和判断题。

3．基础级认证考试周期

在规定范围内学完课程即可考试，具体考试安排请关注 http://peixun.baidu.com 的相关说明。

4．基础级认证考试费用

此认证属于“百度推广——企业英才计划”的一部分，不单独收取认证费用。

9.2.2 初级认证

1．初级认证概况

百度初级认证——营销顾问（BCMC：Baidu Certified Marketing Consultant），凡通过百度认证初级考试的人员可获得“百度认证营销顾问”的称号和证书。

认证目标：评定企业搜索营销操作偏优化人才。

认证对象：现在或有志于从事搜索营销工作的人员。

认证要求：申请认证者要掌握搜索引擎营销的基本概念和知识，熟悉搜索推广平台的使用，可自主执行搜索引擎营销方案，以及熟练地为所服务的公司制作分析报告。如不符合此认证资格，可参加认证培训。

2．初级认证考试频率/排期

自 2013 年 3 月 9 日开始，百度认证初级考试将切换至普尔文考场，可在全国 42

个城市参加考试，不设固定排期，可随时报名，并预约考场参加考试。

3．初级认证考试内容范围

（1）搜索推广原理及概念辨识。

（2）搜索推广账户规则及实践方法。

（3）数据指标含义及效果优化方法。

（4）营销原理及常识。

（5）搜索产品特点、功能。

（6）网盟产品及账户规则。

（7）百度统计安装、设置操作。

（8）网站营销分析方法。

4．初级认证考试题型

百度初级认证考试题型为选择题，考试时间为 60 分钟。

5．初级认证考试及格线

百度初级认证考试满分 100 分，70 分为及格线。考试成绩达到及格线及以上的同学，可以获得“百度认证营销顾问”的称号和证书。

6．初级认证考试报考资质

百度初级认证考试面向社会大众，现在或有志于从事搜索营销工作的人员均可报名参加考试。

7．初级认证考试报名方式

百度初级认证报名方式为电话预约。可以通过百度认证授权考试中心普尔文公司的呼叫中心进行电话预约报名和考试时间，咨询地点和付费。

预约电话：010-82345674。

详情参见：http://sem.baidu.com/article_news/2013-01-04/1364499892.html。

报名成功后，按照约定的时间抵达指定地点，出示指定证件，完成考试。

8. 初级认证考试费用

百度初级认证考试费用：500 元/人/次。

9. 成绩通知和证书获取

百度初级认证考试成绩单当场即可获得。

9.2.3 中级认证

1. 中级认证考试概况

百度中级认证——高级营销顾问（BCSMC：Baidu Certified senior Marketing Consultant），凡通过百度中级认证考试的人员可获得“百度认证高级营销顾问”的称号和证书。

认证目标：评定企业搜索营销策略人才。

认证对象：搜索营销策略制定与分析优化人员。

认证要求：申请认证者必须掌握科学合理的搜索营销目标与策略制定的方法、精确的数据监控与实用的数据分析方法；具备专业的搜索营销投放规划与执行能力、整合营销的思考与创新能力。

2. 中级认证考试频率/排期

百度中级认证考试每季度 1 次，具体考试时间请关注官网通知。

3. 中级认证考试范围

- 搜索营销概念。
- 数据监控与实用的数据分析方法。
- 搜索营销投放规划和执行能力，整合营销的思考和创新能力。

4. 中级认证考试题型

百度中级认证考试题型为选择题，单选题和多选题共 80 道，考试时间为 120 分钟。

5. 中级认证考试报考资质

百度中级认证考试面向已经获得百度初级认证证书，且证书在有效期内的人员。

6. 中级认证考试报名方式

目前，百度中级认证报名方式为电话预约。可以通过百度认证授权考试中心普尔文公司的呼叫中心进行电话预约报名和考试时间，咨询地点和付费。

预约电话：010-82345674。

详情参见：http://sem.baidu.com/article_news/2013-01-04/1364499892.html。

报名成功后，按照约定的时间抵达指定地点，出示指定证件，完成考试。

7. 中级认证考试费用

百度中级认证考试费用：800 元/人/次。

8. 中级认证考试及格线

百度认证中级考试满分 100 分，70 分为及格线。

9. 中级认证考试成绩通知

2013 年，百度中级认证考试成绩单当场即可获得（说明：如 3 月份能实现主观题客观化，成绩即刻获得）。

9.2.4 高级认证

1. 高级认证概况

百度高级认证——营销专家（BCMS：Baidu Certified Marketing Specialist），凡通过百度高级认证考试的人员可获得“百度认证营销专家”的称号和证书。

认证目标：评定互联网营销高端人才。

认证对象：网络营销战略实施及整合营销人员。

认证要求：申请认证者要具备非常丰富的网络营销实战经验，对百度全域营销具有战略层面的深刻感悟，对其他媒体的经营方式也有基本的认知，具备项目管理经验和团队管理经验。

2. 高级认证报考资质

百度高级认证面向拥有百度中级认证证书，且证书在有效期内的人员。

3．考试方式

提交限定领域主题的研究论文（不少于 5000 字），且通过百度认证专家委员会现场认证答辩。

4．考试周期

每年在 12 月份举行 1 次认证答辩。具体时间敬请关注官网通知。

5．考试费用

高级认证考试费用是 1000 元/人/次，在高级答辩报名时收取。

9.3　百度认证（个人认证）培训体系

9.3.1　百度认证线下培训

1．百度认证集训营

百度认证集训营只针对百度签约客户，由百度营销研究院、百度直营分公司和百度代理商分别承担。

（1）初级集训营培训课程，如表 9-1 所示。

表 9-1　初级集训营培训课程

知识框架	知识点
课程 1：百度认证体系介绍	（1）认识百度认证体系 （2）SEMer 职业定位与发展 （3）搭建自我的知识体系
课程 2：认知互联网行业	（1）互联网的本质 （2）认识中国网民 （3）认识中国互联网公司格局 （4）传统企业如何执行搜索营销
课程 3：营销基础与搜索营销	（1）营销必备——目的 （2）搜索引擎基础——工具 （3）搜索引擎营销基础
课程 4：百度搜索推广基础	（1）常用名词及搜索过程 （2）搜索推广原理 （3）百度账户规则 （4）方案制作 （5）账户操作

续表

知识框架	知识点
课程 4：百度搜索推广基础	（6）推广助手 （7）账户管理 （8）账户优化
课程 5：百度网盟推广基础	（1）网盟产品概念 （2）网盟产品价值及优势 （3）网盟精准定向方式 （4）系统操作与使用 （5）网盟优化工具介绍
课程 6：百度全域产品及营销工具	（1）百度用户产品 （2）百度商业产品 （3）百度营销工具
课程 7：网站分析与优化基础	（1）网站分析基础 （2）网站分析工具 （3）网站营销分析

（2）中级集训营培训课程，如表 9-2 所示。

表 9-2　中级集训营培训课程

知识框架	知识点-1 级
课程 1：再认识搜索营销	（1）数字时代的搜索引擎营销 （2）基于搜索数据的消费者洞察
课程 2：百度搜索推广进阶	（1）SEM 项目管理 （2）核心数据监测 （3）优化策略与方法 （4）搜索引擎优化（SEO）技术
课程 3：百度网盟推广进阶	（1）网盟 3.0：受众引擎 （2）网盟受众营销策略 （3）网盟投放优化方案
课程 4：效果优化与分析进阶	（1）网络营销分析核心方法论 （2）网络营销分析的核心指标 （3）各营销分析系统高级功能 （4）分渠道的营销分析与优化 （5）跨渠道的营销分析与优化 （6）基于数据的用户体验优化 （7）网络营销效果的定向优化

（3）高级集训营培训课程

第 1 章：计算广告学

第 2 章：SEO 高级课程

第 3 章：网站分析进阶课程

第 4 章：移动互联网与移动营销

2．百度认证社会化培训

社会人员可参加由百度授权的第三方培训机构组织的培训，授权的培训机构请登录 www.edu.baidu.com 查阅。

9.3.2 百度认证线上培训

百度认证的线上培训由两部分组成：一部分是百度认证视频教程，由百度认证官方提供，初级教程约 30 小时，中级教程约 15 小时。另一部分是百度认证大讲堂，使用 Webex 平台，每周都会邀请相关的行业专家参与授课，具体信息可关注百度认证官网和官方微博。

9.3.3 百度认证出版物

（1）认证教材：百度认证教材为百度认证官方撰写初、中级学习指导的教材，属于正式出版物，初级教材于 2013 年 6 月上市。

（2）认证讲义：百度认证讲义是百度认证培训集中营使用的 PPT 汇总打印版本。参加百度认证举办的线下培训，即百度认证集中营，就可以获得相应的百度认证讲义。

附录 A

练 习 题

练习 1：价格排名原理案例与练习

练习内容：价格相关知识

练习目的：掌握价格规则的基本规则

练习形式：问答

1．哪些因素影响最低展现价格？

2．不同企业购买同一个关键词，最低展现价格一样吗？哪些因素影响最低展现价格？

练习 2：价格排名原理案例与练习

练习内容：出价及排名计算

练习目的：掌握出价及排名计算规则

练习形式：计算

4 家企业 A、B、C、D，都购买了同一个关键词。以下是这 4 家企业的出价及质量度得分。请计算：

（1）请计算A、B、C、D四家企业的“出价×质量度”和“排名”。

（2）请计算各家搜索推广结果的实际点击价格CPC。

表A-1　计算

账户	出价	质量度	出价×质量度	排名	CPC
A	2	0.97			
B	1.8	1.12			
C	1.5	0.8			
D	1.45	1.2			

注：质量度为百度系统参数值

请注意思考如下问题：

1．在这一计费方式下，关键词的点击价格肯定不会超过您自己设定的出价。

2．在同一排名上，质量度越高，需要支付的点击价格就越低。建议不断优化质量度以降低推广费用，提升投资回报率。

3．竞争环境随时可能发生变化。即使出价不变，同一关键词在不同时刻的点击价格也可能不同。

练习3：价格排名原理案例与练习

练习内容：展示位置知识

练习目的：掌握展示位置的基本规则

练习形式：问答

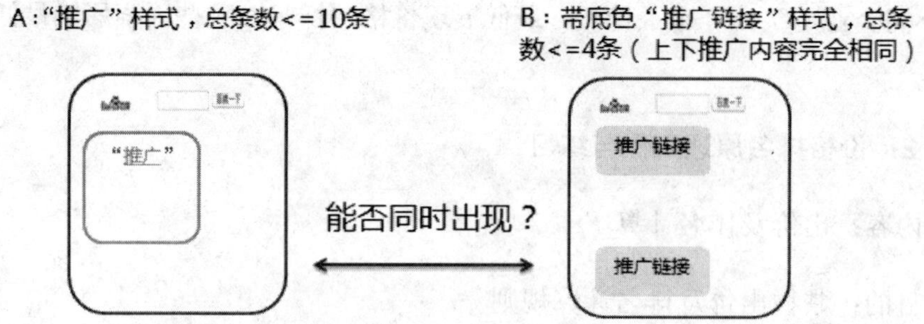

图A-1　问答

练习4：方案制作

练习内容：方案账户结构搭建，进行各层级设置，并学会对关键词进行筛选。

练习目的：掌握账户搭建和各层级设置技巧，学会核心词选取、扩词及筛选关键词。

练习形式：线下练习。

案例：鲜花礼品网是北京一家出售鲜花、礼品的企业，是国内信誉最好、最具影响力的鲜花礼品商城之一，我们的宗旨是为您提供最好、价格最优的产品以及最优质的服务，保证提供100%的新鲜花材。我们还拥有强大完善的配送体系，让您足不出户就可以享受我们为您提供的优质服务。

目前正值情人节期间，想借此机会参加百度推广，并且希望能先通过北京及周边城市（如天津、河北）打开推广市场。目前只在黄金时间推广，即工作日 8～20 点有人接待，投放金额方面希望每天 500 元。

同时，公司特为情人节开展优惠活动，有各类鲜花、卡通玩偶花束、巧克力、情人节特质蛋糕等。凡选购超过 100 元者均可享受免费邮递，保证情人节当天送到爱人手中。

请根据案例情况回答下列问题：

（1）请策划一个推广计划名称。

（2）请策划两个推广单元，给出单元的详细名称。

（3）请为每个推广单元策划三个关键词。

练习 5：关键词分组

练习内容：关键词精细化分组

练习目的：学会将关键词精细化分组

练习形式：线下练习

怎样划分以下令人眼花缭乱的关键词?

英语在线课堂	英语口语网站	英语词汇学习	初级口语培训	英语夏令营
职称英语通关	职场英语培训	北京英语口语	英语在线讲座	英语学习网
英语词汇培训	英语口语班	暑期学英语	职称英语网	职场英语班
北京英语培训	暑假英语班	职称英语考试	外贸英语词汇	学英语网站

英文词汇班	在线视听英语	职场英语学习	高级职称英语	口语英语
暑假英语口语	学习英语网站	英语口语学习	学习职场英语	职场英语进修
北京英语辅导	英语对话训练	英语学习网站	学英语单词	在线英语课程
职称英语辅导	暑期英语辅导	北京学英语	学英语北京	在线英语学习

练习 6：创意撰写

练习内容：创意撰写练习

练习目的：学会编写不同角度的创意标题及描述

练习形式：线下练习

案例：鲜花礼品网是北京一家出售鲜花、礼品的企业，是国内信誉最好、最具影响力的鲜花礼品商城之一，我们的宗旨是为您提供最好、价格最优的产品以及最优质的服务，保证提供 100%的新鲜花材。我们还拥有强大完善的配送体系，让您足不出户就可以享受我们为您提供的优质服务。

目前正值情人节期间，想借此机会参加百度推广，并且希望能先通过北京及周边城市（如天津、河北）打开推广市场。目前只在黄金时间推广，即工作日 8～20 点有人接待，投放金额方面希望每天 500 元。

同时，公司特为情人节开展优惠活动，有各类鲜花、卡通玩偶花束、巧克力、情人节特质蛋糕等。凡选购超 100 元者均可享受免费邮递，保证情人节当天送到爱人手中。

请根据案例情况回答下列问题：

（1）请围绕“产品特点”撰写一条相关创意。

（2）请围绕“优惠活动”撰写一条相关创意。

（3）请围绕“公司优势”撰写一条相关创意。

练习 7：账户搭建

练习内容：方案账户结构搭建，进行各层级设置，并学会对关键词进行筛选。

练习目的：掌握账户搭建和各层级设置技巧，学会核心词选取、扩词及筛选关键词。

练习形式：线下练习

案例：鲜花礼品网是北京一家出售鲜花、礼品的企业，是国内信益最好、最具影响力的鲜花礼品商城之一，我们的宗旨是为您提供最好、价格最优的产品以及最优质的服务，保证提供100%的新鲜花材。我们还拥有强大完善的配送体系，让您足不出户就可以享受我们为您提供的优质服务。

目前正值情人节期间，想借此机会参加百度推广，并且希望能先通过北京及周边城市（如天津、河北）打开推广市场。目前只在黄金时间推广，即工作日 8～20 点有人接待，投放金额方面希望每天 500 元。

同时，公司特为情人节开展优惠活动，有各类鲜花、卡通玩偶花束、巧克力、情人节特质蛋糕等。凡选购超 100 元者均可享受免费邮递，保证情人节当天送到爱人手中。

问题：结合案例中所说明的情况，为鲜花礼品网选择合适的关键词，并进行推广账户搭建及设置。

练习 8：账户优化

练习内容：网络营销渠道流量质量分析，如图 A-2 所示。

练习目的：掌握渠道分析的数据指标及关键要素。

练习形式：线下练习。

问题：请从图中众多渠道中识别出后期网站指标表现较好的渠道，并说明原因。

	访问量	综合浏览量	平均停留时间	跳出率	平均页面访问
所有访问者	6,587,234	24,098,960	00:01:59	62.16 %	3.66
00-01.迅雷渠道	1,509,926	5,815,152	00:01:53	54.52 %	3.85
00-02.百度SEM	8,601	148,338	00:13:00	7.73 %	17.25
00-03.谷歌SEM	29,908	178,028	00:03:42	47.65 %	5.95
00-04.新浪渠道	133,532	326,525	00:01:01	74.04 %	2.45
00-05.搜狐渠道	77,149	158,634	00:00:42	81.07 %	2.06
00-06.360.cn渠道	566,617	2,220,233	00:01:38	50.78 %	3.92
00-07.chinaren渠道	126,841	183,584	00:00:22	88.21 %	1.45
00-08.hao123渠道	91,854	424,909	00:02:11	42.22 %	4.63
00-09.joy.cn渠道	85,567	191,694	00:00:51	69.01 %	2.24
00-10.TOM渠道	213,037	215,617	00:00:01	99.43 %	1.01
00-11.PPS渠道	74,720	244,217	00:01:47	58.25 %	3.27
00-12.世纪佳缘渠道	27,459	71,159	00:01:11	72.19 %	2.59
00-13.风行网渠道	22,796	43,769	00:00:38	77.25 %	1.92
00-14.游久网渠道	21,747	28,431	00:00:14	92.77 %	1.31
00-15.[illegible]	13,663	69,715	00:02:39	57.17 %	5.10

图 A-2 渠道分析

练习 9：账户优化

练习内容：计算指标值，并提出出价修改建议。

练习目的：巩固各指标的计算方式，学会对出价灵活运用。

练习形式：线下练习。

先计算缺失指标，再给出提升整体 ROI 的出价建议，如表 A-2 所示。

表 A-2　数据计算

关键词	点击	费用	转化量	转化率	平均转化成本	出价调整
关键词 1	14.214		275		￥53.48	
关键词 2			31	0.29%	￥215.97	
关键词 3	34.537	￥6.278	115			
关键词 4	9.809	￥1.998		1.20%		
关键词 5		￥12.362		0.88%	￥47.73	
关键词 6			81	0.23%	￥199.04	

练习 10：账户优化

练习内容：学会对指标的计算。

练习目的：熟悉重点常用指标的意义和计算公式。

练习形式：线下练习。

问题：某培训机构如何衡量网站流量指标？如图 A-3 所示。

关键词	点击数	PV	首页×20%	Blog×5%	课程介绍×65%	新闻×10%
A	100	800	100	500	50	150
B	20	200	30	20	50	100
C	40	240	40	35	140	25

图 A-3　网站指标示意图

以上关键词表现好坏，请排序，如图 A-4 所示。

关键词	点击数	PV	首页×20%	Blog×5%	课程介绍×65%	新闻×10%	分值
A	100	800	100	500	50	150	
B	20	200	30	20	50	100	
C	40	240	40	35	140	25	

图 A-4　数据分析计算

练习 11：账户优化

练习内容：学会对指标的计算。

练习目的：熟悉重点常用指标的意义和计算公式。

练习形式：线下练习。

问题：计算 CTR、CPC、转化率（CVR）、平均转化成本（CPA）和 ROI，如表 A-3 所示。

表 A-3 数据分析计算

关键词	消费	点击量	展现量	CTR	CPU	订单数量	订单金额	转化率	平均转化成本	ROI
板鞋	690	1061	10504			4	1120			
好乐买	86	92	613			8	2598			
阿迪网球鞋	49.27	75	324			0	0			
阿迪鞋	34.88	56	374			0	0			
Nike	36.13	54	1122			0	0			
如何网购	111.47	172	7737			1	199			
汇总	1007.8	1510	20674			13	3917			

附录 B

搜索营销常用指标标准化定义

B.1 常用名词

表 B-1 常用名词

通用类	效果衡量类	常用搜索营销产品类	系统功能类
API	日均搜索量	搜索推广	推广计划
搜索引擎	展现量	网盟推广	推广单元
搜索营销	点击量		关键词
搜索引擎营销	点击率		创意
搜索引擎优化	平均点击价格		标题
搜索请求	千次展现消费		描述
	流量		显示 URL
	独立访客数		访问 URL
	页面浏览量		推广地域
	访问次数		推广排名
	平均单次访问时长		关键词嵌入
	流失率		着陆页面
	转化目标		广泛匹配
	路径		精确匹配
	转化		短语匹配

续表

通用类	效果衡量类	常用搜索营销产品类	系统功能类
	转化次数		否定匹配
	转化率		付费搜索
	平均转化价格		每日预算
	投资回报率		出价
			最低展现价格
			竞价
			质量度
			优化
			内容定向
			网站定向

B.2 通用类

1. API

API 是应用程序界面（Application Programming Interface）的英文缩写，API 向用户提供了一系列标准 Web 服务。通过 API 可以与推广平台服务器直接交互，获取标准搜索推广 API 服务，更科学有效地管理搜索推广账户。

API 的适用对象是搜索推广的大企业和第三方。包括 SEM（搜索引擎营销商）、代理机构和其他管理多个企业账户及大型推广账户的在线营销专家。

由于搜索推广 API 需要技术知识和编程技能来开发客户端程序，因此需要推广企业或第三方具备编程知识或聘有开发人员。

2. 搜索引擎（Search Engine）

搜索引擎是指根据一定的策略，运用特定的计算机程序搜集互联网上的信息，在对信息进行组织和处理后，为用户提供检索服务的系统。当用户通过输入想要获取的信息关键词，并以浏览器等方式提交给搜索引擎时，搜索引擎可以根据这些关键词来匹配用户可能需要的所有信息，并返回相关的信息列表展示给用户。

3. 搜索营销（Search Marketing）

搜索营销是指利用搜索引擎的信息处理技术实现的、对目标用户进行推广信息展示的营销活动。

4．搜索引擎营销（Search Engine Marketing，SEM）

搜索引擎营销是指以搜索引擎为平台，以调整网页在搜索结果页上的排名给网站带来访问量为手段，针对搜索引擎用户而展开的营销活动。

5．搜索引擎优化（Search Engine Optimization，SEO）

搜索引擎优化又被称为搜索引擎友好设计，是搜索引擎营销手段的一种，主要指通过调整网站的结构和设计以达到使网站对搜索引擎更友好、更能让搜索引擎明确和全面了解网站的结构和内容的目的，从而使搜索引擎在用户查询相关内容时，能够更合理地评价、判断该网站满足用户需求的程度，在相关关键词的搜索结果中给予靠前的排名。

6．搜索请求（Query）

搜索请求又被称为搜索查询，指用户在搜索引擎键入某个关键词搜索并试图取得返回结果的过程。搜索请求代表查询者的搜索意图。

B.3 效果衡量类

1．日均搜素量（Daily Queries）

日均搜索量指关键词每天在搜索引擎上的搜索请求的总数。反映了某个关键词被网民搜索的情况。

2．展现量（Impressions）

展现量指在一个统计周期内，推广信息被展现在搜索结果页的次数。

3．点击量（Clicks）

点击量指在一个统计周期内，用户点击推广信息的网址超链接的次数。

4．点击率（Click-through Rate，CTR）

点击率指在一个统计周期内，推广信息平均每次展现被点击的比率。计算公式为：点击率=（点击量/展现量）×100%。

5．平均点击价格（Cost Per Click，CPC）

平均点击价格指平均每次点击推广信息所产生的消费。计算公式为：平均点击价格=消费金额/点击次数。

6．千次展现消费（Cost Per Thousand Impressions，CPM）

千次展现消费指推广信息被展现一千次的平均价格。计算公式为：每千次展示消费=（消费金额/展现量）×1000。

7．流量（Traffic）

流量泛指网站的访问量，在不同的语境下，可以用不同的指标来衡量，比如访客数、访问次数或浏览量等。反映到达目标网站的访问数量。

8．独立访客数（Unique Visitor，UV）

独立访客数常被简称为访客数，指在一个统计周期内，访问被统计对象的不重复访问者之和。即同一人在统计周期里的多次访问被统计为一个独立访客。

9．页面浏览量（Page View，PV）

页面浏览量简称浏览量，指在一个统计周期内，独立访客访问被统计对象时所浏览页面的总和。即网站页面被访客的浏览器打开并加载的次数。

10．访问次数（Visits）

访问次数指在一个统计周期内，独立访客访问被统计对象的次数之和。

例如，如果访客在网站上的不活动时间超过一定的时间长度，下次再有活动就算做新的会话，计为 2 次访问。

11．平均单次访问时长（Avg. Time Spending）

平均单次访问时长指在一个统计周期内，访客与被统计对象的平均会话时间。

计算公式为：平均单次访问时长=总访问时长/总访问次数。

12．流失率（Churn Rate）

流失率指对指定路径对应的步骤而言，访客从该步骤进入到下一步骤的过程中流失的比例。

计算公式为：本步骤的流失率=[(本步骤的进入次数–下一步骤的进入次数)/本步骤的进入次数]×100%。

13．转化目标（Goal）

转化目标也叫做转化目标页面或目标页面，指商户希望访客在网站上完成的任务，如注册、下订单、付款等所需访问的页面。

14．路径（Path）

路径指访客在目标网站上按照步骤设置最终抵达商户的目标页面之前需要经过的一系列关键页面。

15．转化（Convert）

转化指潜在客户完成一次企业主期望的行动。

转化可以指潜在客户：

- 在网站上停留了一定的时间。
- 浏览了网站上的特定页面，如注册页面、“联系我们”页面等。
- 在网站上注册或提交订单。
- 通过网站留言或网站在线即时通信工具进行咨询。
- 通过电话进行咨询。
- 上门访问、咨询、洽谈。
- 实际付款、成交（特别是对于电子商务类网站而言）。

16．转化次数（Conversions）

转化次数也叫做转化页面到达次数，指独立访客达到转化目标页面的次数。

17．转化率（Conversion Rate）

转化率指在一个统计周期内，完成转化行为的次数占推广信息总点击次数的比率。计算公式为：转化率=（转化次数/点击量）×100%。

例如，10 名用户看到某个搜索推广的结果，其中 5 名用户点击了某一推广结果并被跳转到目标 URL 上，之后，其中 2 名用户有了后续转化的行为。那么，这条推广结果的转化率=(2/5)×100%=40%。

18．平均转化价格（Cost Per Conversion）

平均转化价格指平均每次转化所消耗的推广成本。

计算公式为：平均转化价格=(推广费用/转化次数)×100%。

19. 投资回报率（Return On Investment，ROI）

投资回报率指企业主通过推广所赚取的利益与其所付出的成本的比率。

例如，企业主花费了 1000 元进行搜索引擎推广并实现销售收入 1500 元。其投资回报率=(1500–1000)/1000=50%。

B.4 常用搜索营销产品类

1. 搜索推广

百度搜索推广是一种按效果付费的网络推广方式，是百度推广的一部分。每天网民在百度进行数亿次的搜索，其中一部分搜索词明确地表达了某种商业意图，即希望购买某一产品，寻找提供某一服务的提供商，或希望了解该产品/服务相关的信息。同时，提供这些产品/服务的企业也在寻找潜在客户。通过百度搜索推广的关键词匹配技术，可以将高价值的企业推广结果精准地展现给有商业意图的搜索网民，同时满足网民的搜索需求和企业的推广需求。

2. 网盟推广

百度网盟推广是按照效果付费的网络定向推广服务。它以百度联盟数万家合作伙伴作为投放和传播平台。企业主可以自行选择投放网站和地域，将各种类型的推广信息（文字/图片/Flash 等）展现在各类百度联盟网站上，最大化地触及潜在受众。搜索网络和内容网络覆盖了 90%以上的中国网民，帮助企业主最大化地触及潜在受众。

B.5 系统功能类

1. 推广计划（Campaign）

推广计划是推广账户最高的层级设置，通过推广计划的使用，可以根据产品的特性或个人习惯等更好地管理推广项目。

2. 推广单元（Keyword Groups）

推广单元是推广计划下的推广管理单位，包括多个创意和多个关键词。

3. 关键词（Keyword）

关键词是企业主所购买的一系列与自身产品/服务相关的词，被搜索引擎用户用来查询相关信息时，就会匹配到推广信息并展现在用户的搜索结果页上。

4．创意（Creative）

创意是指网民搜索触发商户的推广结果时，展现在网民面前的推广信息，包括一行标题、两行描述，以及访问 URL 和显示 URL。

5．标题（Headline）

标题是创意的一部分，显示在创意的第一行，以带下画线的蓝色超链接的形式展现。

6．描述（Description Line）

描述是创意的一部分，显示在创意的第 2～3 行，以普通字体展现。

7．显示 URL（Display URL）

显示 URL 是创意的一部分，展示在推广结果中的 URL 地址，对显示 URL 的设置不会影响网民对实际链接网址的访问。

8．访问 URL（Destination URL）

访问 URL 是点击推广结果实际访问的 URL 地址。

9．推广地域（Target Geo）

推广地域是搜索推广的一种推广设置，通过地理区域定位目标客户。对推广内容设置推广地域后，只有当指定地域的网民搜索时，才会出现这些推广内容。

10．推广排名（Ranking）

推广排名是推广结果在搜索引擎页面推广位置中的排次。

11．关键词嵌入（Keyword Insertion）

关键词嵌入是在创意中通过使用通配符嵌入关键词。被嵌入创意中的关键词将在推广页面中显示，提高网民对创意的关注度和点击率。包含通配符的创意在展现时，将以触发创意展现的关键词替代通配符。

12．着陆页面（Landing Page）

着陆页面也被称为登录页面，关键词所指向的页面，即创意里访问网址指向的页面。

13．广泛匹配（Broad Match Type）

广泛匹配是关键词匹配的一种模式。使用广泛匹配，当网民搜索词与你的关键词高度相关时，即使商户并未提交这些词，其推广结果也可能获得展现机会。在广泛匹配方式下， 可能触发推广结果的包括：同义相近词、相关词、变体形式、完全包含关键词的短语。

14．精确匹配（Exact Match Type）

精确匹配是关键词匹配的一种模式。仅当网民的搜索词与商户提交的关键词完全一致时，推广内容才有展现机会。

15．短语匹配（Phrase Match Type）

短语匹配是关键词匹配的一种模式。在短语匹配的模式下，只有在网民搜索词与关键词字面一致，或者搜索词完全包含关键词并顺序一致时才展现对应的创意。

16．否定匹配（Negative Match Type）

否定匹配是关键词匹配的一种模式，用来避免与商户推广意图不符的搜索词触发创意。

17．付费搜索（Pay Per Click，PPC）

付费搜索指按照点击计价的搜索推广形式。

18．每日预算（Daily Budget）

每日预算指为搜索推广设定的每日愿意支付的最高费用。在推广平台监测到当天消费超过设定的每日预算额后，推广内容会自动下线。

19．出价（Max CPC）

出价指商户愿意为一次点击所支付的最高费用。常用搜索引擎计费机制保证实际点击价格不高于甚至低于商户的出价。出价将和关键词的质量度一起影响关键词的排名位置。

20．最低展现价格（Minimum Bid）

最低展现价格指为使关键词正常展现，所需要设定的最低出价。如果关键词的竞价价格低于最低展现价格，关键词将变成搜索无效而自动下线。关键词最低展现价格由其质量度和商业价值共同决定。

21．竞价（Bidding）

竞价是指当推广信息上线后，企业主根据自身情况来调整出价以影响排名的动态过程。

22．质量度（Quality Score）

质量度主要反映网民对该关键词以及关键词创意的认可程度。影响因素包括关键词的点击率、创意撰写质量（关键词和创意的相关性）以及账户表现（账户生效时间、账户内其他关键词的点击率）等。可以通过优化关键词的质量度，特别是提高关键词与创意的相关性，来降低最低展现价格以及点击费用。

23．优化（Optimization）

优化泛指商户以提升推广效果为目的，对推广方案进行调整的过程。优化的具体目的取决于推广目的，也可称之为在一定的投入下取得更好的效果，不断提高投资回报率的过程。优化包括账户的优化和网站的优化，是一个持续进行的过程。

24．内容定向（Content Targeting）

内容定向是网盟推广的一种推广内容匹配模式。通过为推广内容指定主题关键字，与推广联盟中所有网站的网页主题词进行匹配并展现推广内容。

25．网站定向（Placement Targeting）

网站定向是网盟推广的一种推广内容匹配模式。将推广内容投放到指定的网站上进行匹配并展现推广内容。

Broadview
本书第1版荣获
2011年度电子工业出版社
SEO
实战密码
60天网站流量提高20倍
第2版
昝辉 Zac 著

Broadview
Decipher Internet Marketing
网络营销实战密码
策略·技巧·案例
如何在网络中挖掘财富？
——本书中找答案

SEO艺术
The Art of SEO
精通搜索引擎优化
O'REILLY